SPRINGER COMPASS

Herausgegeben von
G. R. Kofer   P. Schnupp   H. Strunz

Niklaus Wirth

Programmieren in
Modula-2

Übersetzt von Guido Pfeiffer

Springer-Verlag
Berlin Heidelberg New York Tokyo

Professor Dr. Niklaus Wirth
Institut für Informatik,
ETH, CH-8092 Zürich

Übersetzt von
Dr. Guido Pfeiffer
Schlankreye 4
2000 Hamburg 13

Titel der englischen Original-Ausgabe:
Programming in Modula 2, Third corrected Edition,
Springer-Verlag Berlin Heidelberg New York Tokyo 1985
ISBN 3-540-15078-1

ISBN 3-540-13301-1 Springer-Verlag Berlin Heidelberg New York Tokyo
ISBN 0-387-13301-1 Springer-Verlag New York Heidelberg Berlin Tokyo

CIP-Kurztitelaufnahme der Deutschen Bibliothek
Wirth, Niklaus:
Programmieren in Modula 2 / Niklaus Wirth.
[Übers. von Guido Pfeiffer] – Berlin; Heidelberg; New York; Tokyo; Springer, 1984
(Springer compass)
Engl. Ausg. u.d.T.: Wirth, Niklaus: Programming in Modula 2
ISBN 3-540-13301-1 (Berlin . . .)
ISBN 0-387-13301-1 (New York . . .)

Formatierprogramm: TEX; Ausgabe: Lasergrafix 1200
Druck und Einband: Graphischer Betrieb, Konrad Triltsch, Würzburg
2145/3145-543

Vorwort des Herausgebers

Anfang der 70er Jahre geschah ein kleines Wunder. *Pascal*, eine Sprache die "eigentlich" nur als Unterrichts-Hilfsmittel konzipiert war, begann sich durchzusetzen. In einem Jahrzehnt wurde sie zur beliebtesten Sprache für professionelle Programmierung, vor allem auf mittleren und kleinen Rechnern.

Sie wurde es, obwohl sie eine "kleine" Sprache war. Sie wurde es ohne jede Unterstützung durch große Unternehmen oder Organisationen, die damals lieber "Elefanten züchteten": Die Hersteller *PL / 1* und die Informatiker *Algol 68*. Aber wie eine ordentliche, praxisnahe Programmiersprache aussehen sollte, das lernten wir (zum Glück) nicht an diesen Kommittee-Geschöpfen, sondern eben an Wirth's *Pascal*.

Es führte eine Reihe neuer Ideen ein, vor allem den *Datentyp* und das *Record Handling*. Erstmals konnte man Datenstrukturen genauso konstruieren wie Algorithmen. Und daß der Begriff des "Datenmodells" sich nicht nur unter Theoretikern, sondern auch bei Praktikern durchgesetzt hat, ist sicher zu einem guten Teil Verdienst dieser Programmiersprache. Denn in ihr konnte man den neuen Denkansatz auch konkretisieren, realisieren und vorteilhaft verifizieren.

Natürlich war ihre Tragfähigkeit begrenzt, war sie doch gar nicht für die Programmierung größerer Softwaresysteme gedacht gewesen. Sie hatte kein Modularisierungskonzept, die Möglichkeiten zur Textverarbeitung waren nicht ausreichend, es gab keine Sprachmittel zur Beschreibung der Nebenläufigkeit und Synchronisation von Prozessen.

Deshalb war es eine erfreuliche Kunde, daß das amerikanische Verteidigungs-ministerium(DOD) eine neue Sprache entwickeln lassen wollte, *Ada*. Denn endlich hatten offenbar – nach dem Motto "prüfet alles, und das Beste behaltet" – nicht nur die progammierenden Praktiker sondern auch die sprach-definierenden Wissenschaftler aus dem Erfolg von *Pascal* die Konsequenzen gezogen: Die neue Sprache sollte aus ihr entwickelt werden.

Sie wurde es tatsächlich. Aber leider geriet auch *Ada* wieder zu einem Elefanten, unter dessen dicker Haut die Eleganz der Mutter allenfalls noch erahnt werden kann.

Zum Glück hat sich der Schöpfer von *Pascal* nicht an dieser Mastkur beteiligt. Stattdessen machte er sich seine eigenen Gedanken, wie man *Pascal* zu einer Allzweck-Sprache weiterentwickeln könne. Das Ergebnis ist das in diesem Buch beschriebene *Modula*. Es blieb eine kompakte Sprache. Daß man mit ihm trotzdem auch alle die Software schreiben kann, bei der sich *Pascal* noch schwer tat, das bewies Wirth selbst. Er machte *Modula* zur Basis eines der fortschrittlichsten Arbeitsplatzrechner, seines Betriebssystems und seiner Anwendungssoftware: Die *Lilith* begeistert jeden, der sie bei einer Vorführung sieht oder sogar einmal mit ihr "spielen" (oder arbeiten) konnte.

Ebenso wie *Pascal* ist eben auch *Modula* das Produkt eines Praktikers, der Sprachen nicht nur für andere erfindet, sondern vor allem für sich selbst. Und der deshalb dafür sorgt, daß sie Ideen und nicht Ideologien implementieren.

Das ist wohl auch der Grund, daß die von ihm verfaßte Beschreibung seiner Sprache nicht das übliche, schwerverdauliche "Dokument" ist, sondern ein praxisorientiertes Lehr- und Handbuch für den Programmierer. Ein Buch, in dem man an konkreten Beispielen *Modula* anwenden lernt, und zwar auf praktische Probleme bezogen, die jeder Programmierer immer wieder lösen muß. Und aus dem man sogar Anregungen schöpfen kann, wenn man gar nicht in *Modula* programmiert, sondern in einer anderen, modernen Sprache, wie etwa in *C* oder "noch" in *Pascal*.

Wir freuen uns deshalb, daß Wirth's *Modula*-Lehrbuch nicht mehr nur im englischen Original existiert, sondern daß wir jetzt in unserer Reihe auch eine deutsche Ausgabe anbieten können.

Peter Schnupp

Vorwort zur englischen Ausgabe

Das vorliegende Buch ist eine Einführung in die Programmierung im allgemeinen und ein Handbuch für die Programmierung in der Sprache Modula-2 im besonderen. Es wendet sich hauptsächlich an Personen, die bereits Grundkenntnisse der Programmierung besitzen und die ihr Wissen auf eine strukturiertere Weise vertiefen wollen. Im Interesse von Anfängern beginnt das Buch jedoch mit einem einführenden Kapitel, das in knapper Form einige fundamentale Konzepte von Rechnern und deren Programmierung vorstellt. Der Text ist daher auch zum Selbstunterricht geeignet. Die verwendete Notation ist die von Modula-2. Sie eignet sich gut für einen strukturierten Zugang zum Thema und führt den Lernenden in einen Arbeitsstil ein, der unter dem Stichwort *strukturiertes Programmieren* bekannt wurde.

Als Handbuch für die Programmierung in Modula-2 überdeckt der Text praktisch alle Eigenschaften dieser Sprache. Teil 1 umfaßt die elementaren Begriffe Variable, Ausdruck, Zuweisung, bedingte und Wiederholungs-Anweisung sowie die Datenstruktur des Arrays. Teil 2 führt in das wichtige Konzept der Prozeduren bzw. Unterprogramme ein. Beide, Teil 1 und Teil 2 umfassen im wesentlichen den Stoff eines Einführungskurses in die Programmierung. Teil 3 befaßt sich mit Datentypen und Strukturen. Dies entspricht im Kern dem Inhalt eines weiterführenden Programmierkurses. Teil 4 führt den Begriff des Moduls ein, eines fundamentalen Konzeptes sowohl für den Entwurf großer Programmsysteme als auch für das Arbeiten in einem Team. Als Beispiel für Module werden einige häufig verwendete Hilfsprogramme für Ein- und Ausgabe dargestellt. Teil 5 schließlich beschreibt Möglichkeiten der Systemprogrammierung, Gerätebehandlung und der Multiprogrammierung. Weiterhin werden praktische Hinweise gegeben, wie und wann die einzelnen Hilfsmittel einzusetzen sind. Dies ist als Richtschnur für den Erwerb eines anständigen Stils der Programmierung und der Systemstrukturierung zu verstehen.

Die Sprache Modula-2 ist ein Nachfolger ihrer direkten Vorfahren Pascal [1] und Modula [2]. Während Pascal als Allzwecksprache entworfen wurde und nach der Implementierung 1970 eine weite Verbreitung fand, entstand Modula aus Experimenten mit Multiprogrammierung. Die Sprache konzentriert sich daher auf einige wichtige Aspekte dieses Anwendungsgebiets. Modula wurde 1975 definiert und experimentell implementiert.

Im Jahre 1977 begann am Institut für Informatik der ETH ein Forschungsprojekt mit dem Ziel, ein Rechnersystem (Hardware und Software) in einem einheitlichen Ansatz zu entwerfen. Dieses System (später Lilith genannt) sollte in einer einzigen höheren Programmiersprache programmiert werden. Die Sprache mußte daher gleichzeitig den Anforderungen des Systementwurfs auf hoher Ebene als auch den Anforderungen der Programmierung auf niederer, maschinennaher Ebene gerecht werden. Letztere wird für diejenigen Systemteile benötigt, die in direkter Wechselwirkung mit der vorgegebenen Hardware stehen. Modula-2 entstand aus sorgfältigen Entwurfsüberlegungen als eine Sprache, die alle Möglichkeiten von Pascal enthält, diese jedoch um die wichtigen Konzepte des Moduls und der Multiprogrammierung erweitert. Da ihre Syntax mehr auf der Linie von Modula als auf der von Pascal liegt, wurde der Name Modula-2 gewählt. Im Weiteren werden wir den Namen *Modula* synonym für Modula-2 verwenden.

Die wesentlichen Zusätze von Modula-2, bezogen auf Pascal, sind:

1. Das Konzept des *Moduls* und insbesondere die Möglichkeit, einen Modul in einen *Definitionsteil* und einen *Implementationsteil* aufzuspalten.
2. Eine systematischere Syntax, die das Erlernen vereinfacht. Insbesondere endet jede mit einem Schlüsselwort beginnende Struktur auch mit einem Schlüsselwort, d.h. sie ist ordentlich geklammert.
3. Das Konzept des *Prozesses* als Schlüssel zur Multiprogrammierung.
4. Sogenannte *niedere, maschinennahe* Sprachelemente, mit deren Hilfe man die strengen Regeln der Konsistenz von Typen aufbrechen kann. Sie erlauben ferner, Daten einer Modula-2-Struktur auf einen anderen Speicherbereich ohne vorgegebene eigene Struktur abzubilden.
5. Der *Prozedurtyp*. Er ermöglicht es, eine Zuweisung von Prozeduren an Variable dynamisch vorzunehmen.

Eine erste Implementierung von Modula-2 war 1979 für PDP-11-Rechner lauffähig. Die Sprachdefinition wurde im März 1980 als Technischer Report veröffentlicht. Seither wird die Sprache an unserem Institut täglich benutzt. Nach einer Benutzungs- und Testphase von einem Jahr wurde der Compiler im März 1981 für Fremdbenutzer freigegeben. Das Interesse an diesem Compiler wuchs schnell, da er ein wirksames Werkzeug zur Systementwicklung darstellt und für einen weit verbreiteten Minicomputer implementiert ist. Dieses Interesse war der Anlaß für vorliegendes Hand- und Lehrbuch. Der die Sprache definierende Report ist am Ende beigefügt und dient hauptsächlich als Referenz. Er ist unverändert geblieben. Lediglich die Kapitel über standardisierte Hilfsmodule und Anweisungen zur Benutzung des Compilers wurden weggelassen.

Es ist unmöglich, alle Anregungen, die zum Entwurf von Modula und zum Entstehen dieses Buches beigetragen haben, angemessen zu würdigen. Besonders dankbar bin ich für den inspirierenden Einfluß eines Studienjahrs (1976) am Forschungslabor der XEROX Corporation (PARC), wo ich sowohl mit dem Konzept des Rechners am Arbeitsplatz als auch mit der Sprache Mesa vertraut wurde. In Mesa[3] waren die Ideen des Moduls und der separaten Compilation realisiert. Am wichtigsten war vielleicht die Einsicht, daß die effiziente Implementierung einer höheren Programmiersprache auf einem Minirechner möglich ist. Mein Dank gilt auch den Implementierern von Modula, insbesondere L. Geissmann, A. Gorrengourt, Ch. Jacobi und S.E. Knudsen. Sie haben Modula nicht nur zu einem effizienten und verläßlichen Werkzeug gemacht, sondern sie haben oft genug von der Aufnahme weiterer Möglichkeiten in die Sprache abgeraten.

Zürich, Februar 1982   N.W.

Literatur

1. N.Wirth. The programming language PASCAL. *Acta Informatica*, 1,35–63 (1971).
2. N.Wirth. Modula: A language for modular multiprogramming. *Software – Practice and Experience*, 7,3–35 (1977).
3. J.G.Mitchell, W.Maybury, R.Sweet. Mesa Language Manual. Xerox PARC, Report CSL-78-1,(1978).

Vorwort zur deutschen Ausgabe

Das vorliegende Buch ist eine Übersetzung der revidierten Originalausgabe aus dem Englischen. Die Revisionen beziehen sich auf einige wenige, kleinere Korrekturen der Sprache Modula-2, sowie auf den Einschluß einer kleineren Sammlung von Standard-Modulen für die Dateneingabe und -ausgabe, wie sie sich speziell für moderne Arbeitsplatzrechner mit hochauflösendem Bildschirm eignet. Ferner enthält die Sammlung Module für Datei- und Speicherplatzverwaltung.

Die deutsche Übersetzung stammt von Herrn Dr. Guido Pfeiffer. Ihm gebührt meine Anerkennung und mein Dank für seine sorgfältige Arbeit.

Zürich, März 1985   N.W.

Inhaltsverzeichnis

Teil 3

Teil 4

Teil 5

1. Einleitung

Dieses Buch setzt eine gewisse Kenntnis der grundlegenden Begriffe von Rechnern und ihrer Programmierung voraus. Dennoch erscheint es angebracht, mit der Erklärung einiger Konzepte und deren Terminologie zu beginnen. Wir wissen, daß – mit wenigen Ausnahmen – Programme dazu geschrieben oder, genauer gesagt, entworfen werden, sie von einem Rechner interpretieren zu lassen. Der Rechner vollzieht dann, entsprechend den vom Programm gegebenen Spezifikationen, einen Prozeß, d.h. eine Folge von Aktionen. Diesen Prozeß nennt man auch eine Berechnung.

Das Programm selbst ist ein *Text*. Da es einen meist recht komplexen Prozeß beschreibt und dies notwendigerweise mit höchster Präzision und Sorgfalt für alle Details, muß die Bedeutung dieses Textes auch sehr präzise spezifiziert sein. Eine derartige Präzision erfordert einen exakten Formalismus. Dieser Formalismus wurde bekannt als *Sprache*. Wir verwenden die Bezeichnung Sprache, obwohl Sprachen gewöhnlich gesprochen werden und weit weniger genau definiert sind. Unser Ziel hier ist es, den Formalismus bzw. die Sprache *MODULA-2* (im Weiteren kurz MODULA genannt) kennenzulernen.

Ein Programm spezifiziert gewöhnlich einen Prozeß. Dieser veranlaßt den Interpreter, d.h. den Rechner, Daten (die sog. *Eingabe*) von irgendwelchen Quellen einzulesen und die folgenden Aktionen entsprechend der erhaltenen Daten zu variieren. Daraus folgt, daß ein Programm nicht nur einen (einzigen) Prozeß beschreibt, sondern eine – gewöhnlich unbegrenzte – Klasse von Berechnungen. Wir müssen sicherstellen, daß sich diese Prozesse für alle Einzelfälle der Klasse entsprechend den gegebenen Spezifikationen (oder sollten wir besser Erwartungen sagen) verhalten. Wir könnten zwar für einen Einzelfall die Übereinstimmung zwischen Spezifikation und Berechnung nachweisen, doch im allgemeinen Falle ist dies unmöglich, da die Zahl aller erlaubten Prozesse einer Klasse viel zu groß ist. Ein gewissenhafter Programmierer sichert die Korrektheit seines Programms durch sorgfältigen Entwurf und Analyse. Sorgfältiger Entwurf ist der Inbegriff professionellen Programmierens.

Der Programmentwurf wird dadurch erschwert, daß nicht nur eine ganze Klasse von Berechnungen zu beschreiben ist, sondern daß das Programm oft auch von unterschiedlichen Interpretierern (Rechnern) interpretiert (ausgeführt) werden soll. Früher mußte man Programme per Hand aus der Quellform in die Codes verschiedener Rechner umschreiben, unter Berücksichtigung all ihrer Besonderheiten und Begrenzungen. Die Schwierigkeiten wur-

den drastisch reduziert – wenn auch nicht ganz beseitigt – durch die Schaf-
fung höherer Programmiersprachen mit formaler Definition und durch die
Konstruktion automatischer Übersetzer, die ein Programm in die Codes
verschiedener Rechner übersetzen.

Die formale Sprache sollte im Prinzip in einer abstrakten, evtl. axiomatischen
Weise definiert sein, ohne Bezug zu einem realen Rechner oder Interpreta-
tionsmechanismus. Könnte man dies erreichen, müßte der Programmierer lediglich die formale Sprache verstehen. Eine derartige Allgemeinheit ist jedoch
kostspielig und oft auch einschränkend. Sie verhindert zudem nicht, daß der
Programmierer in vielen Fällen doch noch die prinzipiellen Eigenschaften seines Rechners kennen sollte. Trotz allem wird ein qualifizierter Programmierer
so wenig wie möglich auf spezielle Rechnermerkmale bezugnehmen, sondern
– um sein Programm allgemein und portabel zu halten – sich ausschließlich
auf die Regeln der formalen Sprache verlassen. Die Sprache Modula hilft
bei dieser Aufgabe, indem sie Rechnerabhängigkeiten auf besondere Objekte
beschränkt, die nur beim sogenannten *niederen Programmieren* benutzt werden.

Aus dem bisherigen folgt, daß zwischen der Formulierung eines Programms
und dessen Interpretation ein Übersetzungsprozeß liegt. Diesen Prozeß nennt
man *Compilation*, denn er verdichtet den Quelltext eines Programms in einen
kryptischen Rechnercode. Die Qualität dieser Compilation entscheidet über
die Effizienz der letztendlichen Interpretation des Programms. Wir betonen,
daß es für eine gegebene Sprache (selbst für denselben Rechner) viele
Compiler geben kann. Manche mögen effizienter sein als andere. Wir müssen
deutlich sehen, daß Effizienz eine Eigenschaft von Implementierungen und
nicht der Sprache ist. Deshalb ist es wichtig, die Begriffe Sprache und
Implementierung zu unterscheiden.

Fassen wir zusammen:

- Ein Programm ist ein Stück *Text*.
- Das Programm beschreibt *Berechnungen* oder Prozesse.
- Ein Prozeß wird durch einen Interpretierer – gewöhnlich einen *Rechner* –
  ausgeführt, der das Programm interpretiert (ausführt).
- Die Bedeutung des Programms wird durch einen Formalismus – genannt
  die *Programmiersprache* – spezifiziert.
- Ein Programm spezifiziert eine *Klasse von Berechnungen*, wobei die
  Eingabedaten Parameter jedes einzelnen Prozesses sind.
- Vor seiner Ausführung wird der Programmtext durch einen *Compiler* in
  den Computercode übersetzt. Diesen Vorgang nennt man *Compilation*.

Beim Programmentwurf ist sicherzustellen, daß alle Einzelfälle einer Klasse
von Berechnungen sich entsprechend der Spezifikation verhalten. Dies erreicht man durch eine sorgfältige *analytische Verifikation* und durch *empi-
risches Testen* ausgewählter typischer Fälle.

Programme sollten nach Möglichkeit keinen Gebrauch von Besonderheiten spezieller Interpretierer (Rechner) machen. Nur so läßt sich sicherstellen, daß die Bedeutung der Programme aus den Sprachregeln ableitbar ist.

Ein *Compiler* ist ein Programm, das Programme aus ihrer Quellform in einen spezifischen Rechnercode übersetzt. Programme müssen vor ihrer Ausführung compiliert werden. Programmieren im weiteren Sinne umfaßt nicht nur das Formulieren eines Programms sondern auch eine konkrete Bearbeitung des Textes, dessen Compilation, Verbessern von Fehlern, das sogenannte 'Debuggen' und das Planen von Testfällen. Der moderne Programmierer verwendet zahlreiche Hilfsmittel für diese Aufgaben, z.B. Texteditierer, Compiler und Debugger. Ebenso muß er mit der Umgebung dieser Komponenten vertraut sein. Diese Aspekte sollen hier jedoch nicht beschrieben werden. Wir wollen uns vielmehr im weiteren auf die *Sprache* Modula konzentrieren.

2. Ein erstes Beispiel

Verfolgen wir die Schritte bei der Entwicklung eines einfachen Programms und erklären dabei sowohl fundamentale Programmierkonzepte als auch grundlegende Eigenschaften von Modula. Die Aufgabe soll sein, aus zwei gegebenen natürlichen Zahlen x und y deren größten gemeinsamen Teiler (ggT) zu berechnen.

An mathematischem Wissen zur Lösung dieses Problems benötigen wir:

1. Wenn x gleich y ist, dann ist x (oder y) das gewünschte Resultat.
2. Der ggT zweier Zahlen bleibt unverändert, wenn wir die größere Zahl durch die Differenz beider Zahlen ersetzen, d.h. wenn wir die kleinere Zahl von der größeren subtrahieren.

Mathematisch ausgedrückt nehmen diese Regeln die Form

1. $ggT(x,x) = x$
2. if $x > y$, $ggT(x,y) = ggT(x - y,y)$

an. Das zugrunde liegende Rezept, der sogenannte Algorithmus, ist also folgendes: Ändere die Zahlen x und y nach Regel 2, so daß ihre Differenz abnimmt. Wiederhole dies so lange, bis sie gleich sind. Regel 2 garantiert, daß der ggT(x,y) stets gleich bleibt, wie immer die Änderungen auch sind. Regel 1 garantiert, daß wir schließlich ein Ergebnis finden.

Nun müssen wir diese Vorschläge in Begriffe von Modula umsetzen. Ein erster Versuch führt zu folgendem Entwurf. Man beachte, daß das Zeichen # die Bedeutung "ungleich" hat.

```
WHILE x # y DO
   "verringere die Differenz durch Regel 2"
END
```

Der Satz innerhalb der Anführungszeichen ist einfaches Deutsch. In der zweiten, verfeinerten Version wird er durch formale Ausdrücke ersetzt:

```
WHILE x # y DO
  IF x > y THEN
    x := x - y
  ELSE
    y := y - x
  END
END
```

Das Textstück ist noch kein vollständiges Programm, zeigt aber bereits typische Merkmale einer strukturierten Programmiersprache. Version 1 ist eine *Anweisung*. Diese Anweisung wiederum enthält eine weitere, untergeordnete Anweisung (in Anführungszeichen). In Version 2 wird dies weiter ausgearbeitet, doch tauchen noch mehrere untergeordnete Anweisungen auf (Ersetzen eines Wertes x durch einen anderen Wert $x - y$). Diese Hierarchie von Anweisungen drückt die zugrunde liegende Struktur des Algorithmus aus. Sie wird deutlich sichtbar dank der Sprachstruktur, die ein Schachteln von Programmkomponenten erlaubt. Deshalb ist es notwendig, die Struktur (Syntax) der Sprache genau zu kennen. Im Text drücken wir das Verschachteln bzw. das Unterordnen durch geeignetes Einrücken aus. Die Sprachregeln verlangen dies zwar nicht, doch es unterstützt beträchtlich das Verständnis des Textes.

Eine der Hauptideen des strukturierten Programmierens besagt, die einem Algorithmus innewohnende Struktur solle sich in der Textstruktur des Programms widerspiegeln. Es ist praktisch unmöglich, die Bedeutung eines Programms zu verstehen, wenn man dessen Struktur beseitigt, wie dies z.B. der Compiler bei der Erzeugung von Rechnercode tut. Wir sollten bedenken, daß ein Programm wertlos ist, wenn es nicht in einer Form existiert, die der Mensch verstehen und zu dessen Entwurf er Vertrauen fassen kann.

Fahren wir fort, aus obigem Fragment ein vollständiges Programm zu erzeugen. Zunächst stellen wir fest, daß noch jene Aktionen zu spezifizieren sind, die den Variablen x und y Anfangswerte zuweisen und die das Resultat sichtbar machen. Dazu müssen wir nun doch etwas über die Möglichkeiten wissen, wie der Rechner mit dem Benutzer in Verbindung tritt. Da wir uns auf keine spezielle Maschine beziehen wollen, insbesondere nicht bei einem so wichtigen und häufig vorkommenden Fall wie der Erzeugung von Ausgaben, führen wir *Abstraktionen* derartiger Kommunikationsmöglichkeiten ein. Wir fordern, daß sie auf allen Rechnern, auf denen Modula-Programmierung möglich sein soll, verfügbar sind. Die Abstraktionen nehmen – wie unten gezeigt wird – die Form standardisierter Anweisungen an. Die Eingabe von Daten wird eine 'Read'-Operation (Lesen) genannt, ihre Ausgabe eine 'Write'-Operation (Schreiben). Wir können zum Beispiel vereinbaren, daß Daten von einer Tastatur eingelesen und auf ein Sichtgerät geschrieben werden.

```
ReadCard(x);
ReadCard(y);
WHILE x # y DO
  IF x > y THEN x := x − y
  ELSE y := y − x
  END
END;
WriteCard(x,6)
```

Die Prozedur *ReadCard* liest eine Kardinalzahl (eine ganze, nicht-negative Zahl) ein und weist sie dem Parameter (x) bzw. (y) zu. Die Prozedur *WriteCard* gibt eine Kardinalzahl, spezifiert durch den ersten Parameter (x), aus. Der zweite Parameter (6) legt die Anzahl von Stellen fest, die zur Darstellung dieses Wertes auf dem Ausgabemedium verfügbar sind.

In der nächsten und letzten Version vervollständigen wir unseren Text, so daß er ein echtes Modula-Programm wird.

```
MODULE ggT;
   FROM InOut IMPORT ReadCard,WriteString,WriteLn,WriteCard;

   VAR x,y: CARDINAL;
BEGIN
   WriteString("x␣=␣"); ReadCard(x); WriteLn;
   WriteString("y␣=␣"); ReadCard(y); WriteLn;
   WHILE x # y DO
     IF x > y THEN x := x − y
     ELSE y := y − x
     END
   END;
   WriteString("ggT␣=␣"); WriteCard(x,6); WriteLn;
END ggT .
```

Die wesentlichen Erweiterungen in diesem Schritt bestehen aus sogenannten *Deklarationen* (Vereinbarungen). In Modula müssen die Namen aller in einem Programm vorkommenden Objekte, wie etwa Variable und Konstante, deklariert werden. Eine Deklaration führt den *Namen* eines Objekts ein, legt die Art des Objektes fest (ob es eine Variable, Konstante oder sonst was ist) und bezeichnet allgemeine, unveränderliche Eigenschaften, wie den Typ der Variablen oder den Wert einer Konstanten.

Das gesamte Programm nennt man einen *Modul* mit einem zugeordneten Namen (hier ggT). Ein Modul hat folgendes Format:

```
MODULE Name;
   ⟨Import-Listen⟩
   ⟨Deklarationen⟩
BEGIN
   ⟨Anweisungen⟩
END Name.
```

Zu unserem Beispiel sind noch einige weitere Bemerkungen angebracht. Die Prozeduren *WriteLn*, *WriteString*, *ReadCard* und *WriteCard* sind nicht Teil der Sprache Modula. Sie sind vielmehr in einem anderen Modul *InOut* definiert, der als bereits vorhanden vorausgesetzt wird. Eine Sammlung solch nützlicher Module wird in späteren Kapiteln dieses Buches beschrieben und erläutert. Im Augenblick ist nur wichtig, daß sie importiert werden müssen, um innerhalb des Programms bekannt zu sein. Dies geschieht in einer Import-Liste, welche die Namen der benötigten Objekte aufzählt und gleichzeitig festlegt, aus welchem Modul sie importiert werden.

Die Prozedur *WriteString* gibt einen *String* aus, d.h. eine Folge von Zeichen (eingeschlossen in Anführungszeichen). Die Ausgabe signalisiert dem Benutzer, daß gleich noch eine Eingabe verlangt wird – ein wichtiges Merkmal von Dialogsystemen. Die Prozedur *WriteLn* schließt eine Zeile im Ausgabetext ab.

Damit beenden wir die Diskussion unseres ersten Beispiels. Es wurde bewußt informativ gehalten, denn es war unser Ziel, ein bereits vorhandenes Programm zu erklären. Programmieren bedeutet jedoch, neue Programme zu entwerfen und zu erzeugen. Dazu ist eine präzise und formale Beschreibung unseres Werkzeugs unabdingbar. Im nächsten Kapitel führen wir deshalb einen Formalismus zur präzisen Beschreibung korrekter, "legaler" Programmtexte ein. Mit diesem Formalismus läßt sich auf strenge Weise feststellen, ob ein Text den Regeln der Sprache genügt.

3. Eine Notation zur Beschreibung der Syntax von Modula

Eine formale Sprache ist eine unendliche Menge von Folgen bestehend aus *Symbolen.* Die Elemente dieser Menge nennt man Sätze. Im Falle einer Programmiersprache bilden diese Sätze Programme. Die Symbole entstammen einer endlichen Menge, dem *Vokabular.* Die Menge aller Programme ist unendlich und nicht abzählbar. Daher definieren Regeln ihre Bildung. Nach diesen Regeln gebildete Symbolfolgen bezeichnet man als syntaktisch korrekte Programme. Die Menge der Regeln ist die *Syntax* der Sprache.

Den Programmen einer formalen Sprache entsprechen in der natürlichen Sprache grammatikalisch korrekte Sätze. Jeder Satz einer gesprochenen Sprache hat eine Struktur und besteht aus einzelnen Teilen, wie Subjekt, Prädikat und Objekt. Ähnlich ist ein Programm aus Teilen, sogenannten syntaktischen Einheiten, wie Anweisungen, Ausdrücken oder Vereinbarungen zusammengesetzt. Besteht eine Satzkonstruktion A aus B, gefolgt von C, also der Zusammensetzung BC, so nennen wir B und C syntaktische *Faktoren.* Wir beschreiben A dann mit der syntaktischen Formel

A = BC.

Wenn andererseits A aus einem B oder – alternativ – einem C besteht, dann nennen wir B und C syntaktische *Terme* und drücken A aus durch

A = B | C.

Runde Klammern dürfen dazu benutzt werden, Terme und Faktoren zu gruppieren. Es sei darauf hingewiesen, daß A, B und C syntaktische Einheiten der zu beschreibenden formalen Sprache bezeichnen, während die Symbole = , | , Klammern und der Punkt Symbole einer Meta-Notation zur Beschreibung der Syntax sind. Letztere werden *Metasymbole* genannt. Die hier eingeführte Meta-Notation heißt *Erweiterter Backus Naur-Formalismus* (EBNF).

Zusätzlich zur Zusammensetzung und Auswahl lassen sich in EBNF auch Optionen und Wiederholungen ausdrücken. Besteht eine Satzkonstruktion A entweder aus einem B oder nichts (leer), so wird dies durch

A = [B] .

ausgedrückt. Besteht A jedoch aus der Zusammensetzung einer beliebigen
Zahl von Bs (einschließlich nichts), wird dies mit

A = { B } .

bezeichnet. Dies ist alles, mehr gehört nicht zur EBNF! Einige Beispiele
zeigen, wie man Satzmengen durch EBNF-Formeln definiert:

```
(A | B)(C | D)   AC AD BC BD
A[B]C            ABC AC
A{BA}            A ABA ABABA ABABABA ...
{A | B}C         C AC BC AAC ABC BBC BAC ...
```

Offensichtlich ist EBNF selbst eine formale Sprache. Soll sie für ihren Zweck
geeignet sein, muß sie sich zumindest selbst definieren lassen! In folgender
Definition von EBNF in EBNF benutzen wir als Namen für syntaktische
Einheiten

Anweisung:	eine syntaktische Gleichung
Ausdruck:	eine Liste alternativer Terme
Term:	eine Zusammensetzung von Faktoren
Faktor:	eine einzige syntaktische Einheit oder ein geklammerter Ausdruck

Die formale Definition von EBNF ist nun:

Syntax	=	{Anweisung}.
Anweisung	=	Name " = " Ausdruck ".".
Ausdruck	=	Term {" | " Term}.
Term	=	Faktor {Faktor}.
Faktor	=	Name | String | "("Ausdruck")" |
		"["Ausdruck"]" | "{"Ausdruck"}".

Namen bezeichnen syntaktische Einheiten. Strings sind Folgen von Symbolen
aus dem Vokabular der Sprache. Zur Beschreibung von Namen übernehmen
wir die in Programmiersprachen übliche Konvention, nämlich:

*Ein Name besteht aus einer Folge von Buchstaben und Ziffern, wobei das
erste Zeichen ein Buchstabe sein muß. Ein String besteht aus einer beliebigen
Folge von Zeichen, eingeschlossen in Anführungszeichen (oder Apostrophe).*

Im folgenden Kapitel werden diese Regeln mit Hilfe der Begriffe der EBNF
formal beschrieben.

4. Die Repräsentation von Modula-Programmen

Im vorigen Kapitel wurde ein Formalismus eingeführt, mit dem im weiteren Strukturen wohlgeformter Programme definiert werden. Der Formalismus definiert jedoch lediglich die Methode, mit der Programme als Symbolfolgen – im Gegensatz zu Zeichenfolgen – aufgebaut werden. Dieser "Nachteil" ist aber durchaus beabsichtigt. Denn die Repräsentation von Symbolen (und dadurch auch Programmen) in Form von Zeichen hängt zu sehr von individuellen Implementierungen ab, als daß sie für das hohe Abstraktionsniveau einer Sprachdefinition geeignet wäre. Die Einführung einer Zwischenstufe zur Repräsentation von Symbolfolgen gewährleistet eine sinnvolle Entkopplung von Sprache und letztendlicher Programmrepräsentation, die vom verfügbaren Zeichensatz abhängt. Folglich müssen wir eine Menge von Regeln zur Repräsentation von Symbolen als Zeichenfolgen verlangen. Die Symbole des Modula-Vokabulars sind in die Klassen

Namen, Zahlen, Strings, Operatoren und Begrenzer, Kommentare

eingeteilt. Folgende Regeln beschreiben ihre Repräsentation im standardisierten ISO-Zeichensatz:

1. *Namen* (identifier) sind Folgen von Buchstaben (letter) und Ziffern (digit). Das erste Zeichen muß ein Buchstabe sein.

$ identifier = letter {letter | digit}.

Beispiele korrekt gebildeter Namen sind

Alice wahrscheinlich springe Adler SR71

Folgende Zeichenfolgen sind keine Namen:

schall dicht	(das Leerzeichen ist verboten)
schall-dicht	(ebenso der Bindestrich)
2N	(das erste Zeichen muß ein Buchstabe sein)
Mueller's	(der Apostroph ist verboten)

Man beachte, daß Groß- und Kleinbuchstaben unterschiedliche Zeichen sind!

Manchmal muß ein Name i durch einen weiteren Namen j näher qualifiziert werden; man drückt dies durch Voranstellen von j vor i und einen Punkt dazwischen (j.i) aus. Den zusammengesetzten Namen nennen wir einen qualifizierten Namen (abgekürzt *qualident*).

$ qualident = {identifier "."} identifier.

2. *Zahlen* existieren entweder als positive ganze oder positive reelle Zahlen. Erstere werden durch Ziffernfolgen beschrieben. Zahlen dürfen keine Leerzeichen enthalten. Reelle Zahlen enthalten einen Dezimalpunkt und einen gebrochenen Teil. Zusätzlich darf ein Skalierungsfaktor angehängt werden, gekennzeichnet durch den Buchstaben E und eine natürliche, evtl. mit Vorzeichen versehene Zahl. Das E wird als "10 hoch" ausgesprochen.

Beispiele korrekter Zahlen sind:

1981   1   3.25   5.1E3   4.0E − 10

Folgende Zeichenfolgen werden nicht als Zahlen erkannt:

1,5	das Komma ist verboten
1'000'000	ebenso Apostrophe
3.5En	Buchstaben (außer E) sind nicht erlaubt

Die genauen Regeln zur Bildung von Zahlen beschreibt folgende Syntax:

$ number = integer | real.
$ integer = digit{digit}.
$ real = digit{digit}"."{digit}[ScaleFactor].
$ ScaleFactor = "E" ["+"|"−"] digit{digit}.

Hinweis: Ganze Zahlen werden oktal bzw. hexadezimal interpretiert, wenn ihnen der Buchstabe B bzw. H folgt.

3. *Strings* sind Folgen beliebiger Zeichen, eingeschlossen in Anführungszeichen. Der String selbst darf keine Anführungszeichen enthalten, sonst kann das schließende Anführungszeichen nicht eindeutig erkannt werden. Um jedoch auch Anführungszeichen zuzulassen, dürfen Strings auch durch Apostrophe an Stelle von Anführungszeichen eingeschlossen sein. Dann allerdings darf der String keine Apostrophe enthalten.

$ string = '"'{character}'"' | "'"{character}"'".

Beispiele von Strings sind:

"kein␣Kommentar"
"Meier's␣Ecke"
'er␣sagte␣"keine␣Angst",␣und␣gab␣einen␣Schuss␣ab'

Hinweis: Man beachte, daß das Zeichen '␣' nicht zum Zeichensatz gehört. Es wird in diesem Buch lediglich dazu verwendet, das zum Zeichensatz gehörende Leerzeichen anzuzeigen.

4. *Operatoren und Begrenzer* bestehen entweder aus Sonderzeichen oder aus *reservierten Worten*. Letztere werden in Großbuchstaben geschrieben

und dürfen innerhalb von Programmen nicht als Namen verwendet werden. Deshalb merkt man sich am besten die kurze Liste der reservierten Wörter von Operatoren und Begrenzern.

Folgende Operatoren und Begrenzer bestehen aus Sonderzeichen:

+	Addition, Vereinigung von Mengen
−	Subtraktion, Differenz von Mengen
∗	Multiplikation, Durchschnitt von Mengen
/	Division, symmetrische Mengendifferenz
:=	Zuweisung
&	logisches Und (AND)
~	logische Verneinung (NOT)
=	gleich
# <>	ungleich
<	kleiner als
>	größer als
<=	kleiner als oder gleich
>=	größer als oder gleich
( )	Klammern
[ ]	Index-Klammern
{ }	Mengen-Klammern
(∗ ∗)	Kommentar-Klammern
↑	Dereferenzier-Operator
, . ; : .. |	Satzzeichen

Die reservierten Wörter sind in der folgenden Liste aufgezählt; ihre Bedeutung wird in den weiteren Kapiteln erklärt:

AND	ELSIF	LOOP	REPEAT
ARRAY	END	MOD	RETURN
BEGIN	EXIT	MODULE	SET
BY	EXPORT	NOT	THEN
CASE	FOR	OF	TO
CONST	FROM	OR	TYPE
DEFINITION	IF	POINTER	UNTIL
DIV	IMPLEMENTATION	PROCEDURE	VAR
DO	IMPORT	QUALIFIED	WHILE
ELSE	IN	RECORD	WITH

Üblicherweise trennt man aufeinanderfolgende Symbole durch einen Zwischenraum, d.h. ein oder mehrere Leerzeichen. Dies ist jedoch nur dann zwingend vorgeschrieben, wenn durch das Fehlen eines Zwischenraums aus zwei Symbolen ein einziges würde. In dem Beispiel "IF x = y THEN" müßte vor dem x und nach dem y ein Zwischenraum stehen, vor und nach dem Gleich-Zeichen darf er fehlen.

5. *Kommentare* dürfen zwischen zwei beliebigen Symbolen eingefügt werden. Kommentare sind Zeichenfolgen, eingeschlossen in die Kommentar-Klammern (∗ und ∗). Sie werden vom Compiler übersprungen und dienen der zusätzlichen Information des menschlichen Lesers. Sie können dem Compiler aber auch gewisse Instruktionen (Optionen) mitteilen.

5. Anweisungen und Ausdrücke

Die Spezifikation einer Aktion wird *Anweisung* (statement) genannt. Anweisungen können interpretiert (ausgeführt) werden. Die Interpretation (Ausführung) bewirkt die Transformation des Zustands der Berechnung. Der Zustand ist durch die Gesamtheit der Werte aller Programmvariablen gegeben. Die elementarste Aktion ist die *Zuweisung* (assignment) eines Wertes zu einer Variablen. Die Zuweisung hat die Form

$ assignment = designator ":=" expression.

Die zugehörige Aktion wird durch drei Teile beschrieben, in der Reihenfolge:

1. ermittle den Bezeichner (designator) der Variablen,
2. bestimme den Wert des Ausdrucks (expression)
3. ersetze den Wert der in 1. gefundenen Variable durch den in 2. berechneten Wert.

Einfache Beispiele für die Zuweisung sind:

i := 1
x := y + z.

Hierbei erhält i den Wert 1 und x den Wert der Summe y plus z. Die ursprünglichen Werte von i und x gehen verloren. Man beachte, daß die beiden folgenden – hintereinander ausgeführten – Anweisungspaare unterschiedliche Wirkungen haben:

i := i + 1; j := 2 * i
j := 2 * i; i := i + 1

Mit einem Anfangswert von i = 0 ergibt das erste Paar i = 1 und j = 2, während im zweiten Paar j = 0 ist. Will man die Werte der Variablen i und j austauschen, bringt die Anweisungfolge

i := j; j := i

nicht den gewünschten Erfolg. Wir benötigen nämlich eine weitere Variable für einen zeitweilig entstehenden Zwischenwert – nennen wir sie k. Damit erhalten wir die folgenden drei Zuweisungen

k := i; i := j; j := k.

Ein *Ausdruck* (expression) wird im allgemeinen aus mehreren Operanden und Operatoren gebildet. Bei seiner Auswertung werden die Operatoren in vorgeschriebener Weise auf die Operanden angewendet. Im allgemeinen geht man von links nach rechts vor. Als Operanden kommen Konstante, Variable oder Funktionen vor. (Letztere werden in einem späteren Kapitel erklärt.) Die Bestimmung einer Variablen erfordert gewöhnlich die Auswertung eines Bezeichners. Wir werden uns hier auf einfache, durch Namen bezeichnete Variable beschränken. In arithmetischen Ausdrücken (es gibt auch andere) kommen Zahlen, numerische Variable und arithmetische Operatoren vor, z.B. die elementaren Operationen Addition (+), Subtraktion (−), Multiplikation (∗) und Division (/). Sie werden in dem Kapitel über einfache Datentypen genauer diskutiert. Hier mag es genügen, daß der Schrägstrich (/) für die Division reeller Zahlen reserviert ist. Für die Division ganzer Zahlen (integer) verwenden wir den Operator DIV, der den Rest des Quotienten abschneidet.

Ein Ausdruck besteht aus aufeinanderfolgenden *Termen*. Der Ausdruck

$$T0 + T1 + \ldots + Tn$$

ist äquivalent zu

$$((T0 + T1) + \ldots) + Tn$$

und syntaktisch durch die Regeln

\$ SimpleExpression = ["+" | "−"] term {AddOperator}.
\$ AddOperator = "+" | "−" | "OR".

definiert.

Hinweis: Im Augenblick darf der Leser die syntaktischen Einheiten Ausdruck (expression) und einfacher Ausdruck (SimpleExpression) als äquivalent ansehen. Der Unterschied zwischen beiden, sowie die Operatoren OR, AND und NOT werden im Kapitel über den Datentyp BOOLEAN erklärt.

Ebenso besteht jeder Term aus *Faktoren*. Der Term

$$F0 \ast F1 \ast \ldots \ast Fn$$

ist äquivalent zu

$$((F) \ast F1) \ast \ldots) \ast Fn$$

und syntaktisch durch die Regeln definiert:

\$ term = factor {MulOperator factor}.
\$ MulOperator = "∗" | "/" | "DIV" | "MOD" | "AND" | "&".

Ein Faktor ist entweder eine Konstante, Variable, Funktion oder selbst wiederum ein Ausdruck, eingeschlossen in Klammern.

Beispiele arithmetischer Ausdrücke sind

$$
\begin{array}{lll}
2 * 3 + 4 * 5 & = (2 * 3) + (4 * 5) & = 26 \\
15 \text{ DIV } 4 * 4 & = (15 \text{ DIV } 4) * 4 & = 12 \\
15 \text{ DIV } (4 * 4) & = 0 & \\
2 + 3 * 4 - 5 & = 2 + (3 * 4) - 5 & = 9 \\
6.25 / 1.25 + 1.5 & = 5.0 + 1.5 & = 6.5
\end{array}
$$

Die Syntax von Faktoren ist offensichtlich rekursiv, da ein Faktor selbst wiederum ein Ausdruck sein darf. Die allgemeine Form von Bezeichnern wird erst später erklärt. Im Augenblick genügt es zu wissen, daß der Name (identifier) einer Variablen oder Konstanten ein Bezeichner (designator) ist.

```
$   factor = number | string | set | designator [ActualParameters] |
$       "(" expression ")" | "NOT" factor.
```

Die Regeln zur Bildung von Ausdrücken sind eigentlich recht einfach. Komplizierte Ausdrücke werden praktisch kaum benutzt. Trotzdem ist es lohnenswert, sich einige elementare Regeln zu merken.

1. Jeder Variablen in einem Ausdruck muß vorher ein Wert zugewiesen worden sein.
2. Operatoren dürfen nicht unmittelbar nebeneinander stehen. Zum Beispiel ist der Ausdruck a * - b illegal. Er muß a * (- b) heißen.
3. In einer Multiplikation darf das Multiplikationszeichen (*) nicht weggelassen werden. Zum Beispiel ist der Ausdruck 2n illegal. Er muß 2 * n heißen.
4. Multiplikationsoperatoren binden stärker als Additionsoperatoren.
5. Falls über die Auswerteregeln (z.B. Vorrang von Operatoren) Zweifel bestehen, benutze man zur Verdeutlichung Klammern. Zum Beispiel kann man an Stelle von A + B * C ebenso A + (B * C) schreiben.

Die Zuweisung ist nur eine der möglichen Anweisungen. Andere Formen werden in den nächsten Kapiteln eingeführt. Die verschiedenen Anweisungsformen sind in der folgenden syntaktischen Definition aufgezählt.

```
$   statement = [assignment | ProcedureCall |
$       WhileStatement | RepeatStatement | ForStatement |
$       LoopStatement | IfStatement | CaseStatement |
$       WithStatement | ReturnStatement | "EXIT"] .
```

Mehrere dieser Formen sind strukturierte Anweisungen, d.h. einige ihre Komponenten dürfen wiederum Anweisungen sein. Die Definition von Anweisungen ist – ähnlich wie die von Ausdrücken – rekursiv.

Die elementarste Struktur ist die Folge. Eine Berechnung ist eine Folge von Aktionen, wobei jede Aktion durch eine Anweisung beschrieben ist, die erst nach Beendigung der vorangehenden Aktion ausgeführt wird. Diese streng sequentielle Ausführung von Anweisungen ist eine Grundvoraussetzung sequentiellen Programmierens. Folgt eine Anweisung S1 auf eine Anweisung S0, so kennzeichnen wir dies durch einen Semikolon:

    S0; S1

Das Anweisungs-Trennzeichen (nicht Beendigungszeichen) sagt aus, daß der durch S0 spezifizierten Aktion unmittelbar die S1 entsprechende Aktion folgen soll. Eine Folge von Anweisungen wird syntaktisch definiert durch

$ StatementSequence = statement {";" statement}.

Die Syntax von Anweisungen schließt auch den Fall ein, daß eine Anweisung aus keinerlei Symbolen besteht. In diesem Falle sagt man, die Anweisung sei eine Leeranweisung. Offensichtlich bezeichnet sie die Null-Aktion. Diese Besonderheit hat einen klaren Grund: sie erlaubt es, Semikolons auch an Stellen einzufügen, an denen sie an sich überflüssig sind, z.B. am Ende einer Folge von Anweisungen.

6. Kontrollstrukturen

Eine der wichtigsten Fähigkeiten von Rechnern besteht darin, daß sie Aktionen auswählen, wiederholen oder bedingt (abhängig von bereits berechneten Resultaten) ausführen können. Die Reihenfolge, in der Aktionen ausgeführt werden, ist also nicht immer mit der Reihenfolge der zugehörigen Anweisungen identisch. Die Reihenfolge von Aktionen wird durch Kontrollstrukturen festgelegt. Sie beschreiben Wiederholung, Auswahl und bedingte Ausführung vorgegebener Anweisungen.

6.1   Wiederholungsanweisungen

Am häufigsten kommt die Wiederholung einer oder einer Folge von Anweisungen unter Kontrolle einer Bedingung vor: die Wiederholung geht so lange weiter, bis eine Bedingung zutrifft. Man drückt dies durch eine While-Anweisung aus. Ihre Syntax ist:

```
$   WhileStatement =
$       "WHILE" expression "DO" StatementSequence "END".
```

Die zugehörige Aktion ist:

1. Berechne den (booleschen) Ausdruck (expression). Dies ergibt den Wert TRUE (wahr) oder FALSE (falsch).
2. Falls der Wert TRUE ist, führe die Anweisungsfolge aus und wiederhole Schritt 1; falls der Wert FALSE ist, beende die Anweisung.

Der Ausdruck ist vom Typ BOOLEAN. Im Kapitel über Datentypen wird dies näher diskutiert. Hier genügt es zu wissen, daß ein einfacher Vergleich ein Ausdruck vom Typ BOOLEAN ist. Man vergleiche hierzu etwa das einführende Beispiel. Die Wiederholung endet, sobald die beiden verglichenen Operanden gleich wurden. Es folgen weitere Beispiele für die While-Anweisung:

1. Gegeben seien die Anfangswerte $q = 0$ und $r = x$. Berechne, wie oft y von x subtrahiert werden kann, d.h. berechne den Quotienten $q = x$ DIV y und den Rest $r = x$ MOD y, wenn x und y natürliche Zahlen sind.

```
WHILE r >= y DO
    r := r − y; q := q + 1
END
```

2. Gegeben seien die Anfangswerte $z = 1$ und $i = k$. Multipliziere z k-mal mit x, d.h. berechne $z = x{\uparrow}k$ (x hoch k), wenn z und k natürliche Zahlen sind:

```
WHILE i > 0 DO
  z := z * x; i := i − 1
END
```

Bei Benutzung von Wiederholungen sollten die folgenden wichtigen Punkte beachtet werden:

1. Während jeder Wiederholung müssen Fortschritte in Richtung auf das Ziel gemacht werden, d.h. man muß "näher" an die Bedingung herankommen, die zur Beendigung der Wiederholung erfüllt sein muß. Offensichtlich gehört dazu, daß die Bedingung auf irgendeine Weise innerhalb der wiederholten Berechnung beeinflußt werden muß. Folgende Anweisungen sind entweder nicht korrekt oder hängen – so wie sie sind – von einer kritischen Vorbedingung ab.

```
WHILE i > 0 DO
  k := 2 * k (* i wird nicht verändert *)
END
```

```
WHILE i # 0 DO
  i := i − 2 (* i muß gerade und positiv sein *)
END
```

```
WHILE n # i DO
  n := n * i; i := i + 1 (* n # i kann nie erfüllt werden *)
END
```

2. Ist die Bedingung zu Beginn nicht erfüllt, so ist die Anweisung leer, d.h. es wird keine Aktion durchgeführt.
3. Um die Wirkung der Wiederholung besser zu verstehen, müssen wir eine stabile Beziehung aufstellen, eine sogenannte *Invariante*. In dem obigen Divisionsbeispiel ist dies die Gleichung $q * y + r = x$. Sie muß zu Beginn jeder Wiederholung gültig sein. Im Beispiel für die Exponentiation lautet die Invariante $z * x{\uparrow}i = x{\uparrow}k$. Zusammen mit der Endbedingung $i = 0$ ergibt sie das gewünschte Resultat $z = x{\uparrow}k$.
4. Die Wiederholung identischer Berechnungen sollte man vermeiden (obgleich ein Rechner unendliche Geduld hat und sich auch nicht beschwert). Als einfache Regel gilt: man vermeide Ausdrücke innerhalb von Wiederholungen, wenn keine ihrer Variable ihren Wert ändert. Zum Beispiel die Anweisung

```
WHILE i < 3 * N DO
  tab[i] := x + y * z + z * i; i := i + 1
END
```

sollte so formuliert werden:

```
n := 3 * N; u := x + y * z;
WHILE i < n DO
    tab[i] := u + z * i; i := i + 1
END
```

Neben der While-Anweisung gibt es eine Repeat-Anweisung, syntaktisch
definiert durch

$ RepeatStatement = "REPEAT" StatementSequence "UNTIL" expression.

Der wesentliche Unterschied zur While-Anweisung besteht darin, daß die
Endbedingung immer *nach* (anstatt vor) Ausführung der Anweisungsfolge
geprüft wird. Die Folge wird also mindestens einmal ausgeführt. Die Bedingung darf somit Variable enthalten, die zu Beginn der Wiederholung noch
undefiniert sind.

```
REPEAT
    i := i + 5; j := j + 7; k := i DIV j
UNTIL k > 23
```

```
REPEAT
    r := r - y; q := q + 1
UNTIL r < y
```

While- und Repeat-Anweisungen sind die einfachsten und am häufigsten
vorkommenden Sprachkonstruktionen für Wiederholungen. Es gibt noch andere, vor allem die For-Anweisung. Diese wird erst später an geeigneter Stelle
eingeführt. Die Loop-Anweisung ist insofern eine Verallgemeinerung der
Repeat- und While-Anweisung, als sie die Angabe von Endbedingungen an
unterschiedlichen Stellen der zu wiederholenden Anweisungsfolge gestattet.
Das Ende wird durch eine Exit-Anweisung angezeigt, die aus dem einzigen Symbol EXIT besteht. Obwohl die Loop-Anweisung in einigen Fällen
bequem ist, sollte man im Normalfall doch besser ein While- bzw. Repeat-
Anweisung verwenden, da diese deutlicher eine einzige Endbedingung an
einer syntaktisch offensichtlichen Stelle aufzeigen.

$ LoopStatement = "LOOP" StatementSequence "END".

6.2 Bedingte Anweisungen

Die bedingte Anweisung, auch If-Anweisung genannt, hat die Form

```
$ IfStatement = "IF" expression "THEN" StatementSequence
$     {"ELSIF" expression "THEN" StatementSequence}
$     ["ELSE" StatementSequence]
$     "END".
```

Ein Beispiel illustriert das allgemeine Format:

```
IF R1 THEN S1
ELSIF R2 THEN S2
ELSIF R3 THEN S3
ELSE S4
END
```

Die Bedeutung ist aus dem Text ersichtlich. Man beachte, daß die Ausdrücke
R1...R3 nacheinander ausgewertet werden. Sobald einer den Wert TRUE
ergibt, wird die zugehörige Anweisungsfolge ausgeführt. Ist jedoch keine der
Bedingungen R1...R3 erfüllt, so wird – falls vorhanden – die zum ELSE
gehörende Anweisungsfolge ausgeführt. Danach ist die If-Anweisung beendet,
d.h. es werden keine weiteren Bedingungen überprüft. Beispiele sind:

```
IF x = 0 THEN s := 0
ELSIF x < 0 THEN s := −1
ELSE s := 1
END

IF ODD(k) THEN z := z ∗ x END

IF k > 10 THEN k := k − 10; d := 1
ELSE d := 0
END
```

Die bisher beschriebenen Sprachkonstruktionen erlauben es, einige einfache,
vollständige Programme zu entwickeln. Das erste der folgenden Beispiele
erweitert unser einführendes Beispiel zur Berechnung des größten gemeinsamen Teiler (ggT) zweier natürlicher Zahlen x und y. Die Erweiterung besteht
darin, daß sowohl zwei Variable u und v als auch Anweisungen zur Berechnung des *kleinsten gemeinsamen Vielfachen* (kgV) von x und y hinzugefügt
werden. Das kgV und der ggT stehen in folgender Beziehung zueinander:

$$kgV(x,y) ∗ ggT(x,y) = x ∗ y$$

```
MODULE ggTkgV;
   FROM InOut IMPORT ReadCard,WriteLn,WriteString,WriteCard;

   VAR x,y,u,v: CARDINAL;

BEGIN
   WriteString("x␣=␣"); ReadCard(x); WriteLn;
   WriteString("y␣=␣"); ReadCard(y);
   u := x; v := y;
   WHILE x # y DO
```

```
      (* ggT(x,y) = ggT(x0,y0), x * v + y * u = 2 * x0 * y0 *)
      IF x > y THEN
         x := x − y; u := u + v
      ELSE
         y := y − x; v := v + u
      END
   END;
   WriteCard(x,6); WriteCard((u + v) DIV 2,6); WriteLn
END ggTkgV.
```

Das Beispiel zeigt wiederum das Verschachteln von Kontrollstrukturen. Die WHILE-Anweisung drückt eine Wiederholung aus, die ihrerseits eine bedingte Struktur, nämlich die If-Anweisung, enthält. Diese wiederum enthält zwei Anweisungsfolgen, bestehend aus je zwei Zuweisungen. Geeignetes Einrücken "innerer" Teile macht diese hierarchische Struktur sichtbar.

Das nächste Beispiel zeigt ebenfalls eine hierarchische Struktur. Es berechnet den Wert x hoch i $(x\uparrow i)$, wobei x eine reelle und i eine natürliche Zahl ist.

```
MODULE Power;
   FROM InOut IMPORT ReadCard,WriteString,WriteLn;
   FROM RealInOut IMPORT ReadReal,Done,WriteReal;

   VAR i: CARDINAL; x,z: REAL;

BEGIN
   WriteString("x␣=␣"); ReadReal(x);
   WHILE Done DO
      WriteString("↑i␣=␣"); ReadCard(i);
      z := 1.0;
      WHILE i > 0 DO
         (* z * x↑i = x0↑i0 *)
         z := z * x; i := i − 1
      END;
      WriteReal(z,16); WriteLn;
      WriteString("x␣=␣"); ReadReal(x)
   END;
   WriteLn
END Power.
```

Wir führen noch eine weitere Wiederholung ein: sobald ein Resultat berechnet ist, soll sofort wieder ein neues Paar x,i verlangt werden. Die äußere Wiederholung wird von einer booleschen Variablen *Done* kontrolliert. Sie gibt an, ob tatsächlich eine Zahl x gelesen wurde. (Die Variable Done wird importiert und von der Leseroutine mit einem Wert versehen).

Diese "Gerade-aus-Methode" der Berechnung einer Potenz durch wiederholte Multiplikation ist offensichtlich korrekt, jedoch keinesfalls wirtschaftlich. Wir geben nun eine ausgefeiltere und effizientere Lösung an. Sie basiert
auf folgender Überlegung: Das Ziel der Wiederholung ist, den Wert i = 0
zu erhalten. Man erreicht dies durch wiederholtes Verkleinern von i unter
Beibehaltung der Invarianten z ∗ x↑i = x0↑i0, wobei x0 und i0 die Anfangswerte von x und i bezeichnen. Ein schnellerer Algorithmus beruht also auf der
schnelleren Verkleinerung von i. In der hier gegebenen Lösung wird i halbiert.
Dies geht jedoch nur, wenn i gerade ist. Ist i ungerade, wird i deshalb erst um
1 verkleinert. Um die Invariante zu erhalten, muß natürlich jeder Änderung
von i eine korrigierende Aktion entsprechen. Genauer: Die Subtraktion einer
1 von i wird nicht durch eine explizite Anweisung ausgedrückt. Man erreicht
dies implizit mit der folgenden Division durch 2. Noch zwei weitere Details
sind zu beachten: die Funktion ODD(i) ist TRUE, wenn i eine ungerade Zahl
ist, ansonsten FALSE. x und z bezeichnen reelle, also keine ganzen Werte.
Daher können sie auch Brüche darstellen.

```
MODULE Power;
  FROM InOut IMPORT ReadCard,WriteString,WriteLn;
  FROM RealInOut IMPORT ReadReal,Done,WriteReal;

  VAR i: CARDINAL; x,z: REAL;

BEGIN
  WriteString("x␣=␣"); ReadReal(x);
  WHILE Done DO
    WriteString("↑i␣=␣"); ReadCard(i);
    z := 1.0;
    WHILE i > 0 DO
      (∗ z ∗ x↑i = x0↑i0 ∗)
      IF ODD(i) THEN z := z ∗ x END;
      x := x ∗ x; i := i DIV 2
    END;
    WriteReal(z,16); WriteLn;
    WriteString("x␣=␣"); ReadReal(x)
  END;
  WriteLn
END Power.
```

Die Struktur des folgenden Beispielprogramms ist beinahe identisch mit
der des vorangehenden. Es berechnet den Logarithmus einer reellen Zahl
x mit einem Wert zwischen 1 und 2. Die Invariante in Verbindung mit der
Endbedingung (b = 0) impliziert das gewünschte Resultat sum = log2(x).

```
MODULE Log2;
  FROM InOut IMPORT WriteString,WriteLn;
  FROM RealInOut IMPORT ReadReal,Done,WriteReal;

  VAR x,a,b,sum: REAL;

BEGIN
  WriteString("x␣=␣"); ReadReal(x);
  WHILE Done DO
    (* 1.0 <= x < 2.0 *)
    WriteReal(x,15);
    a := x; b := 1.0; sum : = 0.0;
    REPEAT
      (* log2(x) = sum + b * log2(a) *)
      a := a * a; b := 0.5 * b;
      IF a >= 2.0 THEN
        sum = sum + b; a := 0.5 * a
      END
    UNTIL b < 1.0E - 7;
    WriteReal(sum,16); WriteLn;
    WriteString("x␣=␣"); ReadReal(x)
  END;
  WriteLn
END Log2.
```

Gewöhnlich müssen Routinen für standardisierte mathematische Funktionen nicht im Detail ausprogrammiert werden, da sie aus einer Programmsammlung – ähnlich der für Ein- und Ausgabe – erhältlich sind. Eine solche Sammlung bezeichnet man – vielleicht nicht ganz angemessen – als eine *Programmbibliothek*. Im folgenden Beispiel verwenden wir Routinen zur Berechnung der Cosinus- und Exponentialfunktion aus einer MathLib0 genannten Bibliothek und erzeugen damit die Wertetabelle einer gedämpften Schwingung. Typischerweise enthält die Bibliothek Standardroutinen der Funktionen Sinus (sin), Cosinus (cos), natürlicher Logarithmus (ln), Quadratwurzel (sqrt) und ArcusTangens (arctan). Das Beispiel demonstriert wieder den Gebrauch der Wiederholungsanweisung.

```
MODULE Oscillation;
  FROM InOut IMPORT ReadCard,WriteString,WriteLn;
  FROM RealInOut IMPORT ReadReal,WriteReal;
  FROM MathLib0 IMPORT exp,cos;

  CONST dx = 0.19634953; (*pi / 16*)
  VAR i,n: CARDINAL; x,y,r: REAL;
```

```
BEGIN
  WriteString("n␣=␣"); ReadCard(n);
  WriteString("r␣=␣"); ReadReal(r); WriteLn;
  i := 0; x := 0.0;
  REPEAT x := x + dx; i := i + 1;
    y := exp( − r ∗ x) ∗ cos(x);
    WriteReal(x,15); WriteReal(y,15) WriteLn
  UNTIL i >= n
END Oscillation.
```

7. Einfache Datentypen

Wir hatten bereits früher festgestellt, daß alle Variablen deklariert, d.h. ihre Namen im Kopf des Programms eingeführt werden müssen. Der Compiler kann so falsch geschriebene Namen entdecken und aufzeigen. Darüberhinaus ordnen Deklarationen jeder Variablen einen *Datentyp* zu. Der Datentyp repräsentiert Information über Variable. Im Gegensatz etwa zu ihrem Wert ist diese Information permanent. Sie wird ebenfalls dazu benutzt, Inkonsistenzen in einem Programm zu entdecken, was allein durch Untersuchung des Programmtextes geschieht, – ohne daß dieser interpretiert werden muß.

Der Typ einer Variablen bestimmt die Menge ihrer möglichen Werte und der Operationen darauf. Jede Variable hat einen einzigen, aus der Deklaration abgeleiteten Typ. Jeder Operator benötigt Operanden eines bestimmten Typs und erzeugt wiederum ein Resultat bestimmten Typs. Deshalb ist aus dem Programmtext zu ersehen, ob ein gegebener Operator auf eine Variable anwendbar ist.

Auch Datentypen selbst können im Programm vereinbart werden. Diese konstruierten Typen bauen gewöhnlich auf einfachen Typen auf. Deshalb gibt es eine Anzahl einfacher, häufig benutzter Typen. Sie heißen *Standardtypen* und werden in diesem Kapitel genauer eingeführt, obgleich einige in den vorangehenden Beispielen bereits auftauchten.

In Wahrheit besitzen nicht nur Variable einen Typ, sondern ebenso auch Konstanten, Funktionen, Operanden und (die Ergebnisse von) Operatoren. Bei Konstanten ist der Typ gewöhnlich aus ihrer Notation ableitbar, sonst jedoch aus einer expliziten Deklaration.

Zunächst beschreiben wir die Standardtypen von Modula und schauen uns danach die Form der Deklarationen von Variablen und Konstanten genauer an. Weitere Arten von Datentypen und Deklarationen verschieben wir auf spätere Kapitel.

7.1 Der Typ INTEGER

Der Typ INTEGER repräsentiert ganze Zahlen. Jeder Wert vom Typ INTEGER ist also eine ganze Zahl (Integer). Auf ganze Zahlen anwendbare Operatoren sind unter anderem

+   addieren
−   subtrahieren
*   multiplizieren
DIV   dividieren
MOD   Divisionsrest

Die ganzzahlige Division wird mit DIV bezeichnet. Sie schneidet den Rest des Quotienten ab. Beispiele sind:

$$15 \text{ DIV } 4 \qquad = \qquad 3$$
$$- 15 \text{ DIV } 4 \qquad = \qquad - 3$$
$$15 \text{ DIV } (- 4) \qquad = \qquad - 3$$

Der Operator MOD erzeugt den Rest einer ganzzahligen Division. Definieren wir

$$q = x \text{ DIV } y, r = x \text{ MOD } y$$

so gilt folgende Gleichung

$$x = q * y + r, 0 <= r < y.$$

x MOD y ist nur für positive x und y definiert.

Die Umkehrung des Vorzeichens wird mit einem monadischen Operator, dem Minuszeichen, bezeichnet. Weiter gibt es die Operatoren ABS(x) und ODD(x). Ersterer ergibt den Absolutwert von x und letzterer den booleschen Wert "x ist ungerade".

Jeder Rechner beschränkt den Wertebereich des Typs INTEGER auf eine endliche Menge ganzer Zahlen, gewöhnlich auf ein Intervall $- 2\uparrow(N - 1) \ldots 2\uparrow(N - 1) - 1$, wobei N eine kleine Zahl, häufig 16 oder 32 ist. Dies hängt von der Anzahl der Bits ab, die der Rechner zur Darstellung ganzer Zahlen benutzt. Erzeugt eine arithmetische Operation ein Ergebnis außerhalb dieses Intervalls, so sagt man, daß ein Überlauf (*Overflow*) stattgefunden hat. Der Rechner wird dies entsprechend anzeigen und die Berechnung gewöhnlich abbrechen. Der Programmierer muß sicherstellen, daß während der Programmausführung keine Überläufe auftreten.

7.2   Der Typ CARDINAL

Der Typ CARDINAL repräsentiert – ähnlich wie der Typ INTEGER – ganze Zahlen, jedoch ohne negative Werte, d.h. er repräsentiert die natürlichen Zahlen und 0. Es sind dieselben Operatoren wie beim Typ INTEGER anwendbar.

Will man verdeutlichen, daß eine Variable nur positive Werte annehmen kann, gebraucht man an Stelle von INTEGER besser den Datentyp CARDI-NAL. Die Benutzung des Typs CARDINAL ist immer dann zu empfehlen, wenn negative Werte nicht auftreten (oder nicht auftreten sollten).

Die Tatsache, daß negative Werte aus dem Wertebereich von Kardinalzahlen strikt ausgeschlossen sind, erfordert besondere Vorsicht. Ein an den Typ INTEGER gewöhnter Programmierer fällt z.B. leicht in folgende Falle: angenommen eine Anweisung S soll wiederholt ausgeführt werden, wobei die Variable i die Werte $N - 1, N - 2, \ldots, 1, 0$ annimmt. Die Anweisungen

```
i := N - 1;
WHILE i >= 0 DO
  S; i := i - 1
END
```

werden richtig ausgeführt, wenn i von Typ INTEGER ist. Ist i jedoch eine CARDINAL-Variable, so wird die Rechnung falsch, da ein Wert $- 1$ entsteht. Tatsächlich ist der Ausdruck $i >= 0$ leer, da Kardinalzahlen niemals negativ sind. Korrekt sieht dieses Programmstück so aus:

```
i := N;
WHILE i > 0 DO
  i := i - 1; S
END
```

Sieht ein Rechner N Bits zur Darstellung ganzer Zahlen vor, so ist ein weiterer Vorteil des Typs CARDINAL, daß ein Wertebereich von $0 \ldots 2 \uparrow N - 1$ für Kardinalzahlen zur Verfügung steht. Der größte Wert des Typs INTE-GER ist dagegen $2 \uparrow (N - 1) - 1$. Außerdem sind Multiplikation und Division für Operanden des Typs CARDINAL gewöhnlich etwas schneller. Modula erlaubt nicht, Operanden vom Typ INTEGER und CARDINAL im gleichen Ausdruck zu verwenden (sogenannte *gemischte Ausdrücke*), da die arithmetischen Befehle für die beiden verschieden sind. Dies ist nicht ganz so schlimm, da es *Typ-Übertragungs-Funktionen* gibt. Wenn i vom Typ INTEGER und c vom Typ CARDINAL ist, so ist der Ausdruck $i + c$ zwar verboten, nicht dagegen $i + INTEGER(c)$ und $CARDINAL(i) + c$. Ersterer ist vom Typ IN-TEGER, letzterer vom Typ CARDINAL.

7.3 Der Typ REAL

Werte des Typs REAL sind reelle Zahlen. Es sind wiederum die elementaren arithmetischen Operationen verfügbar und ABS. Die Division wird hier durch / bezeichnet (anstelle von DIV).

Konstanten des Typs REAL sind durch einen Dezimalpunkt und möglicherweise einen dezimalen *Skalierungsfaktor* gekennzeichnet. Beispiele für die Schreibweise reeller Zahlen sind:

> 1.5   1.50   1.5E2   2.34E − 2   0.0

Der Skalierungsfaktor besteht aus dem Großbuchstaben E, gefolgt von einer ganzen Zahl. Dies bedeutet, die vorangehende reelle Zahl ist mit 10 hoch dem Skalierungsfaktor zu multiplizieren. Also gilt z.B.

> 1.5E2 = 150.0   2.34E − 2 = 0.0234

Es ist wichtig zu wissen, daß reelle Zahlen intern als Paare dargestellt werden, bestehend aus einem gebrochenen Teil und einem Skalierungsfaktor. Man nennt dies *Gleitkomma-Darstellung*. Natürlich bestehen beide Teile aus einer endlichen Anzahl von Ziffern. Folglich ist die Darstellung inhärent unexakt. Berechnungen mit reellen Zahlen sind nicht genau, da bei jeder Operation Ziffern abgeschnitten werden bzw. Rundungsfehler auftreten können.

Folgendes Programm verdeutlicht die Ungenauigkeit, die in Rechnungen mit REAL-Operanden auftreten können. Das Programm berechnet die *harmonische Funktion*

$$H(n) = 1 + 1/2 + 1/3 + \ldots + 1/n$$

auf zwei verschiedenen Weisen, nämlich einmal durch Aufsummieren der Terme von links nach rechts und danach von rechts nach links. Nach den Regeln der Arithmetik sollten die beiden Summen gleich sein. Wenn jedoch Werte abgeschnitten (oder sogar gerundet) werden, unterscheiden sich die Summen schließlich für genügend große n. Die richtige Methode ist offensichtlich, mit den kleinen Termen zu beginnen.

```
MODULE Harmonic;
    FROM InOut IMPORT ReadCard,Done,WriteString,WriteLn;
    FROM RealInOut IMPORT WriteReal;

    VAR i,n: CARDINAL;
        x,d,s1,s2: REAL;

BEGIN
    WriteString("n␣=␣"); ReadCard(n);
    WHILE Done DO
        s1 := 0.0; d := 0.0; i := 0;
        REPEAT
            d := d + 1.0; i := i + 1;
            s1 := s1 + 1.0 / d;
        UNTIL i >= n;
```

```
      WriteReal(s1,16); s2 := 0.0;
      REPEAT
        s2 := s2 + 1.0 / d;
        d := d − 1.0; i := i − 1
      UNTIL i = 0;
      WriteReal(s2,16); WriteLn;
      WriteString("n␣=␣"); ReadCard(n)
    END;
    WriteLn
  END Harmonic.
```

Der Hauptgrund für die strenge Unterscheidung zwischen reellen und ganzen
Zahlen ist ihre unterschiedliche interne Repräsentation. Die arithmetischen
Operationen werden durch Maschinenbefehle implementiert, die für die
beiden Typen unterschiedlich sind. Modula erlaubt daher keine Ausdrücke,
in denen Operanden mit gemischten Typen auftreten.

Integer-Zahlen können jedoch in reelle Zahlen transformiert werden (genauer: interne Repräsentationen von Integer-Zahlen können in ihre entsprechende Gleitkomma-Repräsentationen transformiert werden, und umgekehrt). Dies geschieht durch die expliziten Transfer-Funktionen FLOAT(c)
und TRUNC(x). FLOAT(c) ist vom Typ REAL und repräsentiert den Wert
der Kardinalzahl c; TRUNC(x) repräsentiert den ganzzahligen Anteil der
reellen Zahl x und ist vom Typ CARDINAL. Der Programmierer sollte daran
denken, daß verschiedene Implementierungen von Modula auch unterschiedliche bzw. zusätzliche Transferfunktionen anbieten können.

7.4   Der Typ BOOLEAN

Ein boolescher Wert kann einen von zwei *Wahrheitswerten* annehmen,
bezeichnet durch die beiden Standardnamen TRUE (wahr) und FALSE
(falsch). Boolesche Variable werden gewöhnlich mit Adjektiv-Namen bezeichnet. Der Wert TRUE bedeutet das Vorhandensein, der Wert FALSE
das Fehlen der angezeigten Eigenschaft. Eine Menge logischer Operatoren
bildet zusammen mit booleschen Variablen Ausdrücke des Typs BOOLEAN.
Die Operatoren sind AND (auch mit & bezeichnet), OR und NOT (auch mit
~ bezeichnet). Ihr Resultat ist erklärt durch

```
p AND q  = "beide p und q sind TRUE"
p OR q   = "entweder p oder q oder beide sind TRUE"
NOT p    = "p ist FALSE"
```

Die exakte Definition sieht jedoch etwas anders aus, obwohl das Ergebnis dasselbe ist:

```
p AND q  = IF p THEN q ELSE FALSE
p OR q   = IF p THEN TRUE ELSE q
```

Die Definitionen besagen, daß der zweite Operand nicht ausgewertet werden muß, wenn das Resultat bereits nach Auswertung des ersten Operanden bekannt ist. Interessant ist an dieser Definition Boolescher Verknüpfungen, daß ein Resultat selbst dann wohldefiniert sein kann, wenn der zweite Operand undefiniert ist. Folglich kann die Reihenfolge der Operanden von Bedeutung sein.

Gelegentlich lassen sich Boolesche Ausdrücke durch Anwendung einfacher Transformationsregeln vereinfachen. Besonders nützlich ist die *de Morgan'sche Regel*. Sie legt folgende Äquivalenzen fest:

```
(NOT p) AND (NOT q) = NOT (p OR q)
(NOT p) OR (NOT q) = NOT (p AND q)
```

Relationen erzeugen ein Resultat des Typs BOOLEAN, d.h. TRUE wenn die Relation erfüllt ist, sonst FALSE. Beispiele sind:

```
7 = 12      FALSE
7 < 12      TRUE
1.5 >= 1.6  FALSE
```

Derartige Relationen sind syntaktisch als Ausdrücke klassifiziert. Die beiden zu vergleichenden Operanden sind sogenannte einfache Ausdrücke (SimpleExpressions), (vgl. auch das Kapitel über Ausdrücke und Anweisungen). Das Ergebnis eines Vergleichs ist vom Typ BOOLEAN und kann in Kontrollstrukturen wie in If-, While-, und Repeat-Anweisungen verwendet werden. Die Symbole # und <> stehen für ungleich.

```
$   expression = SimpleExpression [relation SimpleExpression].
$   relation = "=" | "#" | "<>" | "<" | "<=" | ">" | ">=" | "IN".
```

Es bleibt noch festzustellen, daß es ähnlich wie bei den arithmetischen auch bei den booleschen Operatoren eine Vorrangregelung gibt. NOT hat den höchsten Rang, es folgen AND (auch logische Multiplikation genannt) und OR (logische Addition). Den geringsten Rang besitzen die Relationen. Wie bei arithmetischen Operationen dürfen auch hier nach Belieben Klammern gesetzt werden, um die Zugehörigkeit von Operatoren zu ihren Operanden zu verdeutlichen. Beispiele boolescher Ausdrücke sind:

```
x = y
(x <= y) & (y < z)
(x > y) OR (y >= z)
NOT p OR q
```

Man beachte, daß eine Konstruktion der Art x < y AND z < w illegal ist.

Boolesche Werte dürfen miteinander verglichen werden, wobei nicht nur die Prüfung auf Gleichheit erlaubt ist. Insbesondere gilt:

FALSE < TRUE.

Folglich wird die logische Implikation "p impliziert q" entweder durch

(NOT p) OR q   oder durch   p <= q

ausgedrückt. Das Beispiel verdeutlicht die Regel, daß die Operanden eines Operators (einschließlich der Relations-Operatoren) demselben Typ angehören müssen. Folgende Relationen sind daher illegal:

```
1 = TRUE
5 = 5.0
i + j = p OR q
```

Ebenso ist die Schreibweise x <= y < z inkorrekt. Dies muß zu (x <= y) AND (y < z) erweitert werden. Folgende Boolesche Ausdrücke sind jedoch korrekt

```
i + j < k - m
p OR q = (i < j)
```

Ein abschließender Hinweis: Der Ausdruck "p = TRUE" ist zwar legal, zeugt jedoch von schlechtem Stil und sollte besser "p" geschrieben werden. Ebenso sollte man "p = FALSE" durch "NOT p" ersetzen.

7.5   Der Typ CHAR

Jede Rechenanlage kommuniziert mit ihrer Umgebung über bestimmte Eingabe- und Ausgabe-Geräte. Diese Geräte lesen, schreiben oder drucken Elemente aus einer festen Zeichenmenge, nämlich dem Wertebereich des Datentyps CHAR. Leider verwenden die einzelnen Rechner-Hersteller oft unterschiedliche Zeichensätze, was die Kommunikation zwischen Rechnern (d.h. den Austausch von Programmen und Daten) erschwert bzw. oft sehr mühselig macht. Allerdings gibt es eine international standardisierte Zeichenmenge, den sogenannten ISO-Zeichensatz.

Der ISO-Standard definiert eine Menge von 128 Zeichen. Davon sind 33 sog. *Kontrollzeichen*. Die restlichen 95 Zeichen sind druckbar, wie in unten stehender Tabelle gezeigt. Die Menge ist geordnet, d.h. jedes Zeichen hat eine feste Position bzw. *Ordnungsnummer*. Zum Beispiel ist A das 65te Zeichen, d.h. es hat die Ordnungsnummer 65. Der ISO-Standard läßt jedoch einige Lücken offen. Sie können entsprechend nationaler Wünsche mit unterschiedlichen Zeichen besetzt werden, um so nationale Standards zu erstellen. Am bekanntesten ist der amerikanische Standard, auch ASCII genannt (American Standard Code for Information Interchange). In der Tabelle unten ist der ASCII-Zeichensatz tabelliert. Die Ordnungsnummer eines Zeichens erhält man aus der Zeilennummer unter Addition der Spaltennummer. Häufig werden die Zeichen in oktaler Form dargestellt. Dieser Gewohnheit wollen wir auch hier folgen. Die ersten beiden Spalten enthalten Kontrollzeichen; sie werden gewöhnlich mit Abkürzungen bezeichnet, die auf ihre Bedeutung hinweisen. Diese Bedeutung ist jedoch keine Eigenschaft des Zeichencodes, sondern ergibt sich erst durch die entsprechende Interpretation. Hier genügt es vorerst zu wissen, daß diese Kontrollzeichen (gewöhnlich) nicht druckbar sind.

Tabelle des ASCII-Zeichensatzes

	0	20	40	60	100	120	140	160
0	nul	dle		0	@	P	`	p
1	soh	dc1	!	1	A	Q	a	q
2	stx	dc2	"	2	B	R	b	r
3	etx	dc3	#	3	C	S	c	s
4	eot	dc4	$	4	D	T	d	t
5	enq	nak	%	5	E	U	e	u
6	ack	syn	&	6	F	V	f	v
7	bel	etb	'	7	G	W	g	w
10	bs	can	(	8	H	X	h	x
11	ht	em	)	9	I	Y	i	y
12	lf	sub	*	:	J	Z	j	z
13	vt	esc	+	;	K	[	k	{
14	ff	fs	,	<	L	\	l		
15	cr	gs	-	=	M	]	m	}
16	so	rs	.	>	N	↑	n	~
17	si	us	/	?	O	←	0	del

Konstanten des Typs CHAR (Character) werden durch das entsprechende Zeichen – eingeschlossen in Anführungszeichen bzw. Apostrophe – dargestellt. Zeichen darf man Variablen des Typs CHAR zuweisen. Sie können allerdings nicht in arithmetischen Ausdrücken verwendet werden. Arithmetische Operatoren sind aber auf die Ordnungszahlen von Zeichen anwendbar. Man erhält sie durch eine Transferfunktion ORD(ch). Umgekehrt erhält man ein Zeichen mit der Ordnungszahl n aus der Transferfunktion CHR(n). Diese beiden komplementären Funktionen stehen in der Beziehung

CHR(ORD(ch)) = ch   und   ORD(CHR(n)) = n

zueinander, wobei n im Bereich $0 <= n < 128$ liegt. Hiermit läßt sich der numerische Wert einer Ziffer ch durch

ORD(ch) − ORD("0")

berechnen, ebenso das Zeichen mit numerischem Wert n

CHR(n + ORD("0")).

Die beiden Formeln setzen voraus, daß im ISO-Zeichensatz die 10 Ziffern nebeneinander liegen, wobei ORD("0") = 60B = 48 ist. Typischerweise benutzt man diese Funktionen in Routinen zur Umwandlung von Ziffernfolgen in Zahlen und umgekehrt. Folgendes Programmstück liest Ziffern ein und weist die dezimal dargestellte Zahl einer Variablen x zu.

```
x := 0; Read(ch);
WHILE ("0" <= ch) & (ch <= "9") DO
   x := 10 * x + (ORD(ch) − ORD("0")); Read(ch)
END
```

Kontrollzeichen benutzt man für unterschiedliche Zwecke, hauptsächlich zur Kontrolle von Gerätefunktionen, aber auch um Texte zu entwerfen und zu strukturieren. Wichtig sind Kontrollzeichen, um das Ende einer Zeile oder einer Textseite anzuzeigen. Allerdings gibt es dafür keinen allgemein akzeptierten Standard. Wir bezeichnen das Kontrollzeichen für das Zeilenende mit dem Namen EOL (end of line); sein tatsächlicher Wert hängt vom verwendeten System ab.

Nicht druckbare Zeichen werden in Modula durch ihren oktalen Wert, gefolgt vom Großbuchstaben C dargestellt. Zum Beispiel ist 14C ein Wert des Typs CHAR, nämlich das Kontrollzeichen ff (form feed). Es hat die Ordnungsnummer 14B.

7.6 Der Typ BITSET

Die Werte des Typs BITSET sind Mengen ganzer Zahlen zwischen 0 und N − 1. N ist dabei eine durch die Rechenanlage definierte Konstante,

gewöhnlich die Wortlänge des Rechners oder ein kleines Vielfaches davon.
Konstanten dieses Typs bezeichnet man als Mengen (vgl. auch das Kapitel
über Mengen-Typen). Beispiele sind:

   {5,7,11} {0} {8 .. 15} {0 .. 3, 11, 15} {}

Die Notation m .. n ist ein Kürzel für m, m + 1, ..., n − 1, n.

$ set = qualident "{" [element {","element}] "}".
$ element = ConstExpression [".."ConstExpression].

Mengenoperationen sind:

   +   Mengen-Vereinigung
   −   Mengen-Differenz
   *   Mengen-Durchschnitt
   /   symmetrische Mengen-Differenz

Wenn i ein Mengenelement und u,v Mengen bezeichnen, dann sind diese
Operationen (in Begriffen der Zugehörigkeit zu Mengen) durch folgende
Äquivalenzen definiert

   i IN (u + v)   =   (i IN u) OR (i IN v)
   i IN (u − v)   =   (i IN u) AND NOT (i IN v)
   i IN (u * v)   =   (i IN u) AND (i IN v)
   i IN (u / v)   =   ((i IN u) # (i IN v))

Der Operator IN bezeichnet die Zugehörigkeit zu einer Menge und wird als
relationaler Operator angesehen. Der Ausdruck i IN u ist vom Typ BOO-
LEAN. Er ist wahr (TRUE), wenn i in der Menge u enthalten ist. BITSET-
Mengen werden in Rechnern gewöhnlich als Mengen von Bits dargestellt.
Zum Beispiel ist das i-te Bit von u gleich 1, wenn i in u enthalten ist, sonst
gleich 0. Mengenoperatoren sind daher als logische Operatoren implementiert, angewandt auf die N zur Mengenvariablen gehörenden Elemente. Sie
sind sehr effizient. Ihre Ausführungszeit ist gewöhnlich sogar kleiner als die
der Addition ganzer Zahlen.

8. Konstanten- und Variablen-Deklarationen

Wir erwähnten bereits früher, daß alle in einem Programm benutzten Namen im Kopf des Programms deklariert sein müssen, es sei denn es handelt sich um sog. Standardnamen, die in jedem Programm bekannt sind (oder aus einem anderen Modul importiert werden).

Soll ein Name einen konstanten Wert bezeichnen, muß er in einer *Konstanten-Deklaration* eingeführt werden. Sie gibt den Wert an, für die der Konstantenname steht. Eine Konstanten-Deklaration hat die Form

```
$   ConstantDeclaration = ident "=" ConstExpression.
$   ConstExpression = SimpleConstExpr [relation SimpleConstExpr].
$   SimpleConstExpr = ["+"|"−"] ConstTerm{AddOperator ConstTerm}.
$   ConstTerm = ConstFactor{MulOperator ConstFactor}.
$   ConstFactor = qualident | number | string | ConstSet |
$        "(" ConstExpression ")" | "NOT" ConstFactor.
$   ConstSet = [qualident] "{" [ConstElement "," ConstElement] "}".
$   ConstElement = ConstExpression [".." ConstExpression].
```

Ein konstanter Ausdruck (ConstExpression) enthält nur Konstanten. Die Syntax ist analog zu der von Ausdrücken (expressions). Einer Folge von Konstanten-Deklarationen muß das Symbol CONST vorangehen, z.B.:

```
CONST N = 16;
      EOL = 36C;
      empty = {};
      M = N − 1;
```

Konstanten mit explizitem Namen unterstützen die Lesbarkeit von Programmen, vorausgesetzt man verwendet suggestive Namen. Benutzt man z.B. im gesamten Programm den Namen N an Stelle des Werts 16, so kann die Konstante durch Ändern einer einzigen Programmstelle, nämlich der Deklaration von N, geändert werden. Man vermeidet so den weit verbreiteten Fehler, daß einige über den gesamten Programmtext verstreute Konstanten unentdeckt bleiben und daher nicht auf den neuesten Stand gebracht werden, was zu Inkonsistenzen führt.

Eine *Variablen-Deklaration* sieht ähnlich aus wie eine Konstanten-Deklaration. Der Platz des Wertes der Konstanten wird durch den Typ der Variablen eingenommen. Man kann ihn in gewissem Sinne als die konstante Eigenschaft der Variablen ansehen. Anstelle eines Gleichheitszeichens wird ein Doppelpunkt verwendet.

$ VariableDeclaration = IdentList ":" type.
$ IdentList = identifier {","identifier}.

Variable des gleichen Typs dürfen in der gleichen Deklaration stehen. Einer Folge von Deklarationen muß das Symbol VAR vorangehen. Beispiele sind:

```
VAR i,j,k: CARDINAL;
    x,y,z: REAL;
    ch: CHAR
```

9. Die Datenstruktur Array

Bisher haben wir jeder Variablen einen individuellen Namen gegeben. Dies ist unpraktisch, wenn man viele gleich zu behandelnde Variable gleichen Typs benötigt, z.B. beim Aufbau einer Tabelle von Daten. In diesem Falle wollen wir der gesamten Datenmenge einen Namen geben und die einzelnen Elemente mit einer identifizierenden Nummer bezeichnen, einem sog. *Index*. Man sagt, der Datentyp sei strukturiert – genauer: array-strukturiert. Im folgenden Beispiel besteht die Variable a aus N Elementen, alle vom Typ CARDINAL, und die Indizes laufen von 0 bis $N - 1$.

```
VAR a: ARRAY [0 .. N − 1] OF CARDINAL;
```

Ein Element wird durch den Arraynamen bezeichnet, gefolgt von einem selektierenden Index, etwa durch a[i]. i ist ein Ausdruck, dessen Wert innerhalb des in der Array-Deklaration angegebenen Indexbereichs liegen muß. Syntaktisch ist a[i] ein Bezeichner und der Ausdruck i ein *Selektor*. Soll z.B. allen N Elementen der Wert 0 zugewiesen werden, so kann man dies bequem durch eine Wiederholungsanweisung ausdrücken. Der Index erhält dann in jeder Wiederholung einen neuen Wert.

```
i := 0;
REPEAT a[i] := 0; i := i + 1
UNTIL i = N
```

Da der hier gezeigte Fall häufig vorkommt, stellt Modula eine gesonderte Kontrollstruktur zur Verfügung, die *For-Anweisung*. Damit läßt sich die Wiederholung prägnanter so ausdrücken:

```
FOR i := 0 TO N − 1 DO
  a[i] := 0
END
```

Die allgemeine Form der For-Anweisung ist

```
$  ForStatment =
$  "FOR" identifier ":=" expression "TO" expression
$      ["BY" ConstExpression] "DO" StatementSequence "END".
```

Die Ausdrücke vor und nach dem Symbol TO definieren den Bereich, in dem die sog. *Kontrollvariable* (i) voranschreitet. Ein optionaler Parameter bestimmt Zuwachs bzw. Abnahme. Läßt man ihn weg, wird er automatisch gleich 1 gesetzt.

Es empfiehlt sich, die For-Anweisung nur in einfachen Fällen zu verwenden. Insbesondere dürfen innerhalb der zu wiederholenden Anweisungen keine Komponenten der den Indexbereich festlegenden Ausdrücke beeinflußt werden, vor allem aber darf die Kontrollvariable selbst auf keinen Fall geändert werden. Nach Beendigung der For-Anweisung ist der Wert der Kontrollvariablen als undefiniert anzusehen.

Weitere Beispiele sollen die Verwendung von Array-Strukturen und der For-Anweisung verdeutlichen. Im ersten Beispiel ist die Summe der N Elemente des Arrays a zu berechnen:

```
sum := 0;
FOR i := 0 TO N − 1 DO
   sum := a[i] + sum
END
```

Im zweiten Beispiel soll der kleinste Wert und dessen Index gesucht werden. Die Invariante der Wiederholung ist min = minimum(a[0], ... , a[i − 1]).

```
min := a[0]; k := 0;
FOR i := 1 TO N − 1 DO
   IF a[i] < min THEN
      k := i; min := a[k]
   END
END
```

Im dritten Beispiel benutzen wir das zweite Beispiel, um den Array in aufsteigender Reihenfolge zu *sortieren*:

```
FOR i := 0 TO N − 2 DO
   min := a[i]; k := i;
   FOR j := i TO N − 1 DO
      IF a[j] < min THEN
         k := j; min := a[k]
      END
   END;
   a[k] := a[i]; a[i] := min
END
```

Ist die Aufgabe gegeben, die Werte eines Arrays a in einen Array b umzukopieren, so könnten wir versucht sein, Folgendes zu formulieren:

```
FOR i := 0 TO N − 1 DO
   b[i] := a[i]
END
```

Dies ist zwar völlig korrekt, wird aber einfacher durch die Anweisung b : = a ausgedrückt; der Zuweisungsoperator ist auch auf ganze Arrays anwendbar.

Offensichtlich ist die For-Anweisung immer dann am Platz, wenn *alle* Elemente eines gegebenen Indexbereichs verarbeitet werden müssen. In den meisten anderen Fällen ist sie fehl am Platz. Wollen wir z.B. den Index eines Elementes mit gegebenem Wert x finden, so können wir im vornherein nicht wissen, wie viele Elemente angeschaut werden müssen. Daher ist in diesem Falle eine While- (oder Repeat-) Anweisung zu empfehlen. Folgenden Algorithmus bezeichnet man als *lineares Suchen.*

```
i := 0;
WHILE (i < N) & (a[i] # x) DO
   i := i + 1
END
```

Wenden wir de Morgan's Gesetz an und negieren die Schleifenbedingung, so leiten wir daraus ab, daß nach Beendigung der While-Anweisung die Bedingung (i = N) OR (a[i] = x) gilt. Wenn der zweite Term wahr (TRUE) ist, dann haben wir das gewünschte Elemente gefunden, und sein Index ist gleich i; gilt jedoch i = N, so gibt es kein a[i] = x.

Bei der Endbedingung fällt uns noch auf, daß sie zusammengesetzt ist. Mit Hilfe einer allgemein üblichen Technik läßt sich die Bedingung vereinfachen. Erinnern wir uns daran, daß die Bedingung enden muß, wenn das gewünschte Element gefunden oder das Ende des Arrays erreicht ist. Der *Trick* besteht nun darin, das Ende durch einen Wächter zu markieren, nämlich den Wert x selbst. Die Suche hält dann automatisch an. Man muß lediglich ein Scheinelement a[N] am Ende des Arrays einfügen; es übernimmt dann die Aufgabe des Wächters:

```
a: ARRAY [0 .. N] OF CARDINAL;
```

```
a[N] := x; i := 0;
WHILE a[i] # x DO i := i + 1 END
```

Ist nach Beendigung der Schleife i = N, so gibt es kein Originalelement mit dem Wert x, ansonsten ist i der gewünschte Index.

Ein anspruchsvolleres Problem ist die Suche eines Elementes mit Wert x in einem geordneten Array, d.h. es gilt a[i − 1] <= a[i] für alle i = 1 ... N − 1. Die beste Technik ist das sog. *binäre Suchen*: man untersuche das Element in der Mitte und wende dann die gleiche Methode auf entweder die linke oder die rechte Hälfte an. Folgendes Programmstück drückt dies aus (es sei N > 0). Die Schleifeninvariante ist

a[k] < x für alle k = 0...i − 1 und a[k] > x für alle k = j + 1...N − 1

```
i := 0; j := N − 1; found := FALSE;
REPEAT mid := (i + j) DIV 2;
   IF x < a[mid] THEN j := mid − 1
   ELSIF x > a[mid] THEN i := mid + 1
   ELSE found := TRUE
   END
UNTIL (i > j) OR found
```

Jeder Schritt halbiert das Intervall, in dem x gesucht wird. Daher ist die Zahl benötigter Vergleiche nur log2(N). Eine etwas effizientere Version vermeidet die zusammengesetzte Endbedingung:

```
i := 0; j := N − 1;
REPEAT mid := (i + j) DIV 2;
   IF x <= a[mid] THEN j := mid − 1 END;
   IF x >= a[mid] THEN i := mid + 1 END
UNTIL i > j;
IF i > j + 1 THEN found ELSE not found END
```

Es folgt eine weitere, noch ausgefeiltere Version. Die kluge Idee dabei ist, die Suche nicht sofort abzubrechen, wenn eine Element gefunden wurde, da dieser Fall gegenüber nicht erfolgreichen Vergleichen vergleichsweise selten vorkommt.

```
i := 0; j := N − 1;
REPEAT mid := (i + j) DIV 2;
   IF x < a[mid] THEN j := mid
   ELSE i := mid + 1
   END
UNTIL i >= j
```

Damit beenden wir unsere Beispiele über die Anwendung einfacher Arrays.

Die Elemente eines Arrays besitzen alle denselben Typ, der aber wiederum ein Array sein kann (er kann sogar eine beliebige Struktur haben, wie wir später sehen werden). Einen Array mit Elementen von Arrays nennt man einen *mehrdimensionalen Array* oder eine *Matrix*, da man jeden Index als eine Dimension in einem Kartesischen Raum ansehen kann. Beispiele zwei-dimensionaler Arrays sind

```
a: ARRAY [1..N],[1..N] OF REAL
T: ARRAY [0..M − 1],[0..N − 1] OF CHAR
```

Dies sind eigentlich nur Abkürzungen folgender ausgeschriebener Formen:

```
a: ARRAY [1 .. N] OF
     ARRAY [1 .. N] OF
       REAL

T: ARRAY [0 .. M − 1] OF
     ARRAY [0 .. N − 1] OF
       CHAR
```

Die Einrückungen zeigen die hierarchische Struktur. Die allgemeine Syntax eines Array-Typs ist

\$ ArrayType = "ARRAY" SimpleType {"," SimpleType} "OF" type.

SimpleType bezeichnet den Indexbereich und hat entweder die Form

"[" ConstExpression " .. " ConstExpression "]"

oder besteht aus einem Namen. Zum Beispiel führt die Array-Deklaration

map: ARRAY OF [" " .. " ~"] OF CARDINAL

einen Array von 95 Kardinalzahlen ein, wobei jedes Element mit einem druckbaren Zeichen indiziert wird, wie folgende Anweisungen demonstrieren:

map["A"] := 0; k := map[" + "].

Die Syntax von Arraybezeichnern erlaubt ähnliche Abkürzungen, wie sie bei Deklarationen benutzt wurden, nämlich a[i,j] an Stelle von a[i][j]. Letztere Form drückt aber klarer aus, daß [j] der Selektor des Arrays a[i] ist. Die Syntax für Bezeichner von Arrayelementen ist

\$ designator = qualident {"[" ExpList "]"}.
\$ ExpList = expression {"," expression}.

In Verbindung mit Matrizen kommt die For-Anweisung voll zur Geltung, besonders bei numerischen Anwendungen. Das kanonische Beispiel hierfür ist die Multiplikation zweier Matrizen. Jedes Element des Produktes $c = a * b$ ist definiert durch

$$c[i,j] = a[i,1] * b[1,j] + a[i,2] * b[2,j] + \ldots + a[i,N] * b[N,j]$$

Mit gegebenen Deklarationen

```
a: ARRAY [1 .. M],[1 .. K] OF REAL;
b: ARRAY [1 .. K],[1 .. N] OF REAL;
c: ARRAY [1 .. M],[1 .. K] OF REAL;
```

besteht der Algorithmus für die Multiplikation aus drei geschachtelten Wiederholungen:

```
FOR i := 1 TO M DO
  FOR j := 1 TO N DO
    sum := 0.0;
    FOR k := 1 TO K DO
      sum := a[i,k] * b[k,i] + sum
    END;
    c[i,j] := sum
  END
END
```

In einem weiteren Beispiel demonstrieren wir das Suchen eines Wortes in einer Tabelle, sog. *Tabellensuchen*, wobei jedes Wort aus einem Array von Zeichen besteht. Wir nehmen an, daß die Tabelle durch das T in obigem Beispiel erklärt sei und daß x gegeben ist durch

x: ARRAY [0 .. N − 1] OF CHAR

In unsere Lösung verwenden wir die typische Methode des linearen Suchens:

```
i := 0; found := FALSE;
WHILE NOT found & (i < M) DO
  found := "T[i] ist gleich x";
  i := i + 1
END
```

Wenn wir die Gleichheit zweier Worte x und y durch $x[j] = y[j]$ für alle $j = 0 \ldots N − 1$ definieren, dann kann das "innere" Suchen ausgedrückt werden durch

```
j := 0; equal := TRUE;
WHILE equal & (j < N) DO
  equal := T[i,j] = x[j]; j := j + 1
END;
found := equal
```

Die Lösung erscheint etwas umständlich. Sie läßt sich in eine einfachere Form umwandeln, wenn $M > 0$ und $N > 0$ ist. Das Durchsuchen der Tabelle wird dann so ausgedrückt:

```
i := 0;
REPEAT j := 0;
  REPEAT B := T[i,j] # x[j]; j := j + 1
  UNTIL B OR (j = N);
```

```
   i := i + 1
UNTIL NOT B OR (i = M)
```

Das Resultat B bedeutet: "das Wort x wurde nicht gefunden".

Wir haben nun genügend Vorarbeit geleistet, um vollständige und sinnvolle Programme entwickeln zu können. Wir geben drei Beispiele an, in denen jedesmal Arrays vorkommen.

Im ersten Beispiel soll eine Tabelle der *Potenzen von 2* erzeugt werden, wobei jede Zeile die Werte $2 \uparrow i$, i und $2 \uparrow (-i)$ enthalten soll. Unter Benutzung des Typs REAL ist diese Aufgabe recht einfach. Das Programm enthält den Kern

```
d := 1; f := 1.0;
FOR exp := 1 TO N DO
   d := 2 * d; write(d); (* d = 2↑exp *)
   write(exp);
   f := f / 2.0; write(f) (* f = 2↑(−exp) *)
END
```

Wir stellen uns jedoch die Aufgabe, exakte Resultate mit so vielen Stellen wie nötig zu erzeugen. Aus diesem Grund stellen wir sowohl die ganze Zahl $d = 2\uparrow exp$ als auch den Bruch $f = 2\uparrow(-exp)$ durch Arrays von "Ziffern" dar, jede im Bereich von $0 \ldots 9$. Für f benötigen wir N, für d nur log(N) Ziffern. Man beachte, daß die Verdopplung von d von rechts nach links fortschreitet, die Halbierung von f dagegen von links nach rechts. Die Ergebnisse sind in der Tabelle unten gezeigt.

```
MODULE PowersOf2;
   FROM InOut IMPORT Write,WriteLn,WriteString,WriteCard;

   CONST M = 11; N = 32; (* M ~ N * log(2) *)
   VAR i,j,k,exp: CARDINAL;
      c,r,t: CARDINAL;
      d: ARRAY [0..M] OF CARDINAL;
      f: ARRAY [0..N] OF CARDINAL;
BEGIN
   d[0] := 1; k := 1;
   FOR exp := 1 TO N DO
      (* berechne d = 2↑exp durch d := 2 * d *)
      c := 0; (*Übertrag*)
      FOR i := 0 TO k − 1 DO
         t := 2 * d[i] + c;
         IF t >= 10 THEN
            d[i] := t − 10; c := 1
         ELSE
```

```
        d[i] := t; c := 0
      END
    END;
    IF c > 0 THEN
      d[k] := 1; k := k + 1
    END;
    (* Ausgabe von d[k − 1] ... d[0] *) i := M;
    REPEAT i := i − 1; Write("␣") UNTIL i = k;
    REPEAT i := i − 1; Write(CHR(d[i] + ORD("0"))) UNTIL i = 0;
    WriteCard(exp,4);
    (* Berechnung und Ausgabe von f = 2↑( − exp) durch f := f DIV 2 *)
    WriteString("␣0."); r := 0; (*Rest*)
    FOR j := 1 TO exp − 1 DO
      r := 10 ∗ r + f[j]; f[j] := r DIV 2;
      r := r MOD 2; Write(CHR(f[j] + ORD("0")))
    END;
    f[exp] := 5; Write("5"); WriteLn
  END
END PowersOf2.
```

2	1	0.5
4	2	0.25
8	3	0.125
16	4	0.0625
32	5	0.03125
64	6	0.015625
128	7	0.0078125
256	8	0.00390625
512	9	0.001953125
1024	10	0.0009765625
2048	11	0.00048828125
4096	12	0.000244140625
8192	13	0.0001220703125
16384	14	0.00006103515625
32768	15	0.000030517578125
65536	16	0.0000152587890625
131072	17	0.00000762939453125
262144	18	0.000003814697265625
524288	19	0.0000019073486328125
1048576	20	0.00000095367431640625
2097152	21	0.000000476837158203125
4194304	22	0.0000002384185791015625
8388608	23	0.00000011920928955078125

```
  16777216   24   0.00000005960464477539062
  33554432   25   0.000000029802322387695312
  67108864   26   0.0000000149011611938476562
 134217728   27   0.00000000745058059692382812
 268435456   28   0.000000003725290298461914062
 536870912   29   0.0000000018626451492309570312
1073741824   30   0.00000000093132257461547851562
2147483648   31   0.000000000465661287307739257812
4294967296   32   0.0000000002328306436538696289062
```

Unser zweites Beispiel ist ähnlicher Art. Es sollen die *Brüche* d = 1 / i ex-
akt berechnet werden. Das Problem liegt natürlich in der Repräsentation
von denjenigen Brüchen, die aus einer unendlichen Folge von Ziffern bestehen, z.B. 1 / 3 = 0.333 . . . . Glücklicherweise haben alle Brüche eine sich
wiederholende Periode. Eine vernünftige Lösung ist es daher, den Beginn der
Periode zu markieren und an ihrem Ende aufzuhören. Wie finden wir aber
den Anfang und das Ende der Periode? Betrachten wir daher zunächst den
Algorithmus zur Berechnung der Ziffern des Bruchs.

Beginnend mit rem = 1, multiplizieren wir immer wieder mit 10 und
dividieren das Produkt durch i. Der ganzzahlige Quotient ist die nächste
Ziffer, und der Rest ist der neue Wert von rem. Dies ist auch genau die
konventionelle Methode der Division. Folgendes Programmstück mit dem
numerischen Beispiel von i = 7 illustriert dies:

```
1.000000 / 7 = 0.142857
1 0
   30
    20
      60
        40
          50
          1
```

```
rem := 1;
REPEAT rem := 10 * rem;
  nextDigit := rem DIV i;
  rem := rem MOD i;
UNTIL ...
```

Wir wissen, daß die Periode zu Ende ist, sobald ein Rest auftaucht, der schon
einmal da war. Deshalb lautet unser Rezept, alle Reste und ihre Indizes
aufzubewahren. Letztere bezeichnen den Beginn der Periode. Wir benennen

die Indizes mit x und geben den Elementen von x den Anfangswert 0. In obiger Division durch 7 sind die Werte von x

$x[1] = 1, x[2] = 3, x[3] = 2, x[4] = 5, x[5] = 6, x[6] = 4$

```
MODULE Fractions;
  FROM InOut IMPORT Write,WriteLn,WriteString,WriteCard;

  CONST Base = 10; N = 32;
  VAR i,j,m: CARDINAL;
    rem: CARDINAL;
    d: ARRAY [1 .. N] OF CARDINAL; (*Ziffern*)
    x: ARRAY [0 .. N] OF CARDINAL; (* Index *)

BEGIN
  FOR i := 2 TO N DO
    FOR j := 0 TO i − 1 DO x[j] := 0 END;
    m := 0; rem := 1;
    REPEAT m := m + 1; x[rem] := m;
      rem := Base * rem; d[m] := rem DIV i; rem := rem MOD i
    UNTIL x[rem] # 0;
    WriteCard(i,6); WriteString("␣0.");
    FOR j := 1 TO x[rem] − 1 DO Write(CHR(d[j] + ORD("0"))) END;
    Write("'");
    FOR j := x[rem] TO m DO Write(CHR(d[j] + ORD("0"))) END;
    WriteLn
  END
END Fractions.
```

```
 2   0.5'0
 3   0.'3
 4   0.25'0
 5   0.2'0
 6   0.1'6
 7   0.'142857
 8   0.125'0
 9   0.'1
10   0.1'0
11   0.'09
12   0.08'3
13   0.'076923
14   0.0'714285
15   0.0'6
```

```
16   0.0625'0
17   0.'0588235294117647
18   0.0'5
19   0.'052631578947368421
20   0.05'0
21   0.'047619
22   0.0'45
23   0.'0434782608695652173913
24   0.041'6
25   0.04'0
26   0.0'384615
27   0.'037
28   0.03'571428
29   0.'0344827586206896551724137931
30   0.0'3
31   0.'032258064516129
32   0.03125'0
```

Unser letztes Beispielprogramm berechnet eine Liste von *Primzahlen*. Es
beruht auf der Idee, die Teilbarkeit aufeinanderfolgender Zahlen zu unter-
suchen. Die zu testenden Zahlen erhält man, indem alternierend um 2 oder
4 inkrementiert wird. Man vermeidet dadurch Vielfache von 2 und 3. Die
Teilbarkeit muß nur für Primteiler geprüft werden. Diese sind bekannt, wenn
man bereits berechnete Resultate abspeichert.

```
MODULE Primes;
  FROM InOut IMPORT WriteLn,WriteCard;

  CONST N = 500; M = 23; (* M ˜ sqrt(N) *)
    LL = 10; (* Anzahl von Primzahlen in einer Zeile *)
  VAR i,k,x: CARDINAL;
    inc,lim,square,L: CARDINAL;
    prime: BOOLEAN;
    P,V: ARRAY [0 .. M] OF CARDINAL;

BEGIN L := 0;
  x := 1; inc := 4; lim := 1; square := 9;
  FOR i := 3 TO N DO
    (* suche nächste Primzahl p[i] *)
    REPEAT x := x + inc; inc := 6 − inc;
      IF square <= x THEN
        lim := lim + 1; V[lim] := square;
        square := P[lim + 1] * P[lim + 1]
      END;
```

```
      k := 2; prime := TRUE;
      WHILE prime & (k < lim) DO
         k := k + 1;
         IF V[k] < x THEN
            V[k] := V[k] + 2 * P[k]
         END;
         prime := x # V[k]
      END
   UNTIL prime;
   IF i <= M THEN P[i] := x END;
   WriteCard(x,6); L := L + 1;
   IF L = LL THEN
      WriteLn; L := 0
   END
END
END Primes.
```

Ausgabe des Programms Primes:

5	7	11	13	17	19	23	29	31	37
41	43	47	53	59	61	67	71	73	79
83	89	97	101	103	107	109	113	127	131
137	139	149	151	157	163	167	173	179	181
191	193	197	199	211	223	227	229	233	239
241	251	257	263	269	271	277	281	283	293
307	311	313	317	331	337	347	349	353	359
367	373	379	383	389	397	401	409	419	421
431	433	439	443	449	457	461	463	467	479
487	491	499	503	509	521	523	541	547	557
563	569	571	577	587	593	599	601	607	613
617	619	631	641	643	647	653	659	661	673
677	683	691	701	709	719	727	733	739	743
751	757	761	769	773	787	797	809	811	821
823	827	829	839	853	857	859	863	877	881
883	887	907	911	919	929	937	941	947	953
967	971	977	983	991	997	1009	1013	1019	1021
1031	1033	1039	1049	1051	1061	1063	1069	1087	1091
1093	1097	1103	1109	1117	1123	1129	1151	1153	1163
1171	1181	1187	1193	1201	1213	1217	1223	1229	1231
1237	1249	1259	1277	1279	1283	1289	1291	1297	1301
1303	1307	1319	1321	1327	1361	1367	1373	1381	1399
1409	1423	1427	1429	1433	1439	1447	1451	1453	1459
1471	1481	1483	1487	1489	1493	1499	1511	1523	1531
1543	1549	1553	1559	1567	1571	1579	1583	1597	1601
1607	1609	1613	1619	1621	1627	1637	1657	1663	1667
1669	1693	1697	1699	1709	1721	1723	1733	1741	1747
1753	1759	1777	1783	1787	1789	1801	1811	1823	1831
1847	1861	1867	1871	1873	1877	1879	1889	1901	1907
1913	1931	1933	1949	1951	1973	1979	1987	1993	1997
1999	2003	2011	2017	2027	2029	2039	2053	2063	2069
2081	2083	2087	2089	2099	2111	2113	2129	2131	2137

2141	2143	2153	2161	2179	2203	2207	2213	2221	2237
2239	2243	2251	2267	2269	2273	2281	2287	2293	2297
2309	2311	2333	2339	2341	2347	2351	2357	2371	2377
2381	2383	2389	2393	2399	2411	2417	2423	2437	2441
2447	2459	2467	2473	2477	2503	2521	2531	2539	2543
2549	2551	2557	2579	2591	2593	2609	2617	2621	2633
2647	2657	2659	2663	2671	2677	2683	2687	2689	2693
2699	2707	2711	2713	2719	2729	2731	2741	2749	2753
2767	2777	2789	2791	2797	2801	2803	2819	2833	2837
2843	2851	2857	2861	2879	2887	2897	2903	2909	2917
2927	2939	2953	2957	2963	2969	2971	2999	3001	3011
3019	3023	3037	3041	3049	3061	3067	3079	3083	3089
3109	3119	3121	3137	3163	3167	3169	3181	3187	3191
3203	3209	3217	3221	3229	3251	3253	3257	3259	3271
3299	3301	3307	3313	3319	3323	3329	3331	3343	3347
3359	3361	3371	3373	3389	3391	3407	3413	3433	3449
3457	3461	3463	3467	3469	3491	3499	3511	3517	3527
3529	3533	3539	3541	3547	3557	3559	3571		

Mit diesen Beispielen beschließen wir den ersten Teil des Buchs. Die Beispiele zeigen, daß der Array eine fundamentale Struktur ist und in den meisten Programmen auftritt. Es gibt kaum ein wichtiges Programm außerhalb des Klassenzimmers, das ohne Wiederholungen und Arrays (oder analoge Datenstrukturen) auskommt.

10. Prozeduren

Betrachen wir die Aufgabe, eine Menge von Daten zu verarbeiten, die aus einem Kopf und einer Folge von N ähnlichen, individuellen Einheiten besteht. Man könnte dies allgemein so schreiben

```
ReadHeader;
ProcessHeader;
WriteHeader;
FOR i := 1 TO N DO
   ReadUnit; ProcessUnit;
   Write(i); WriteUnit
END
```

Offensichtlich beschreibt das Programm die ursprüngliche Aufgabe in Form von Unteraufgaben. Die entscheidende Struktur wird hervorgehoben und Details werden unterdrückt. Natürlich müssen wir jetzt die Unteraufgaben *ReadHeader*, *ProcessHeader*, etc. mit allen nötigen Details genauer beschreiben. Anstatt nun die den Zweck der Unteraufgaben andeutenden Worte durch vollständige Modula-Programme zu ersetzen, können wir die Worte auch als Programm-Namen ansehen. Die Details der Unteraufgaben definieren wir in textlich separaten Programmstücken, den sog. *Prozeduren* (oder Subroutinen). Man nennt die Definitionen *Prozedur-Deklarationen*, da sie die Aktionen von Prozeduren festlegen und ihnen einen Namen geben. Die entsprechenden Namen im Hauptprogramm, die sich auf diese Deklarationen beziehen, nennt man *Prozeduraufrufe*. Ihre Aufgabe ist es, die Ausführung der Prozeduren zu veranlassen. Syntaktisch sind Prozeduraufrufe Anweisungen.

Prozeduren spielen beim Programmentwurf eine fundamentale Rolle. Sie erleichtern die Darstellung der Struktur von Algorithmen und die Aufspaltung des Programms in logisch zusammenhängende Einheiten. Dies ist besonders für komplexe Algorithmen, d.h. lange Programme, wichtig. Im obigen Beispiel mag es extravagant erscheinen, separate Prozeduren zu deklarieren, anstatt einfach die Namen durch verfeinerte Programmtexte zu ersetzen. Häufig empfiehlt der Gewinn an Klarheit in der Programmstruktur die Verwendung expliziter Prozeduren, selbst in so einfachen Fällen wie hier. Besonders wertvoll werden Prozeduren natürlich, wenn dieselbe Prozedur von mehreren Programmstellen aus gerufen wird.

Eine Prozedur-Deklaration besteht aus dem Symbol PROCEDURE, einem
Namen (beide zusammen bilden den *Prozedurkopf*), gefolgt vom Symbol
BEGIN und den Anweisungen, die der Prozedurnamen repräsentiert. Die
Anweisungen nennt man den *Prozedurkörper*. Die Deklaration schließt mit
dem Symbol END und der Wiederholung des Prozedurnamens. Letzteres
ermöglicht es dem Compiler, nicht passende Abschlüsse von Anweisun-
gen und Deklarationen festzustellen. Die allgemeine Syntax von Prozedur-
Deklarationen wird erst später gegeben. Es folgt ein einfaches Beispiel zur
Berechnung der Summe a[0], . . . ,a[N − 1].

```
PROCEDURE Add;
BEGIN sum := 0.0;
   FOR i := 0 DO N − 1 DO
      sum := a[i] + sum
   END
END Add
```

Dank zweier weiterer Eigenschaften, dem Parameterkonzept und der Loka-
lität von Namen, wird das Prozedurkonzept noch nützlicher als es schon
ist. Parameter ermöglichen es, dieselben Prozeduren von verschiedenen Pro-
grammstellen aus zu rufen und sie dabei auf unterschiedliche Werte und
Variable anzuwenden, so wie dies an der rufenden Stelle festgelegt wird. Das
Konzept der Lokalität von Namen und Objekten erhöht die Bedeutung von
Prozeduren zur Strukturierung von Programmen und ihrer Gliederung in
Einzelteile. Als nächstes werden wir das Konzept der Lokalität besprechen.
Vorher wiederholen wir zusammenfassend einige wesentliche Punkte:

1. Die Prozedur hilft, die einem Programm innewohnende Struktur darzu-
   legen und eine Programmieraufgabe in Teile aufzuspalten.
2. Wird eine Prozedur von zwei und mehr Stellen aus gerufen, reduziert dies
   die Programmlänge, deshalb auch die Programmieraufgabe und damit
   verbunden die Möglichkeit, Programmierfehler zu begehen. Ein weiterer
   ökonomischer Vorteil ist die Reduktion der Größe des compilierten Codes.

11. Das Konzept der Lokalität

Betrachten wir nochmals die Prozedur Add des vorangehenden Beispiels. Wir stellen fest, daß die Bedeutung der Variablen i streng auf den Prozedurkörper beschränkt ist. Diese innewohnende Lokalität sollte auch explizit ausgedrückt werden. Sie läßt sich durch Deklaration von i innerhalb der Prozedur erreichen. i wird damit zu einer *lokalen* Variablen.

```
PROCEDURE Add;
  VAR i: CARDINAL;
BEGIN sum := 0;
  FOR i := 0 DO N − 1 DO
    sum := a[i] + sum
  END
END Add
```

In gewisser Hinsicht nimmt die Prozedur-Deklaration die Form eines separaten Programms an. In der Tat darf jede in einem Programm mögliche Deklaration, wie Konstanten-, Typ-, Variablen- oder Prozedur-Deklaration auch innerhalb einer Prozedur-Deklaration selbst auftreten. Dies bedeutet, daß Prozedur-Deklarationen verschachtelt sein können und somit rekursiv definiert sind.

Es ist eine gute Programmierpraxis, Objekte als lokal zu deklarieren, d.h. ihre Existenz auf diejenige Prozedur zu beschränken, in der sie eine Bedeutung haben. Die Prozedur, d.h. der Teil des Programmtextes, in dem der Name deklariert ist, wird ihr *Sichtbarkeitsbereich (scope)* genannt. Deklarationen sind schachtelbar, ebenso auch die Sichtbarkeitsbereiche. Aus der Möglichkeit, Objekte lokal zu einem Sichtbarkeitsbereich zu definieren, ergeben sich mehrere Konsequenzen. Zum Beispiel kann derselbe Name zur Bezeichnung unterschiedlicher Objekte benutzt werden. Dies hat die höchst nützliche Folge, daß der Programmierer lokale Namen ohne Kenntnis der Namen des umgebenden Sichtbarkeitsbereichs frei wählen kann, solange nicht Objekte bezeichnet werden, die im lokalen Sichtbarkeitsbereich bereits verwendet wurden (was man aber auf jeden Fall bemerken würde). Die Entkopplung des Wissens über verschiedene Programmteile ist besonders nützlich – vielleicht sogar lebensnotwendig – im Falle umfangreicher Programme.

Es gelten folgende Sichtbarkeitsregeln (Gültigkeit von Namen):

1. Ein Name ist innerhalb der Prozedur, in der er deklariert wird, sichtbar. Ebenso ist er in allen von dieser Prozedur eingeschlossenen Prozeduren sichtbar, vorbehaltlich Regel 2.

2. Wenn ein in der Prozedur P deklarierter Name i in einer inneren von P eingeschlossenen Prozedur Q umdeklariert wird, dann sind die Prozedur Q und alle weiteren – von Q eingeschlossenen Prozeduren – aus dem Sichtbarkeitsbereich des in P deklarierten Namens i ausgeschlossen.

3. Die Standardnamen von Modula werden als bereits deklariert angesehen und zwar in einer imaginären, das Programm umschließenden Prozedur.

An diese Regeln sollte man beim Aufsuchen der Deklaration eines gegebenen Namens i denken: zunächst suche man in den Deklarationen derjenigen Prozedur, in deren Körper i auftaucht; ist die Deklaration von i nicht darunter, suche man in der P umgebenden Prozedur; man fahre solange nach dieser Regel fort, bis die Deklaration gefunden ist.

```
VAR a: CARDINAL;
PROCEDURE P;
  VAR b: CARDINAL;
  PROCEDURE Q;
    VAR b,c: BOOLEAN;
  BEGIN
    (*a, b(BOOLEAN), c sind sichtbar*)
  END Q;
BEGIN
  (*a, b(CARDINAL) sind sichtbar*)
END P
```

Das Konzept der Lokalität und die Regel, daß eine Variable außerhalb ihres Sichtbarkeitsbereichs nicht existiert, bewirken, daß der Wert der Variablen verloren geht, wenn die deklarierende Prozedur endet. Daraus folgt, daß ihr Wert bei einem späterem Aufruf derselben Prozedur unbekannt ist. Die Werte lokaler Variabler sind bei Eintritt (bzw. Wiedereintritt) der Prozedur undefiniert. Soll eine Variable ihren Wert zwischen zwei Aufrufen beibehalten, muß sie außerhalb der Prozedur deklariert sein. Die Lebensdauer einer Variable ist gleich der Zeit, während der ihre deklarierende Prozedur aktiv ist.

Lokale Deklarationen haben drei wichtige Vorteile:

1. Sie verdeutlichen, daß ein Objekt auf eine Prozedur beschränkt bleibt, also auf einen gewöhnlich nur kleinen Teil des Gesamtprogramms.

2. Sie sorgen dafür, daß der Compiler die unbeabsichtigte Verwendung lokaler Objekte von anderen Programmteilen aus bemerken kann.

3. Sie erlauben eine Verringerung des Speicherbedarfs bei der Implementierung, da der für eine Variable benötigte Speicherbereich beim Verlassen der Prozedur, zu der sie lokal deklariert ist, wieder freigegeben wird. Man kann diesen Platz dann für andere Variable weiter verwenden.

12. Parameter

Prozeduren können mit *Parametern* versehen werden. Parameter stellen die herausragende Eigenschaft dar, die Prozeduren so wertvoll macht. Betrachten wir wieder das vorangehende Beispiel der Prozedur Add. Wahrscheinlich enthält ein Programm, das die Prozedur Add benutzt, mehrere Arrays, auf welche die Prozedur anwendbar sein sollte. Die Prozedur für jeden solchen Array umzudefinieren, wäre umständlich und unelegant. Durch Einführen eines Parameters für den Array-Operanden läßt sich dies vermeiden.

```
PROCEDURE Add(VAR x: Vector);
  VAR i: CARDINAL;
BEGIN sum := 0;
  FOR i := 0 DO N − 1 DO
    sum := x[i] + sum
  END
END Add
```

Der Parameter x wird in einer *Parameterliste* im Prozedurkopf eingeführt. Er wird dadurch automatisch zu einem lokalen Objekt, d.h. an sich ist er nur ein Platzhalter für den eigentlichen Array, wie in den Prozeduraufrufen

```
Add(a); ... ; Add(b)
```

spezifiziert. Die Arrays a und b nennt man *aktuelle Parameter*, x einen *formalen Parameter*. a und b ersetzen x beim Aufruf der Prozedur Add. In der Spezifikation des formalen Parameters muß dessen Typ mitangegeben werden. Damit kann der Compiler nachprüfen, ob ein passender aktueller Parameter geliefert wird. Wir sagen, daß die aktuellen Parameter a und b mit dem formalen Parameter x kompatibel sein müssen. In obigem Beispiel ist x vom Typ Vector. Es wird vorausgesetzt, daß Vector in der Umgebung von Add bereits deklariert ist:

```
TYPE Vector = ARRAY [0 .. N − 1] OF REAL;
VAR a,b: Vector;
```

Eine bessere Version von Add würde nicht nur den Array, sondern auch das Resultat sum als Parameter enthalten. Wir werden später zu diesem Beispiel zurückkehren. Vorher sollten wir jedoch erklären, daß es zwei Arten formaler Parameter gibt, nämlich *Variable-Parameter* und *Wert-Parameter (value)*.

Erstere werden durch das Symbol VAR gekennzeichnet, letztere durch dessen
Fehlen.

Wir beschließen diesen Abschnitt mit der Syntax von Prozedurdeklarationen
und Prozeduraufrufen:

$ ProcedureDeclaration = ProcedureHeading ";" block identifier.
$ ProcedureHeading = "PROCEDURE" identifier [FormalParameters].
$ block = {declaration} ["BEGIN" StatementSequence] "END".
$ FormalParameters = "(" [FPSection {";" FPSection}]")" [":" qualident].
$ FPSection = ["VAR"] IdentList ":" FormalType.
$ FormalType = ["ARRAY" "OF"] qualident.

$ ProcedureCall = designator [ActualParameters].
$ ActualParameters = "(" [ExpList] ")".

Bis auf die Deklaration von Modulen haben wir nun alle Arten von Deklarationen kennengelernt.

$ declaration = "CONST" {ConstantDeclaration ";"} |
$ "TYPE" {TypeDeclaration ";"} |
$ "VAR" {VariableDeclaration ";"} |
$ ProcedureDeclaration ";" | ModuleDeclaration ";".

12.1   Variable Parameter

Wie der Name bereits andeutet, muß der entsprechende aktuelle Parameter
eines formalen variablen Parameters (spezifiziert durch das Symbol VAR)
eine Variable sein. Der formale Name steht dann für diese Variable.

Beispiel:

```
PROCEDURE exchange(VAR x, a: CARDINAL);
   VAR z: CARDINAL;
BEGIN z := x; x := y; y := z
END exchange
```

Die Prozeduraufrufe

exchange(a,b); exchange(A[i],A[i + 1])

haben damit die gleiche Wirkung wie die obigen drei Zuweisungen. In jedem
Aufruf werden die entsprechenden Ersetzungen gemacht.

Folgende Punkte sollte man sich merken:

1. Variable Parameter können berechnete Resultate aus einer Prozedur
   heraus transportieren.

2. Der formale Parameter dient als Platzhalter für den substituierten aktuellen Parameter.
3. Der aktuelle Parameter darf kein Ausdruck und deshalb auch keine Konstante sein, selbst wenn zu seinem formalen Gegenstück keine Zuweisung erfolgt.
4. Wenn der aktuelle Parameter Indizes enthält, werden diese ausgewertet, sobald die formal-aktuelle Substitution erfolgt.
5. Die Typen entsprechender formaler und aktueller Parameter müssen gleich sein.

12.2 Wertparameter

Wertparameter transportieren einen Wert von der aufrufenden Seite in die Prozedur hinein. Sie sind die vorherrschende Parameterart. Der entsprechende aktuelle Parameter ist ein Ausdruck. Variable oder Konstante sind dabei besonders einfache Fälle. Der formale Wertparameter ist als eine lokale Variable des angegeben Typs zu betrachten. Beim Aufruf wird der aktuelle Ausdruck ausgewertet und das Resultat dieser lokalen Variable zugewiesen. Folglich darf man dem formalen Parameter danach auch neue Werte zuweisen, ohne daß dies irgendwelche Auswirkungen auf den Ausdruck hätte. In gewisser Hinsicht werden aktueller Ausdruck und formaler Parameter bei Eintritt in die Prozedur entkoppelt. Zur Illustration formulieren wir das früher gezeigte Programm zur Berechnung der Potenz $z = x\uparrow i$ als eine Prozedur.

```
PROCEDURE ComputePower(VAR z: REAL; x: REAL; i: CARDINAL);
BEGIN z := 1.0;
   WHILE i > 0 DO
      IF ODD(i) THEN z := z * x END;
      x := x * x; i := i DIV 2
   END
END ComputePower
```

Mögliche Aufrufe sind:

```
ComputePower(u,2.5,3)
ComputePower(A[i],B[i],2)
```

Da formale Wertparameter lokale Variable darstellen, sollten wir daran denken, daß für sie Speicherplatz zur Verfügung gestellt wird. Dies kann wichtig werden, wenn der Typ des formalen Parameters ein Array mit vielen Elementen ist. Es ist dann empfehlenswert, einen variablen Parameter zu verwenden, selbst wenn er nur dem Import von Werten dient.

Man beachte, daß z und x in obigem Beispiel in unterschiedlichen FP-
Sektionen deklariert sind, denn "VAR z,x: REAL" würde x ebenfalls als
einen variablen Parameter klassifizieren. Damit wäre es unmöglich, einen
allgemeinen Ausdruck an die aktuelle Parameterposition von x zu setzen.

12.3   Offene Array-Parameter

Wenn ein formaler Parameter eine Arraystruktur bezeichnet, muß dessen
entsprechender aktueller Parameter ein Array identischen Typs sein. Dies
impliziert, daß die Arrayelemente sowohl denselben Typ als auch dieselben
Indexgrenzen haben müssen, eine Einschränkung, die oft recht schwerwie-
gend ist. Eine größere Flexibilität wäre höchst wünschenswert. Man erreicht
sie durch sog. offene Arrays. Dabei wird verlangt, daß zwar die Typen
der Elemente von formalem und aktuellem Array gleich sein müssen, der
Indexbereich des formalen Parameters jedoch offen bleiben kann. Somit
können Arrays jeder Größe (Anzahl von Elementen) als aktuelle Parameter eingesetzt werden. Ein offener Array wird durch "ARRAY OF", gefolgt
vom Elementtyp spezifiziert. Zum Beispiel erlaubt eine wie folgt deklarierte
Prozedur

    PROCEDURE P(s: ARRAY OF CHAR)

Aufrufe mit Character-Arrays, die beliebige Indexgrenzen haben dürfen.
Die untere Indexgrenze des formalen Parameters wird dann immer gleich
0 gesetzt. Die obere Grenze erhält man durch Aufruf der Standardfunktion
HIGH(s). Ihr Wert ist gleich der Anzahl von Elementen minus 1. Ist also ein
Array a als

    a: ARRAY [m .. n] OF CHAR

deklariert, und substituiert man ihn an Stelle von s in der Prozedur P, dann
bezeichnet s[i] das Element a[m + i], wobei $i = 0 \ldots \text{HIGH}(s)$ und $\text{HIGH}(s) = n - m$ ist.

13. Funktionsprozeduren

Bisher haben wir zwei Möglichkeiten kennengelernt, ein Resultat aus dem Prozedurkörper heraus zur rufenden Stelle zurückzugeben: das Resultat wird entweder einer nicht lokalen Variablen oder einem variablen Parameter zugewiesen. Es gibt noch eine dritte Methode, nämlich die Funktionsprozedur. Damit läßt sich ein berechnetes Resultat (als Zwischenwert) in einem Ausdruck verwenden. Der Name der Funktionsprozedur repräsentiert sowohl eine Berechnung als auch das Resultat der Berechnung. Die Prozedur-Deklaration ist dadurch gekennzeichnet, daß auf die Parameterliste eine Angabe für den Typ des Resultats folgt. Als Beispiel schreiben wir obige Potenzberechnung neu.

```
PROCEDURE power(x:REAL; i:CARDINAL): REAL;
   VAR z: REAL;
BEGIN z := 1.0;
   WHILE i > 0 DO
     IF ODD(i) THEN z := z * z END;
     x := x * x; i := i DIV 2
   END;
   RETURN z
END power
```

Mögliche Aufrufe sind:

```
u := power(2.5,3)
A[i] := power(B[i],2)
u := x + power(y,i + 1) / power(z,i − 1)
```

Die Anweisung, die das Ergebnis der Berechnung zurückgibt, besteht aus dem Symbol RETURN, gefolgt von einem Ausdruck. Der Ausdruck spezifiziert das Resultat. *Return-Anweisungen* können an mehreren Stellen des Prozedurkörpers stehen. Sie veranlassen immer die Beendigung der Prozedur. Gewöhnlich setzt man die Return-Anweisung jedoch unmittelbar vor das Abschlußsymbol END. Return-Anweisungen dürfen auch in gewöhnlichen Prozeduren verwendet werden, dann folgt jedoch kein Ausdruck auf das RETURN-Symbol. Hiermit läßt sich eine außergewöhnliche Beendigung der Prozedur signalisieren. An Ende von Prozeduren wird implizit eine solche Return-Anweisung eingefügt.

Innerhalb von Ausdrücken nennt man Funktions-Aufrufe *Funktions-Bezeich-ner*. Sie haben dieselbe Syntax wie Prozeduraufrufe. Eine Parameterliste ist aber zwingend vorgeschrieben, selbst wenn sie leer ist.

$ ReturnStatement = "RETURN" [expression].

Betrachten wir nochmals das Beispiel von Kapitel 10, in dem die Elemente eines Arrays addiert wurden. Wir formulieren es jetzt als eine Funktionsprozedur.

```
PROCEDURE sum(VAR a:Vector; n:CARDINAL): REAL;
  VAR i: CARDINAL; s: REAL;
BEGIN s := 0.0;
  FOR i := 0 TO n − 1 DO
    s := a[i] + s
  END;
  RETURN s
END sum
```

Wie bereits erwähnt, summiert die Prozedur die Elemente a[0] ... a[n − 1]. n ist als Wertparameter gegeben und darf sich von der Anzahl N der Arrayelemente unterscheiden, darf aber nicht größer als N sein! Eine elegantere Lösung deklariert a als einen offenen Array und läßt die Angabe der Array-Größe weg.

```
PROCEDURE sum(VAR x:ARRAY OF REAL): REAL;
  VAR i: CARDINAL; s: REAL;
BEGIN s := 0.0;
  FOR i := 0 TO HIGH(x) DO
    s := x[i] + s
  END;
  RETURN s
END sum
```

Offensichtlich kann eine Prozedur mehrere Resultate erzeugen, indem sie einfach mehreren Variablen etwas zuweist. Eine Funktion dagegen kann nur einen einzigen Wert als Resultat zurückgeben. Zudem darf dieser Wert nicht strukturiert sein! Andere Ergebnisse müssen deshalb dem rufenden Programm über VAR-Parameter oder Zuweisung zu nicht lokalen Variablen übergeben werden. Man betrachte zum Beispiel folgende Prozedur, die ein primäres Resultat – den Funktionswert – und zusätzlich ein sekundäres Resultat – die Zählung der Prozeduraufrufe – berechnet.

```
PROCEDURE square(x:CARDINAL): CARDINAL;
BEGIN n := n + 1;
  RETURN x * x
END square
```

Solange das sekundäre Resultat lediglich für den angegebenen Zweck benutzt wird, ist nichts Besonderes an diesem Beispiel. Es könnte jedoch so
mißbraucht werden:

m := square(m) + n

Das sekundäre Resultat tritt hier als Argument in einem Ausdruck auf,
der den Funktions-Bezeichner selbst enthält. Daraus folgt, daß zum Beispiel
folgende beiden Werte

square(m) + n   und   n + square(m)

verschieden sind, was offensichtlich das grundlegende Gesetz der Kommuta-
tivität der Addition verletzt.

Die Zuweisung von Werten zu nicht lokalen Variablen aus Funktionsprozeduren heraus nennt man *Nebeneffekte*. Der Programmierer sollte sich absolut
klar darüber sein, daß derartige Funktionen bei falscher Benutzung unerwar-
tete Resultate zur Folge haben können.

Fassen wir zusammen:

1. Eine Funktionsprozedur liefert ein Resultat, das am Ort ihres Aufrufs
   Argument eines Ausdrucks ist.
2. Das Resultat einer Funktionsprozedur kann nicht strukturiert sein.
3. Erzeugt eine Funktionsprozedur sekundäre Resultate, so sagt man, sie
   habe Nebeneffekte. Diese müssen äußerst vorsichtig benutzt werden. Es
   ist ratsam, stattdessen lieber eine reguläre Prozedur zu verwenden, die
   ihre Resultate über VAR-Parameter weitergibt.
4. Wir empfehlen als Funktionsnamen Substantive zu wählen. Das Sub-
   stantiv bezeichnet dann das Resultat der Funktion. Boolesche Funktionen versieht man besser mit Adjektiv-Namen. Gewöhnliche Prozeduren
   sollte man dagegen mit einem Verb benennen, das die Art der Aktion
   beschreibt.

14. Rekursion

Prozeduren dürfen nicht nur aufgerufen werden, sie können selbst wiederum andere Prozeduren rufen. Da jede sichtbare Prozedur aufrufbar ist, kann eine Prozedur auch sich selbst aufrufen. Diese Selbst-Aktivierung nennt man *Rekursion*. Die Verwendung der Rekursion ist immer dann am Platz, wenn Algorithmen rekursiv definiert sind, vor allem aber im Falle rekursiv definierter Datenstrukturen.

Man betrachte zum Beispiel die Aufgabe, alle möglichen *Permutationen* von n verschiedenen Objekten a[1]...a[n] aufzulisten. Nennen wir diese Operation Permute(n) und formulieren den entsprechenden Algorithmus wie folgt:

Zunächst lasse man a[n] unverändert und erzeuge alle Permutationen von a[1]...a[n − 1] durch Aufruf von Permute(n − 1). Danach wird a[n] mit a[i] vertauscht (für i = 1) und der gleiche Prozeß wiederholt. Dies wiederholt man für alle Werte i = 2...n − 1. Das Rezept läßt sich folgendermaßen als Programm formulieren, wobei die permutierten Objekte Zeichen (Character) sind.

```
MODULE Permute;
  FROM InOut IMPORT Read,Write,WriteLn;

  VAR n: CARDINAL; ch: CHAR;
    a: ARRAY [1..20] OF CHAR;

  PROCEDURE output;
    VAR i: CARDINAL;
  BEGIN
    FOR i := 1 TO n DO Write(a[i]) END;
    WriteLn
  END output;

  PROCEDURE permute(k: CARDINAL);
    VAR i: CARDINAL; t: CHAR;
  BEGIN
    IF k = 1 THEN output
    ELSE permute(k − 1);
      FOR i := 1 TO k − 1 DO
        t := a[i]; a[i] := a[k]; a[k] := t;
        permute(k − 1);
```

```
        t := a[i]; a[i] := a[k]; a[k] := t
      END
    END
  END permute;

  BEGIN Write(">"); n := 0; Read(ch);
    WHILE ch > "␣" DO
      n := n + 1; a[n] := ch; Write(ch); Read(ch)
    END;
    WriteLn; permute(n)
  END Permute.
```

Bestehen die zu permutierenden Objekte aus drei Buchstaben, so wird
folgende Ausgabe erzeugt:

ABC BAC CBA BCA ACB CAB

Jede Kette rekursiver Aufrufe muß irgendwann einmal enden. Deshalb muß
jede rekursive Prozedur den rekursiven Aufruf in einer bedingten Anweisung
vornehmen. In obigem Beispiel endet die Rekursion, sobald die Anzahl zu
permutierender Objekte gleich 1 geworden ist.

Die Anzahl möglicher Permutationen läßt sich leicht aus der rekursiven Definition des Algorithmus ableiten. Drücken wir diese Zahl durch eine entsprechende Funktion $np(n)$ aus. Bei n Elementen gibt es für das Element $a[n]$
n Auswahlmöglichkeiten und für jedes feste $a[n]$ erhalten wir also $np(n-1)$
Permutationen. Demnach ist die Gesamtzahl $np(n) = n * np(n-1)$. Offensichtlich ist $np(1) = 1$. Die Berechnung von np läßt sich nun als rekursive
Funktionsprozedur ausdrücken.

```
  PROCEDURE np(n:CARDINAL): CARDINAL;
  BEGIN
    IF n <= 1 THEN RETURN 1
    ELSE RETURN n * np(n − 1)
    END
  END np
```

Wir erkennen in np die Fakultätsfunktion. Man kann sie auch so ausdrücken:

$$np(n) = 1 * 2 * 3 * \ldots * n$$

Es liegt nahe, den Algorithmus mit Hilfe der Wiederholung anstatt der
Rekursion zu programmieren:

```
PROCEDURE np(n:CARDINAL): CARDINAL;
  VAR p: CARDINAL;
BEGIN p := 1;
  WHILE n > 1 DO
    p := n * p; n := n − 1
  END;
  RETURN p
END np
```

Diese neue Formulierung berechnet das Resultat effizienter als die rekursive Version. Der Grund dafür ist, daß jeder Prozeduraufruf etwas Verwaltungsaufwand benötigt, der natürlich Zeit kostet. Die Instruktionen für
die Repetition sind dagegen weniger zeitaufwendig. Obwohl der Unterschied
nicht allzu bedeutend sein mag, sollte doch – sofern möglich – die repetitive
Version der rekursiven vorgezogen werden. Im Prinzip geht es zwar immer.
Doch die repetitive Version kann einen Algorithmus derartig kompliziert
und unverständlich machen, daß die Vorteile ins Gegenteil verkehrt werden.
In repetitiver Form etwa ist die Prozedur Permute weit weniger einfach
und einleuchtend als in rekursiver Form. Die Nützlichkeit der Rekursion
wird an zwei weiteren Beispielen verdeutlicht. Typischerweise gehören sie zu
Problemen, deren Lösung sich ganz natürlich aus der Rekursion ergibt.

Das erste Beispiel gehört zur Klasse von Algorithmen, die mit rekursiv
strukturierten Daten arbeiten. Das spezielle Problem besteht darin, einfache Ausdrücke (simple expressions) in die entsprechende *Postfix-Form* zu
überführen, also eine Form, in der der Operator seinen Operanden folgt. Im
folgenden Beispiel soll ein Ausdruck mit Hilfe von EBNF so definiert sein:

expression = term {("+"|"−") term}.
term = factor{("*"|"/") factor}.
factor = letter | "("expression ")" | "["expression"]".

Bezeichnen wir Terme mit T0, T1 und Faktoren mit F0, F1, dann haben wir
die Konversionsregeln

T0 + T1	→	T0 T1 +
T0 − T1	→	T0 T1 −
F0 * F1	→	F0 F1 *
F0 / F1	→	F0 F1 /
(E)	→	E
[E]	→	E

Folgendes Programm *Postfix* liest Ausdrücke (expressions) vom Terminal
ein und prüft die Eingabe auf syntaktische Korrektheit. Im Falle falscher
Eingaben erfolgt keine Ausgabe von Fehlermeldungen. Stattdessen werden
korrekte Eingaben auf das Ausgabemedium ge'echot. Die Ausgabeprozedur

WriteChar wird nicht vom Standardmodul *Terminal*, sondern von einem *WindowHandler* importiert; er soll sog. *Fenster* auf einem Sichtgerät darstellen. Wir stellen uns vor, daß jedes Fenster einen individuellen Ausgabestrom von Zeichen aufnimmt. Unser Beispiel gibt akzeptierte Eingaben als Echo in einem der Fenster aus. Ein anderes Fenster wird für den konvertierten Ausdruck benutzt, enthält also die eigentliche Ausgabe.

Das Programm spiegelt genau die Struktur der Syntax akzeptierter Ausdrücke wieder. Wie die Syntax, so ist auch das Programm rekursiv, d.h. das Programm ist ein genaues Spiegelbild der Syntax. Diese Ähnlichkeit sichert am besten die Korrektheit des Programms. Man beachte auch, daß der Repetition in der Syntax – ausgedrückt durch geschweifte Klammern – eine Repetition im Programm entspricht – ausgedrückt durch While-Anweisungen. Keine der Prozeduren in diesem Programm ruft sich direkt selbst auf. Stattdessen findet die Rekursion indirekt statt, denn expression ruft die Prozedur term, diese factor und diese wiederum expression. Indirekte Rekursion ist offenbar weniger gut zu erkennen wie direkte Rekursion.

Das Beispiel illustriert auch einen Fall lokaler Prozeduren. Man beachte, daß factor lokal zu term und term lokal zu expression deklariert ist, gemäß der Regel, daß Objekte vorzugsweise lokal zu dem Bereich deklariert sein sollten, in dem sie auch benutzt werden. Diese Regel ist nicht nur ratsam, sondern auch zwingend, wie die Variablen addop (lokal zu term) und mulop (lokal zu factor) demonstrieren. Deklariert man diese Variable als global, würde das Programm versagen. Zur Erklärung müssen wir uns an die Regel erinnern, daß lokale Variable nur solange existieren, wie ihre Prozedur aktiv ist (und damit Speicher zugeteilt erhalten). Als unmittelbare Folge werden in rekursiven Aufrufen neue Inkarnationen lokaler Variabler erzeugt. Es existieren so viele davon, wie es Rekursionsebenen gibt. Deshalb muß der Programmierer auch sicherstellen, daß die Rekursionstiefe nicht übermäßig groß wird.

```
MODULE Postfix;
  FROM Terminal IMPORT Read;
  FROM TextWindows IMPORT
    Window,OpenTextWindow,Write,WriteLn,Close,TextWindow;

  CONST EOL = 36C;
  VAR ch: CHAR; w0,w1: Window;

  PROCEDURE expression;
    VAR addop: CHAR;

    PROCEDURE term;
      VAR mulop: CHAR;
```

```
      PROCEDURE factor;
      BEGIN
        IF ch = "(" THEN
          Write(w0,ch); Read(ch); expression;
          WHILE ch # ")" DO Read(ch) END
        ELSIF ch = "[" THEN
          Write(w0,ch); Read(ch); expression;
          WHILE ch # "]" DO Read(ch) END
        ELSE
          WHILE (ch < "a") OR (ch > "z") DO Read(ch) END;
          Write(w1,ch)
        END;
        Write(w0,ch); Read(ch)
      END factor;

    BEGIN (*term*) factor;
      WHILE (ch = "*") OR (ch = "/") DO
        Write(w0,ch); mulop := ch; Read(ch);
        factor; Write(w1,mulop)
      END
    END term;

    BEGIN (*expression*) term;
      WHILE (ch = "+") OR (ch = "-") DO
        Write(w0,ch); addop := ch; Read(ch);
        term; Write(w1,addop)
      END
    END expression;

  BEGIN OpenTextWindow(w0, 50, 50, 300, 400, "input");
    OpenTextWindow(w1, 400, 100, 300, 400, "output");
    Write(w0,">"); Read(ch);
    WHILE ch >= EOL DO
      expression;
      WriteLn(w0); WriteLn(w1);
      Write(w0,">"); Read(ch)
    END;
    CloseTextWindow(w1); CloseTextWindow(w0)
  END Postfix.
```

Eine Probe für die von diesem Programm erzeugten Daten ist:

```
> a + b              ab +
> a * b + c          ab * c +
> a + b * c          abc * +
> a * (b / [c − d])  abcd − / *
```

Das nächste Programmbeispiel gehört zur Klasse von Problemen, die eine Lösung durch Versuch und Testen ermitteln. Eine vermutete Teillösung muß wieder verworfen werden, wenn ein Test ihre Ungültigkeit nachgewiesen hat. Man nennt diesen Ansatz deshalb auch Rückverfolgen (*backtracking*). Die Rekursion ist zur Formulierung derartiger Algorithmen oft sehr bequem.

Unser spezielles Beispiel soll alle möglichen Stellungen von 8 Damen auf einem Schachbrett finden, so daß keine der Damen eine andere bedroht, d.h. jede Reihe, Spalte und Diagonale darf höchstens eine Dame enthalten. Der Ansatz versucht eine Dame in Spalte j (beginnend mit j = 8) zu plazieren, unter der Annahme, daß jede Spalte zur Rechten bereits eine korrekt plazierte Dame enthält. Gibt es keinen freien Platz in Spalte j, muß die rechts danebenliegende Spalte nochmals untersucht werden. Die notwendige Information zur Feststellung, ob ein gegebenes Feld frei oder nicht frei ist, wird durch die drei globalen Variable *row*, *d1*, *d2* dargestellt, so daß gilt:

row[i] & d1[i + j] & d2[N + i − j] = "das Feld in Zeile i und Spalte j ist frei"

Um die Ausgabe in einer ansprechenden graphischen Form darzustellen, importiert das Programm eine Reihe von Prozeduren aus einem *LineDrawing* genannten Modul. Insbesondere der Aufruf von

area(c,x,y,w,h)

malt eine Rechteck mit der unteren linken Ecke an den Koordinaten x,y, mit Breite w und Höhe h in der "Farbe" c. Die Prozedur kann offensichtlich dazu verwendet werden, zwischen den Feldern des Schachbretts Linien zu ziehen, bzw. einzelne Felder zu schattieren.

In der Prozedur TryCol tritt eine direkte Rekursion auf. Die Hilfsprozeduren PlaceQueen und RemoveQueen hätten prinzipiell auch lokal zu TryCol deklariert werden können. Es gibt jedoch nur ein einziges Schachbrett, dargestellt durch die globalen Daten row, d1, d2. Man ordnet die Hilfsprozeduren vernünftigerweise diesen globalen Daten zu und betrachtet sie deshalb nicht als lokal zu (jeder neuen Inkarnation von) TryCol.

```
MODULE Queens;
  FROM LineDrawing IMPORT width,height,area,clear;
```

```
CONST N = 8; (*Anzahl von Reihen und Spalten*)
  L = 512; (*Größe des Bretts*)
  M = L DIV N; (* Größe der Quadrate*)

VAR x0,y0: CARDINAL; (*Ursprungskoordinaten des Bretts*)
  row: ARRAY [1 .. N] OF BOOLEAN;
  (* row[i] = "Nr. der Königin in der i-ten Reihe"*)
  d1: ARRAY [2 .. 2 * N] OF BOOLEAN;
  (*d1[i] = "Nr. der Königin in der i-ten Diagonale
  von links oben nach rechts unten*)
  d2: ARRAY [1 .. 2 * N − 1] OF BOOLEAN;
  (*d2[i] = "Nr. der Königin in der i-ten Diagonale
  von links unten nach rechts oben*)

PROCEDURE ClearAndDrawBoard;
  VAR i,j,x,y: CARDINAL;
BEGIN clear(1);
  FOR i := 1 TO N DO row[i] := TRUE END;
  FOR i := 2 TO 2 * N DO d1[i] := TRUE END;
  FOR i := 1 TO 2 * N − 1 DO d2[i] := TRUE END;
  x0 := (width − L) DIV 2; x := x0;
  y0 := (height − L) DIV 2; y := y0;
  area(3,x0,y0,L,L);
  FOR i := 0 TO N DO
    area(0,x0,y,L,2); y := y + M;
    area(0,x,y0,2,L); x := x + M;
  END
END ClearAndDrawBoard;

PROCEDURE pause;
  VAR n: CARDINAL;
BEGIN n := 50000;
  REPEAT n := n − 1; UNTIL n = 0
END pause;

PROCEDURE PlaceQueen(i,j: CARDINAL);
BEGIN
  row[i] := FALSE; d1[i + j] := FALSE; d2[N + i − j] := FALSE;
  area(0,x0 + 2 + (j − i) * M, y0 + 2 + (i − 1) * M, M − 2, M − 2)
END PlaceQueen;

PROCEDURE RemoveQueen(i,j: CARDINAL);
BEGIN
  row[i] := TRUE; d1[i + j] := TRUE; d2[N + i − j] := TRUE;
  area(3,x0 + 2 + (j − 1) * M, y0 + 2 + (i − 1) * M,M − 2,M − 2)
END RemoveQueen;
```

```
PROCEDURE TryCol(j: CARDINAL);
  VAR i: CARDINAL;
BEGIN i := N;
  REPEAT
    IF row[i] & d1[i + j] & d2[N + i − j] THEN
      PlaceQueen(i,j);
      IF j > i THEN TryCol(j − 1)
      ELSE pause
      END;
      RemoveQueen(i,j)
    END;
    i := i − 1
  UNTIL i = 0
END TryCol;


BEGIN ClearAndDrawBoard; TryCol(N); clear(3)
END Queens.
```

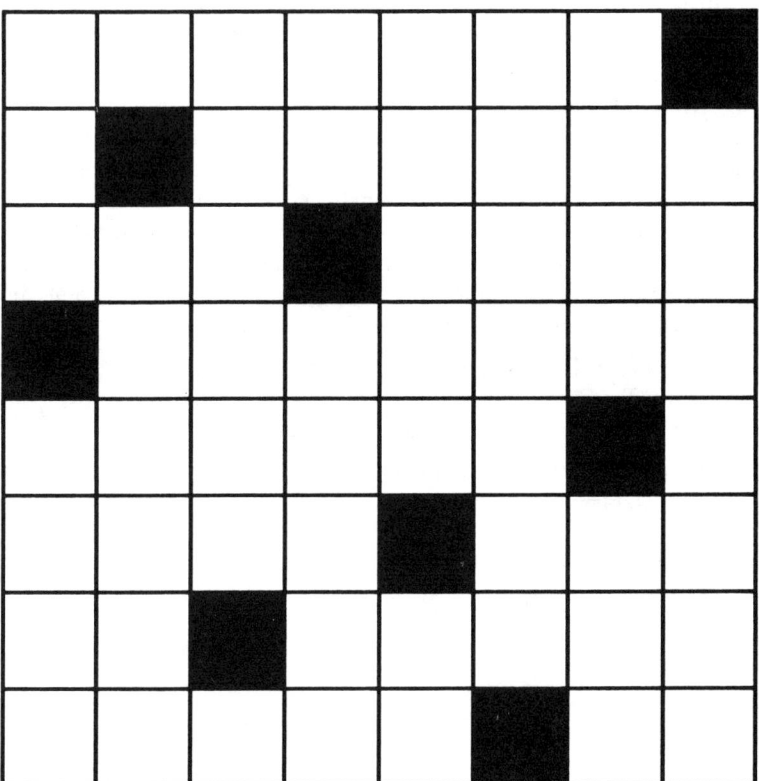

15. Typdeklarationen

Eine Variablen-Deklaration spezifiziert den Typ der Variablen als ihre konstante Eigenschaft. Es kann sich dabei um einen standardisierten, primitiven oder einen im Programm selbst deklarierten Typ handeln. Typdeklarationen haben die Form

$ TypeDeclaration = identifier "=" type.

Die Deklarationen beginnen mit dem Symbol TYPE. Typen werden in *unstrukturierte* und *strukturierte* Typen eingeteilt. Im wesentlichen definiert jeder Typ die Menge von Werten, die eine Variable annehmen kann. Der Wert eines unstrukturierten Typs ist eine atomare Einheit, wogegen der Wert eines strukturierten Typs *Komponenten* (Elemente) besitzt. Es macht z.B. wenig Sinn, das dritte Bit des Wertes 13 anzusprechen. Der Umstand, daß eine Zahl ein "drittes Bit" oder ein "zweites Bit" haben mag, ist ein Merkmal ihrer (inneren) Repräsentation und soll absichtlich unbekannt bleiben.

In den folgenden Abschnitten werden wir Methoden zeigen, unstrukturierte und strukturierte Typen zu deklarieren. Außer den bisher angetroffenen Standardtypen können unstrukturierte Typen als Aufzählungs- und Unterbereichs-Typen deklariert werden. Bei strukturierten Typen gibt es unterschiedliche Methoden der Strukturierung. Wir haben bisher nur eine davon, nämlich den Array, angetroffen. Außerdem gibt es noch Mengen- und Rekord-Typen. Daneben lassen sich auch Strukturen einführen, die sich während der Programmausführung dynamisch ändern. Sie beruhen auf dem Konzept der Zeiger und werden in einem eigenen Kapitel diskutiert.

$ type = SimpleType | ArrayType | RecordType | SetType | PointerType |
$ ProcedureType.
$ SimpleType = qualident | enumeration | SubrangeType.

Bevor wir zu den verschiedenen Typen übergehen, sollte noch erwähnt werden, daß die Deklaration eines Typs T

    TYPE T = irgendeinTyp

und einer Variablen t

    VAR t: T

generell zu einer einzigen Deklaration zusammengefaßt werden können

    VAR t: irgendeinTyp

In diesem Falle besitzt der Typ von t aber keinen expliziten Namen und bleibt deshalb anonym.

Eine wichtige Eigenschaft des Typkonzepts besteht darin, die Menge der Variablen eines Programms in voneinander getrennte Klassen aufzuteilen. Unbeabsichtigte Zuweisungen zwischen Mitgliedern verschiedener Klassen können daher allein durch Prüfung des Programmtextes entdeckt werden, ohne das Programm ausführen zu müssen. Sind zum Beispiel die Deklarationen

```
VAR b: BOOLEAN;
    i: INTEGER;
    c: CARDINAL
```

gegeben, dann ist eine Zuweisung b := i unmöglich, da die Typen von b und i nicht kompatibel sind. Man sagt, zwei Typen seien *kompatibel*, wenn sie gleich deklariert sind oder wenn sie gewisse Kompatibilitätsregeln erfüllen, die wir gleich besprechen werden. Ein wichtiger Ausnahmefall der Kompatibilität sind die Typen INTEGER und CARDINAL, denn die Zuweisung i := c ist zulässig.

Zur Erklärung der Kompatibilitätsregeln nehmen wir folgende Deklarationen an:

```
TYPE A = ARRAY [0..99] OF CHAR;
     B = ARRAY [0..99] OF CHAR;
     C = A
```

Variable des Typs A können denen des Typs C zugewiesen werden (und umgekehrt), nicht jedoch denen des Typs B. Die Zuweisung von a[i] zu b[j] ist jedoch zulässig, da beide denselben Typ CHAR haben.

16. Aufzählungstypen

Ein neuer unstrukturierter Typ kann als eine *Aufzählung (enumeration)* deklariert werden. Dabei werden die zu dem Typ gehörenden Werte einzeln aufgezählt. Die Typdeklaration

$$T = (c1, c2, \ldots, cn)$$

führt einen unstrukturierten Typ T ein, dessen Werte durch die n konstanten Namen $c1, c2, \ldots, cn$ benannt sind. Dies sind auch die einzigen zu diesem Typ gehörenden Werte. Die Syntax zur Deklaration eines Aufzählungstyps lautet

$ enumeration = "(" IdentList ")".

Operationen auf Werte eines Aufzählungstyps müssen vom Programmierer als Prozeduren definiert werden. Außer Zuweisung ist auch ein Vergleich zulässig. Die Werte einer Aufzählung sind geordnet; der kleinste Wert ist c1, der größte cn. Beispiele von Aufzählungen sind:

```
TYPE color = (red,orange,yellow,green,blue,violet);
     weekday = (Monday,Tuesday,Wednesday,Thursday,Friday,
                Saturday,Sunday);
     month = (Jan,Feb,Mar,Apr,May,Jun,Jul,Aug,Sep,Oct,Nov,Dec)
```

Die Ordnungszahl einer Konstanten ci erhält man durch Anwendung der Standardfunktion ORD(ci); das Ergebnis ist $i - 1$. Beispiel:

ORD(red) = 0; ORD(Sunday) = 6; ORD(Dec) = 11

Der Standardtyp BOOLEAN ist ebenfalls ein Aufzählungstyp. Man kann ihn als durch

BOOLEAN = (FALSE,TRUE)

deklariert ansehen. Die Standardprozeduren INC(x) und DEC(x) ersetzen den augenblicklichen Wert der Variablen x durch den Wert ihres Nachfolgers bzw. Vorgängers.

17. Unterbereichstypen

Ist von einer Variablen bekannt (bzw. nimmt man dies an), daß sie nur Werte innerhalb eines gewissen zusammenhängenden Bereichs annehmen darf, so läßt sich dies durch Deklaration eines sog. *Unterbereichstyps (subrange type)* ausdrücken. Nehmen wir zum Beispiel an, daß eine Variable i nur die Werte von 1 bis (einschließlich) N annehmen darf. Wir deklarieren dann:

TYPE S = [1 .. N]

VAR i: S

(dies kann natürlich zu VAR i: [1 .. N] abgekürzt werden).

Jeder Unterbereichstyp besitzt einen *Basistyp*, nämlich den Typ seiner Werte. Alle für den Basistyp definierten Operatoren gelten auch für den Unterbereichstyp. Eine Einschränkung betrifft nur die möglichen Werte, die man Variablen des Unterbereichstyps zuweisen kann.

Die Syntax eines Unterbereichstyps lautet:

$ SubrangeType =
[qualident] "[" ConstExpression ".." ConstExpression "]".

Die Ausdrücke bezeichnen die Bereichsgrenzen und dürfen nur Konstante enthalten.

Beispiele für Unterbereichs-Deklarationen sind

```
letter = ["A" .. "Z"]
digit = ["0" .. "9"]
index = INTEGER[1 .. 100]
workday = [Monday .. Friday]
```

Der optionale Name vor der Spezifikation der Bereichsgrenzen gibt den Basistyp an. Man kann ihn weglassen, wenn der Basistyp aus den Grenzen ersichtlich ist. Für Integer-Zahlen gilt dies nicht. Läßt man den Basistyp-Namen dennoch weg, gilt folgende Regel: Ist die untere Grenze negativ, wird als Basistyp INTEGER angenommen, sonst CARDINAL. Für reelle Zahlen können keine Unterbereiche angegeben werden.

Unterbereichstypen bieten eine zusätzliche Sicherheit gegen unbeabsichtigte Zuweisungen und unterstützen damit das Auffinden von Fehlern. Man beachte jedoch, daß diese Fehler nicht durch Prüfung des Programmtexts, sondern erst durch entsprechende Tests während der Programmausführung entdeckt werden.

18. Mengentypen

Jeder Datentyp definiert eine Menge von Werten. Im Falle eines Mengentyps S ist dies die Menge aller möglichen Mengen, die aus Elementen eines gegebenen Basistyps B bestehen. Ist zum Beispiel der Basistyp B ein Unterbereich

$$B = [0 .. 1]$$

und ist der Mengentyp deklariert durch

$$S = \text{SET OF } B$$

dann bestehen die Werte des Typs S aus den Mengen {}, {0}, {1}, {0,1}. Hat der Basistyp n unterschiedliche Werte, so besitzt ihr Mengentyp 2 hoch n Werte. {} bezeichnet die leere Menge.

In einem vorangehenden Kapitel haben wir bereits den Standard-Mengentyp BITSET kennengelernt. Er ist definiert durch

$$\text{BITSET} = \text{SET OF } [0 .. W-1]$$

wobei W die Wortlänge des verwendeten Rechners ist. Man beachte, daß die Mengenoperationen Vereinigung, Subtraktion, Schnitt sowie Test auf Mengenzugehörigkeit (IN) auf sämtliche Mengentypen und nicht nur auf BITSET allein anwendbar sind.

Um den Typ der Elemente einer Mengenkonstanten klar herauszustellen, muß der Menge ein entsprechender Name vorangehen. Die Mengenkonstante wird durch eine Elementliste in geschweiften Klammern dargestellt. Im Falle des Standardtyps BITSET darf dieser Name fehlen.

Die Syntax für die Deklaration eines Mengentyps lautet

$ SetType = "SET" "OF" SimpleType.

Die Syntax von Mengen, wie sie als Operanden in Ausdrücken vorkommen, wurde bereits im Abschnitt über den Standardtyp BITSET gegeben. Die Basis eines Mengentyps muß ein Aufzählungs- oder Unterbereichstyp sein. Zusätzlich dürfen Modula-Implementierungen eine Obergrenze für die Anzahl zulässiger Elemente im Basistyp festlegen. Gewöhnlich wird dies die Wortlänge des verwendeten Rechners sein, also eine recht kleine Zahl, meistens 16 oder 32.

Diese Regel schränkt zwar die Allgemeinheit des Mengenkonzeptes ein. Dennoch sind Mengentypen ein mächtiges Werkzeug. Sie erlauben es, Operationen auf einzelne Bits eines Operanden auf einer hohen Abstraktionsebene auszudrücken, basierend auf einem gewohnten und intuitiv ansprechenden mathematischen Konzept. Zwei (generische) Standardprozeduren dienen dem Einschluß bzw. Ausschluß von Elementen in eine bzw. aus einer Menge. Im folgenden muß s eine Mengen-Variable und x ein Ausdruck des Basistyps von s sein.

- INCL(s,x) schließt Element x in Menge s ein
- EXCL(s,x) schließt Element x aus Menge s aus

Zum Abschluß dieses Kapitels soll noch eine Anwendung des Typs BITSET erwähnt werden, die zwar nicht unmittelbar den Begriff einer Menge widerspiegelt, aber dennoch sehr wichtig ist und eine große praktische Bedeutung bekommen hat. Es handelt sich dabei um die Darstellung von Daten auf einen Raster-Scan-Bildschirm. Man nennt diese Daten einen punktadressierbaren Speicher bzw. eine *Bitmap*. Jeder einzelne Punkt auf dem Bildschirm wird durch ein individuelles Bit im Speicher repräsentiert (bzw. darauf abgebildet), wobei 1 dunkel und 0 hell bedeutet (oder umgekehrt). Eine derartige Bitmap läßt sich bequem durch einen Array von Bitsets beschreiben. Nehmen wir einmal an, wir wollen einen Bildschirm mit M Zeilen zu je N Punkten auf einem Rechner mit der Wortlänge W darstellen. N soll ein Vielfaches von W sein. Die entsprechende Deklaration ist dann

```
VAR bitmap: ARRAY [0 .. M * (N DIV W) − 1] OF BITSET
```

Dunkelsteuern eines Punktes (Bildelementes) mit den Koordinaten x,y wird nun durch folgende Prozedur ausgedrückt:

```
PROCEDURE PaintBlack(x,y: CARDINAL);
BEGIN
   INCL(bitmap[(N * y + x) DIV W], x MOD W)
END PaintBlack
```

Zum Hellsteuern eines Punktes würde man in einer Prozedur MakeWhite einfach INCL durch EXCL ersetzen. Außer der Annahme, daß N ein Vielfaches von W ist, setzen wir voraus, daß $0 <= x < N$ bzw. $0 <= y < M$ gilt. Ist dies nicht garantiert, müssen entsprechende Tests eingefügt werden. Löschen des Schirms erreicht man effizient durch Zuweisung der leeren Menge zu allen Elementen des Bitmap-Arrays. Dies ist besser, als jedes Bit einzeln zu löschen:

```
FOR i := 0 TO M * (N DIV W) − 1 DO bitmap[i] := {} END
```

19. Rekordtypen

In einem Array haben alle Elemente den gleichen Typ. Die Rekord-Struktur bietet im Gegensatz hierzu die Möglichkeit, eine Sammlung von Objekten als eine Einheit zu erklären, selbst wenn diese Elemente verschiedenen Typen angehören. Folgende Beispiele zeigen typische Fälle, in denen der Rekord die richtige Strukturierungsmethode ist. Ein Datum besteht aus den drei Elementen Tag, Monat und Jahr. Die Beschreibung einer Person enthält etwa den Namen, das Geschlecht, eine Identifikationsnummer und das Geburtsdatum. Folgende Typdeklarationen drücken dies aus:

```
Date = RECORD day: [1 .. 31];
            mo: month;
            yr: CARDINAL
         END

Person = RECORD
            firstName,lastName: ARRAY [0 .. 23] OF CHAR;
            male: BOOLEAN;
            idno: CARDINAL;
            birth: Date
         END
```

Die Rekord-Struktur erlaubt, entweder die gesamte Kollektion von Daten oder einzelne Komponenten daraus anzusprechen. Die Elemente eines Rekords nennt man auch *Rekordfelder* und ihre Namen *Feldnamen*. Dies erklärt sich aus der Gewohnheit, solche Daten als Formulare oder Tabellen anzusehen, die man in voneinander unabhängige rechteckige Felder auf Papier zeichnet und mit Feldnamen versieht. Ähnlich den Arrays, bei denen wir das i-te Element eines Arrays a mit a[i] bezeichneten, d.h. mit dem Arraynamen, gefolgt von einem Index, bezeichnen wir das Feld f eines Rekords r mit r.f, d.h. dem Rekordnamen, gefolgt vom Feldnamen. Sind die Variablen

```
d1,d2: Date;
p1,p2: Person;
student: ARRAY [0 .. 99] OF Person
```

gegeben, so können wir folgende Variablen-Bezeichner konstruieren:

```
d1.day
d2.mo
p1.firstName
p1.birth
```

Die Beispiele zeigen, daß Felder selbst wieder strukturiert sein dürfen.
Ebenso können Rekords wiederum Elemente von Array- oder Rekord-
Strukturen sein. Es ist möglich, Hierarchien von Strukturen aufzubauen.
Folglich können die Selektoren von Elementen sequentiell aufeinanderfolgen,
wie dies die nächsten Beispiele zeigen. Der mehrdimensionale Array aus
dem Kapitel über Arrays erscheint nun als ein besonderer Fall dieser
Strukturhierarchien.

```
p1.lastName[7]
p2.birth.yr
student[23].idno
student[k].firstName[0]
```

Auf den ersten Blick mag der Rekord als eine Verallgemeinerung des Arrays
erscheinen, denn er hebt die Einschränkung auf, daß alle Elemente vom
gleichen Typ sein müssen. In anderer Hinsicht ist er jedoch noch restriktiver
als der Array. Der Selektor eines Elements muß ein fester Feldname sein.
Ein Arrayelement wird dagegen von einem Ausdruck selektiert, d.h. dem
Resultat einer vorangehender Berechnung.

Ein wichtiger Punkt ist, daß der Wert eines Rekords beliebige Kombinationen
der Werte seiner Felder annehmen kann. So können im Beispiel des Typs
Date, ein Wert day = 31 mit mo = Feb zusammen existieren, obwohl es
dieses Datum in Wirklichkeit nicht gibt.

Die Syntax einer Rekord-Deklaration ist wie folgt definiert:

\$ RecordType = "RECORD" FieldListSequence "END".
\$ FieldListSequence = FieldList {"," FieldList}.
\$ FieldList = [IdentList ":" type | VariantFieldList].

Die Syntax eines Rekord-Bezeichners (designator) ist:

\$ designator = qualident {selector}.
\$ selector = "." identifier | "[" ExpList "]" | "↑".

(Zur Beachtung: Variante Feldlisten (VariantFieldlist) und der Selektor ↑ werden im
nächsten Kapitel diskutiert.)

Zur einfachen Verarbeitung von Arrayelementen hatten wir die For-Anweisung
eingeführt. Wir führen nun eine neue Anweisung ein, um auch Rekordfelder in einer bequemen Notation verarbeiten zu können. Die einzelnen
Rekordfelder haben ihre eigenen Typen und erfordern deshalb im allgemeinen unterschiedliche Operationen. Die Verarbeitung eines Rekords läßt
sich daher nicht als Repetition einer einzigen, auf alle Felder anwendbaren

Operation, ausdrücken. Die richtige Verarbeitungsform besteht vielmehr aus
einer Folge individueller Anweisungen, die sich auf das jeweilige Rekordfeld
beziehen. Gehören alle Anweisungen zu ein und demselben Rekord, können
sie in einer *With-Klausel* durch Formulierung einer sog. *With-Anweisung*
zusammengefaßt werden. Die With-Klausel benennt die Rekordvariable. Die
Feldbezeichner des Rekords können danach (innerhalb der Anweisungsfolge
der With-Klausel) alleine auftreten, d.h. ohne vorangehenden Rekordnamen
und Punkt. Zum Beispiel ist

```
WITH d1 DO
    day := 10; mo := Sep; yr := 1981
END
```

äquivalent zu

```
d1.day := 10; d1.mo := Sep; d1.yr := 1981
```

Die Syntax der With-Anweisung lautet

$ WithStatement = "WITH" designator "DO" StatementSequence "END".

Abgesehen von einer evtl. prägnanteren Notation bietet die With-Anweisung
den Vorteil einer verbesserten Effizienz, da Bezeichner mit Array-Indizes in
der With-Klausel nur einmal ausgewertet werden. Hieraus folgt wiederum,
daß folgende Regel beachtet werden sollte:

*Der in einer With-Klausel aufgeführten Rekord-Variablen sollte man inner-
halb ihrer Anweisungsfolge nichts zuweisen. Ausgenommen sind natürlich die
Felder des durch die Variable bezeichneten Rekords.*

Dies entspricht einer ähnlichen Regel für die For-Anweisung, welche Zuweisungen zu Objekten der For-Klausel verbot. Der Programmierer sollte daran
denken, daß diese Regeln eine Empfehlung für guten Programmierstil sind.
Verletzt man sie, sind die Wirkungen zwar nicht undefiniert, so doch schwer
verständlich bzw. unklar. Außerdem kann der Programmierer nicht erwarten,
daß der Compiler derartige Regelverletzungen erkennt.

20. Variante Rekords

Rekordtypen bieten noch die weitere Möglichkeit an, daß ein gegebener Rekord mehrere unterschiedliche (variante) Formen annehmen kann. Dies bedeutet, daß sich Anzahl und Art von Feldern für verschiedene Variable des gleichen Rekordtyps unterscheiden können. Es ist klar, daß diese Flexibilität schwer zu entdeckende Programmierfehler verursachen kann. Insbesondere ist es damit möglich, in einem bestimmten Programmteil eine gewisse Variante einer Variablen vorauszusetzen, während tatsächlich eine andere Variante vorliegt. Man sollte variante Rekords deshalb mit größter Vorsicht verwenden.

Folgendes Beispiel illustriert die Variantenbildung:

```
Person =
  RECORD
    lastName,firstName: Name;
    CASE male: BOOLEAN OF
      TRUE: MilitaryRank: CARDINAL |
      FALSE: maidenName: Name
    END;
    idno: CARDINAL;
    birth: Date;
    CASE state: MaritalStatus OF
      single: |
      married: spouse: CARDINAL;
        NoOfChildren: CARDINAL;
        wedding: Date |
      widowed: death: Date
    END
  END
```

Das Beispiel besteht aus fünf Feldlisten, wovon zwei variant sind. Die Syntax ist:

```
$   VariantFieldList = "CASE" [identifier] ":" qualident "OF"
$       variant {"|" variant} ["ELSE" FieldListSequence] "END".
$   variant = [CaseLabelList ":" FieldListSequence].
$   CaseLabelList = CaseLabels {"," CaseLabels}.
$   CaseLabels = ConstExpession ["‚.." ConstExpression].
```

Die variante Liste besteht aus einer Case-Klausel, gefolgt von den verschiedenen Feldlisten. Die einzelnen Feldlisten sind durch das Symbol "|" voneinander getrennt. Die Bedeutung einer varianten Feldliste ist so zu verstehen, daß das (nicht variante) Feld der Case-Klausel eine der varianten Möglichkeiten festlegt, und nur diese eine (aktive) Feldliste darf verwendet werden. Man nennt dieses Feld *Diskriminator* oder *Tag-Feld*.

Bleiben wir bei obigem Beispiel und nehmen zwei Variable p1 und p2 des Typs Person an. Die Tag-Felder sind p1.male, p1.state bzw. p2.male und p2.state. Der Bezeichner *p1.maidenName* ist nur anwendbar, wenn das Tag-Feld p1.male = FALSE ist, d.h. wenn p1 eine weibliche Person repräsentiert. Ähnlich ist *p2.wedding* nur gültig, wenn das Tag-Feld p2.state = married, d.h. wenn p2 eine verheiratete (married) Person darstellt. Das Tag-Feld dient der Unterscheidung einzelner Varianten. Es hilft, mögliche Fehler zu vermeiden, falls man falsche Felder anspricht, z.B. *p1.spouse*, wenn p1.state = single ist. Die Fehlermöglichkeit wird weiter verringert, wenn man den korrekten Gebrauch eines Feldes durch eine entsprechende Programmstruktur verdeutlicht. Dazu führen wir die sog. *Case-Anweisung* zur Fallunterscheidung ein. Man kann sie als eine verallgemeinerte If-Anweisung auffasssen, die mehr als zwei Fallunterscheidungen erlaubt. Die Syntax ist definiert durch

```
$   CaseStatement = "CASE" expression "OF"
$       case {"|" case} ["ELSE" StatementSequence ] "END".
$   case = [CaseLabelList ":" StatementSequence].
```

Bemerkenswert ist die ähnliche Syntax von Case-Anweisung und varianten Feldlisten. Es spiegelt sich darin ihre enge Verwandschaft wieder. In folgendem Beispiel wird dies noch deutlicher. Es soll ein lesbarer Ausdruck der durch die Variable

```
resident: ARRAY [1 .. N] OF Person
```

repräsentierten Daten erzeugt werden. Beachten wir die ähnlichen Strukturen der Typ-Deklaration und des Programms. Der Array besteht aus Rekord-Werten mit varianten Teilen; die For-Anweisung besteht aus einer With-Anweisung mit Case-Anweisungen.

```
FOR i := 1 TO N DO
  WITH resident[i] DO
    WriteString(lastName); Write("␣");
    WriteString(firstName);
    CASE male OF
      TRUE: WriteString("male,␣military␣rank␣=");
        WriteCard(MilitaryRank,4) |
      FALSE: WriteString("female,␣maiden␣name:");
        WriteString(maidenName)
```

```
        END;
        WriteCard(idno,8); WriteDate(birth); WriteLn;
        CASE state OF
           single: WriteString("␣single") |
           married: WriteString("␣married");
              WriteCard(spouse,10);
              WriteCard(NoOfChildren,4);
              WriteDate(wedding) |
           widowed: WriteString("␣widowed");
              WriteDate(death)
        END
     END;
     WriteLn
  END
```

Die Case-Anweisung kann auch ohne Bezug auf variante Rekords benutzt werden. Man sollte sie jedoch nur dann verwenden, wenn die Werte der Marken im großen und ganzen nebeneinander liegen, d.h. wenn die Lücken zwischen den Marken nicht zu groß sind. Wir demonstrieren diese Stilregel an einem schlechten Beispiel; es zeigt, wie man die Case-Anweisung *nicht* verwenden sollte.

```
  CASE i * j OF
       1:    S1 |
      11:    S1 |
     121:    S1 |
  ELSE   S4
  END
```

Hier ist die Formulierung mit einer If-Anweisung vorzuziehen. Insbesondere sollte die ELSE-Klausel auf solche Ausnahmefälle beschränkt bleiben, die während der Programmausführung nur gelegentlich vorkommen.

21. Dynamische Datenstrukturen und Zeiger

Array-, Rekord- und Mengen-Strukturen besitzen die gemeinsame Eigenschaft, *statisch* zu sein. Daraus folgt, daß Variable solcher Strukturen während ihrer gesamten Lebensdauer diese Struktur beibehalten. Für viele Anwendungen ist diese Einschränkung nicht tolerierbar. Es werden auch Datenobjekte benötigt, die nicht nur ihren Wert, sondern auch ihre Zusammensetzung, Größe und Struktur ändern. Typische Beispiele sind Listen und Bäume, die *dynamisch* wachsen und schrumpfen. Statt nun Listen- und Baumstrukturen explizit in der Sprache vorzusehen, was für manche Anwendungen vielleicht wiederum nicht genügen würde, bietet Modula ein grundlegendes Werkzeug zur Konstruktion beliebiger Strukturen, den Typ des *Zeigers*.

Jede komplexe Datenstruktur besteht letztendlich aus Elementen statischer Struktur. Zeiger, d.h. die Werte von Zeigertypen, sind selbst nicht strukturiert. Sie werden vielmehr dazu benutzt, Beziehungen – gewöhnlich *Knoten* genannt – zwischen diesen statischen Elementen aufzubauen. Wir sagen auch, daß Zeiger Elemente verketten, bzw. auf sie verweisen. Unterschiedliche Zeigervariable können auf dasselbe Element zeigen. Dadurch lassen sich beliebig komplexe Strukturen aufbauen, gleichermaßen eröffnen sich aber auch viele Fallgruben für nur schwer zu entdeckende Programmierfehler. Das Arbeiten mit Zeigern erfordert daher allergrößte Sorgfalt.

Zeiger dürfen in Modula nicht auf beliebige Variable zeigen. Der Typ der Variablen, auf die der Zeiger deuten kann, muß in der Zeiger-Deklaration vereinbart werden. Man sagt, der Zeigertyp sei an den Typ des referierten Objekts *gebunden*. Beispiel:

```
TYPE NodePtr = POINTER TO Node
VAR p0,p1: NodePtr
```

NodePtr (und damit auch die Variablen p0 und p1) sind an den Typ Node gebunden, d.h. sie können nur auf Variable dieses Typs verweisen. Die Variablen werden durch die Deklaration von p0 und p1 aber noch nicht erzeugt, sondern erst durch Aufruf einer Speicherzuteilungs-Prozedur, die in einer Standard-Bibliothek enthalten ist. Gewöhnlich stellt ein Modul *Storage* die Zuteilungs-Prozedur *Allocate* zur Verfügung. Allocate(p0,SIZE(Node)) erzeugt eine Variable des Typs Node und weist der Variablen p0 einen auf sie weisenden Zeiger zu (d.h. einen Wert vom Typ NodePtr). Man sagt, die Variable wurde *dynamisch erzeugt* (d.h. Speicherplatz für sie angelegt). Sie besitzt keinen Namen, bleibt anonym und ist nur mit Hilfe eines Zeigers, unter Benutzung des *Dereferenzier-Operators* ↑ zugreifbar. Besagte Variable wird durch den Bezeichner p0↑ benannt. In einigen Implementierungen kann die Anweisung Allocate(p0, SIZE(Node)) durch NEW(p0) abgekürzt werden.

\$ PointerType = "POINTER" "TO" type.

Zeiger stellen ein außerordentlich mächtiges Wekzeug dar, weil sie auf Variable zeigen können, die selbst wiederum Zeiger enthalten. Dies erinnert uns an Prozeduren, die Prozeduren aufrufen, also rekursiv sind. Genauso sind Zeiger das Werkzeug zur Implementierung rekursiv definierter Datenstrukturen (wie Listen und Bäume). Die Natur einer rekursiven Datenstruktur ist aus der Typ-Deklaration ihrer Elemente ersichtlich.

Ebenso wie jede rekursive Aktivierung einer Prozedur irgendwann einmal enden muß, ist dies auch bei einer rekursiven Referenz an einem bestimmten Punkt der Fall. Die Rolle der If-Anweisung zur Beendigung einer prozeduralen Rekursion wird hier durch den ausgezeichneten Zeigerwert NIL eingenommen. NIL zeigt auf keinerlei Objekt und beendet die Rekursion von Verweisen. Wir können auch jeden Zeigertyp als einen Rekord, bestehend aus zwei Varianten ansehen, wovon der eine auf Objekte des gegebenen Typs zeigt, während der andere auf kein Objekt zeigt, also den Wert NIL als einzigen Wert besitzt. Es ist offensichtlich, daß ein Bezeichner der Art p↑ niemals ausgewertet werden darf, wenn p = NIL ist.

Fassen wir folgende wichtigen Punkte zusammen:

1. Jeder Zeigertyp ist an einen Typ gebunden; seine Werte sind Zeiger auf Variable dieses Typs.
2. Die referierten Variable sind anonym, und auf sie kann nur über Zeiger zugegriffen werden.
3. Die referierten Variable werden dynamisch mit Hilfe einer Zuteilungs-Prozedur erzeugt. Sie weist p einen Zeiger auf diese Variable zu.
4. Die Zeigerkonstante NIL gehört zu jedem Zeigertyp und zeigt auf kein Objekt.
5. Die von einem Zeiger p referierte Variable wird mit p↑ bezeichnet. Der Zugriff p↑ ist nur sinnvoll, wenn p nicht den Wert NIL besitzt.

Listen – auch *lineare Listen* oder *Ketten* genannt – bestehen aus einer Folge von Knoten. Allen Knoten gemeinsam ist genau ein Zeiger auf einen Knoten des gleichen Typs wie der Ausgangsknoten. Hierdurch wird eine Rekursion impliziert. Typischerweise bestehen die Knotentypen aus Rekords. Die Deklaration eines Listenzeigers nimmt die charakteristische Form an

```
ListPtr = POINTER TO ListNode

ListNode =
  RECORD
    key: CARDINAL;
    Data: ...
    next: ListPtr
  END
```

"Data" steht hier für beliebige, zu diesem Listenknoten gehörende Daten-felder. Das Feld key (Schlüssel) gehört zwar gleichfalls zu diesen Daten, wurde hier jedoch gesondert aufgeführt, da jedem Element gewöhnlich ein eindeutiger identifizierender Schlüssel zugeordnet ist; außerdem benötigen wir es in den folgenden Beispielen über Listenoperationen. Im Augenblick kommt es uns nur auf das Feld *next* an. Es ist so benannt, weil es einen Zeiger auf das *nächste* Element in der Liste darstellt. Die direkte Rekursion in Datentyp-Deklarationen ist nicht erlaubt, da die Liste dann offensichtlich nicht enden könnte. Obige Deklaration kann also nicht abgekürzt werden zu

```
List =
  RECORD
    key: CARDINAL; ...
    next: List
  END
```

Nehmen wir an, daß eine Liste in einem Programm über ihr erstes Element, bezeichnet durch die Zeigervariable

```
first: ListPtr,
```

zugreifbar ist. Die leere Liste wird durch first = NIL dargestellt. Eine längere Liste baut man am bequemsten durch Einfügen neuer Elemente an den Anfang der List auf. Folgende Zuweisungen werden für das Einsetzen eines Elementes benötigt (p ist eine Hilfvariable vom Typ ListPtr):

```
Allocate(p,SIZE(ListNode));
WITH p↑ DO
  (* weise den Feldern key und data Werte zu*)
  next := first
END;
first := p
```

Haben wir durch wiederholtes Einsetzen von Knoten eine Liste aufge-baut, dann wollen wir z.B. die Liste nach einem Knoten mit gegebenem Schlüsselwert x durchsuchen. Wir benutzen natürlich eine Schleife. Es bietet sich die While-Anweisung an, da wir die Anzahl der Knoten (und damit der Wiederholungen) nicht von vornherein kennen. Klugerweise wird man den Fall der leeren Liste miteinschließen!

```
p := first;
WHILE (p # NIL) & (p↑.key # x) DO
  p := p↑.next
END;
IF p # NIL THEN ( * gefunden * ) END
```

Beachten wir noch folgende Besonderheit: Wir benutzen hier die Regel, daß in einem Ausdruck a & b der Faktor b nicht ausgewertet wird, wenn das Resultat von Faktor a gleich FALSE ist. Würde diese Regel nicht gelten, so könnte der Faktor p↑.key # x in obigem Beispiel möglicherweise mit einem Wert p = NIL ausgewertet werden, was illegal ist.

Das *Löschen* eines Elementes ist im Falle des ersten Knotens besonders einfach:

```
p := first; first := p↑.next; Deallocate(p, SIZE(ListNode))
```

Wir setzen hier voraus, daß die Prozedur Deallocate aus dem gleichen Modul verfügbar ist wie die Prozedur Allocate. Deallocate gibt den zur Variablen p↑ gehörenden Speicherbereich zurück. Beim Gebrauch dieser Prozedur ist große Vorsicht geboten: Wurde der Zeiger auf diese Variable bereits anderen Variablen zugewiesen, dann zeigen diese jetzt auf ein nicht mehr existierendes Objekt. Der Programmierer sollte nicht erwarten, daß dieser Fehler von einem System automatisch entdeckt wird.

Die zweite häufig angetroffene dynamische Datenstruktur ist der *Baum*. Er ist dadurch charakterisiert, daß jeder seiner Knoten n Zeigerfelder hat, wobei n den Grad des Baumes angibt. Der übliche und in gewisser Hinsicht optimale Fall ist der binäre Baum mit n = 2. Die entsprechenden Deklarationen sind:

```
TreePtr = POINTER TO TreeNode;
TreeNode =
  RECORD
    key: CARDINAL;
    data: ...
    left,right: TreePtr
  END
```

Die Stelle der Variablen first bei Listen wird hier durch eine Variable

```
root: TreePtr
```

angenommen, wobei root = NIL den leeren Baum miteinschließt. Bäume
werden gewöhnlich zur Darstellung von Datenkollektionen in der Reihenfolge
aufsteigender Schlüsselwerte benutzt, was ein effizientes Wiederauffinden der
Daten ermöglicht. Folgende Anweisungen repräsentieren die *Suche in einem
geordneten binären Baum*. Bemerkenswert ist die Ähnlichkeit zum binären
Suchen in einem geordneten Array. p ist wiederum eine Hilfsvariable (vom
Typ TreePtr).

```
p := root;
WHILE (p # NIL) & (p↑.key # x) DO
  IF p↑.key < x THEN p := p↑.right
  ELSE p := p↑.left
  END
END;
IF p # NIL THEN found END
```

Das Beispiel beschreibt das Durchsuchen des Baumes mit Hilfe einer Wiederholung. Als nächstes zeigen wir die rekursive Version. Sie ist zusätzlich so
erweitert, daß ein neuer Knoten erzeugt und an der richtigen Stelle *eingesetzt*
wird, wenn kein Knoten mit gegebenem Schlüsselwert x existiert.

```
PROCEDURE search(VAR p: TreePtr; x: CARDINAL): TreePtr;
BEGIN
  IF p # NIL THEN
    IF p↑.key < x THEN
      RETURN search(p↑.right,x)
    ELSIF p↑.key > x THEN
      RETURN search(p↑.left,x)
    ELSE
      RETURN p
    END
  ELSE (*nicht gefunden, also einsetzen*)
    Allocate(p,Size(TreeNode));
    WITH p↑ DO
      key := x; left := NIL; right := NIL
    END;
    RETURN p
  END
END search
```

Der Aufruf search(root,x) bewirkt nun das Durchsuchen des durch die
Variable root dargestellten Baums.

Damit beschließen wir unsere Beispiele von Operationen auf Listen und
Bäume zur Veranschaulichung von Zeigern. Die Knoten von Listen und

Bäumen haben alle den gleichen Typ. Beachten wir aber, daß sich mit Zeigern auch allgemeinere Datenstrukturen aufbauen lassen, bei denen die Knoten aus unterschiedlichen Typen bestehen. Charakteristisch ist, daß in diesen Strukturen alle Knoten als Rekordtypen deklariert werden. Es zeigt sich so, daß der Rekord in Verbindung mit Zeigern eine außerordentlich nützliche Datenstruktur ist.

Das Erzeugen und Entfernen von Knoten wird durch zwei Standardprozeduren zur Bereitstellung (Allocate) und Rückgabe (Deallocate) von Speicher ausgedrückt. Sie gehören zur im System vorhandenen Speicherverwaltung. Manchmal kann es aber effizienter sein, daß ein Programm seinen Speicher selbst verwaltet. Dies läßt sich einfach erreichen, indem man für jeden im Programm vorkommenden Knotentyp eine Liste von sonst zu löschenden Knoten verwaltet. Die Liste verfügbarer Knoten wird jedesmal durchsucht, wenn ein neuer Knoten benötigt wird:

```
PROCEDURE NewNode(VAR p: NodePtr);
BEGIN
  IF avail = NIL THEN Allocate(p, SIZE(Node))
  ELSE p := avail; avail := p↑.next
  END
END NewNode
```

Nachteilig erweist sich bei dieser "persönlichen Speicherverwaltung", daß die Speicherbereiche der verschiedenen Listen toter Knoten – falls mehrere existieren – nicht zusammengefaßt werden.

22. Prozedurtypen

Bisher haben wir Prozeduren ausschließlich als Teile von Programmen betrachtet, d.h. als Texte zur Beschreibung von Aktionen auf Variable, deren Werte Zahlen, logische Werte, Zeichen, etc. sind. Wir können jedoch auch den Standpunkt einnehmen, daß Prozeduren selbst Objekte sind, die man Variablen zuweisen kann. In diesem Licht erscheint eine Prozedur-Deklaration als ein Spezialfall der Konstanten-Deklaration, wobei der Wert der Konstanten die Prozedur ist. Lassen wir zusätzlich zu Konstanten auch Variable zu, dann muß man auch Typen deklarieren können, deren Werte Prozeduren sind. Diese Typen nennt man *Prozedurtypen*.

Die Deklaration eines Prozedurtyps legt Anzahl und Typen der Parameter und im Falle der Funktionsprozedur auch den Typ des Resultats fest. Zum Beispiel wird ein Prozedurtyp mit einem reellen Argument und einem Resultat desselben Typs durch

Func = PROCEDURE(REAL):REAL

deklariert und ein Prozedurtyp mit zwei Argumenten des Typs CARDINAL durch

Proc2 = PROCEDURE(CARDINAL,CARDINAL).

Die allgemeine Syntax ist
$ ProcedureType = "PROCEDURE" [FormalTypeList].
$ FormalTypeList =
$ "("[["VAR"] FormalType {","["VAR"] FormalType}]")"
$ "[":" identifier].

Wenn wir jetzt Variable der Art

f: Func;
p: Proc2

deklarieren, dann sind Zuweisungen möglich wie

f := sin; p := WriteCard

Im weiteren Programmverlauf ist der Aufruf p(x,6) äquivalent zu WriteCard(x,6), ebenso ist f(x) äquivalent zu sin(x).

Im weiteren Programmverlauf ist der Aufruf p(x,6) äquivalent zu
WriteCard(x,6), ebenso ist f(x) äquivalent zu sin(x).

Es ist jetzt auch möglich, Prozeduren zu deklarieren, die wiederum Prozeduren als Parameter haben. Nehmen wir etwa die Aufgabe, für jedes
Element eines binären Baums eine bestimmte Aktion (also eine Prozedur)
auszuführen. Die Lösung wird am besten durch eine (rekursive) Prozedur
formuliert. Sie drückt das Traversieren des Baums aus und ruft für jeden
betrachteten Knoten die benötigte Prozedur auf. Letztere wird als ein Parameter mitgeliefert. Man nennt sie deshalb *formale Prozedur*.

```
PROCEDURE TraverseTree(p: TreePtr; Q: Proc2);
BEGIN
  IF p # NIL THEN
    TraverseTree(p↑.left,Q);
    Q(p↑.key,6);
    TraversTree(p↑.right,Q)
  END
END TraverseTree
```

Rufen wir nun

```
TraverseTree(root,WriteCard)
```

auf, so werden die Schlüsselwerte aller Knoten in der Reihenfolge der
Ordnung des Baumes ausgeschrieben. Mit derselben Prozedur lassen sich
diese Werte auch in oktaler Form ausgeben, z.B. durch den Aufruf

```
TraverseTree(root,WriteOct).
```

Nach diesem Beispiel sollte es klar sein, daß Prozedurtypen ein mächtiges
Hilfsmittel darstellen, selbst wenn sie nur gelegentlich benutzt werden.

Zum Abschluß weisen wir noch auf eine Einschränkung hin. Werden Prozeduren Variablen zugewiesen oder als Parameter übergeben, dann dürfen
diese Prozeduren nicht lokal zu irgendeiner anderen Prozedur deklariert sein.
Auch dürfen sie nicht zu den Standardprozeduren (wie etwa ODD, INCL,
etc.) gehören.

23. Module

Das Modulkonzept ist jene herausragende Eigenschaft, die Modula-2 von ihrem Vorgänger Pascal unterscheidet. Wir haben Module bereits angetroffen, denn jedes Programm ist ein Modul. Die meisten Programme werden in *mehrere* Module aufgeteilt, wobei jeder Modul Konstanten, Variable, Prozeduren und vielleicht auch Typen enthalten kann. Objekte, die in einem fremden Modul deklariert sind, können im Modul M angesprochen werden, wenn sie M explizit durch eine Import-Liste bekannt gegeben werden. In den Beispielen der vorangehenden Kapitel haben wir Ein- und Ausgabe-Prozeduren aus Moduln importiert, die eine Sammlung häufig verwendeter Prozeduren enthalten. Diese externen Prozeduren gehören nun tatsächlich zu unserem Programm, auch wenn wir sie nicht selbst geschrieben haben und sie unabhängige Texte darstellen.

Entscheidend ist, daß man Module in eine "Programmbibliothek" packen kann. Sie werden automatisch eingefügt, sobald ein Benutzerprogramm übersetzt oder geladen wird. Damit ist es möglich, Sammlungen häufig benutzter Operationen (wie etwa für Ein- und Ausgabe) einzurichten. Wenn ein Programm solche Operationen benötigt, erspart man sich das erneute Programmieren. Ausgeklügelte Implementierungen gehen noch einen Schritt weiter und bieten eine sog. *separate Compilation* an. Die Module werden dann nicht als Modula-Quelltexte, sondern in bereits compilierter Form in der Programmbibliothek gespeichert. Während des Programmladens wird das compilierte Hauptprogramm an die vorcompilierten Module, aus denen es Objekte importiert, angebunden. Wenn der Compiler ein Programm übersetzt, muß er zu den Objektbeschreibungen der vorher bereits compilierten Moduln, die importiert werden sollen, Zugang haben. Diese Fähigkeit unterscheidet separate Compilation von unabhängiger Compilation, wie sie in typischen Implementierungen von Fortran, Pascal und Assemblersprachen vorhanden ist.

Jeder untergeordnete Modul kann selbst wieder Objekte aus anderen Moduln importieren. Ein Programm besteht aus einer ganzen Hierarchie von Moduln. Dem Hauptprogramm teilt man die höchste *Ebene* zu. Diejenigen Module, die keinerlei Objekte importieren, stehen auf der untersten Ebene. Gewöhnlich ist sich der Programmierer dieser Hierarchie nicht bewußt, da seine Programme (Module) Objekte aus anderen, nicht von ihm selbst programmierten Moduln importieren; er kann daher deren Importe und die darunterliegenden Modul-Hierarchien nicht kennen. Im Prinzip besteht sein

Programm aus dem von ihm selbst geschriebenen Text, erweitert um die Texte der importierten Module.

Diese Erweiterungen sind normalerweise sehr groß (selbst wenn die direkten Importe aus nur wenigen Ausgabeprozeduren bestehen). Generell stellen die indirekten Importe die gesamte sog. *Umgebung* bzw. das Betriebssystem dar. Ein Ein-Benutzersystem muß eigentlich keine Teile enthalten, die nicht auch direkt oder indirekt vom Hauptprogramm importiert werden könnten. Einige Module jedoch, wie elementare Ein- und Ausgabe oder das Filesystem werden evtl. von sämtlichen Programmen benötigt. De facto werden sie damit resident und können dann als das Betriebssystem angesehen werden.

Die Motivation hinter der Aufteilung eines Programms in Module ist – neben der Benutzung bereitzustellender Moduln anderer Programmierer – der Aufbau einer *Hierarchie von Abstraktionen*. In den bereits angetroffenen Beispielen der Eingabe / Ausgabe-Prozeduren verlangten wir lediglich, daß diese vorhanden sind. Wir müssen nicht wissen – oder besser, brauchen nicht zu lernen –, wie die Prozeduren im einzelnen funktionieren. Abstrahieren bedeutet Unwichtiges von Wichtigem "zu trennen" und dabei gewisse Details zu ignorieren. Jeder Modul stellt – von "außerhalb" betrachtet – eine Abstraktion dar. Wir gehen sogar noch einen Schritt weiter und ignorieren nicht nur Details aus dem Inneren, sondern *verstecken* sie sogar. Der Hauptgedanke dabei ist, innere Teile gegen äußeren Zugriff zu schützen, um deren korrektes Arbeiten garantieren zu können. Funktioniert etwas im Programm nicht, können wir so den Bereich möglicher Fehler eingrenzen. Ein zweiter, nicht weniger wichtiger Punkt ist, daß wir das Innere von Moduln ändern (verbessern) können, ohne die importierenden Module ändern (und / oder neu compilieren) zu müssen. Diese wirksame Entkopplung von Moduln ist für die Entwicklung großer Programme unverzichtbar, insbesondere, wenn Module von verschiedenen Personen entwickelt werden. Sehen wir das Betriebssystem als den unteren Teil der Modulhierarchie eines Programmes an, so wären Änderungen oder Verbesserungen im Betriebssystem bzw. in Bibliotheksmoduln ohne diese Entkopplung einfach unmöglich.

Der Wunsch nach Entkopplung erfordert notwendigerweise eine textliche Trennung von wesentlichen und unwesentlichen Dingen. Das Wesentliche eines Moduls sind Informationen über Objekte, die in anderen Moduln importierbar sind; die Details eines Moduls müssen versteckt und geschützt werden. Modula-2 erreicht die Trennung durch Aufteilen untergeordneter Module in einen *Definitionsteil* und einen *Implementationsteil*. Der Definitionsteil enthält die Deklarationen der zu exportierenden Objekte. Er ist als eine Art Vorspann zum Implementationsteil zu verstehen. Der Importierer eines Moduls muß nur dessen Definitionsteil zur Verfügung haben, während der Implementationsteil Eigentum derjenigen Person bleibt, die den Modul entworfen hat. Solange der Entwerfer nur den Implementationsteil ändert, muß er die Benutzer (Klienten) des Moduls nicht darüber informieren. Beide

Teile werden unabhängig voneinander compiliert. Man nennt sie deshalb
Compilations-Einheiten.

Zum Abschluß unserer Einführung in das Modulkonzept fordern wir, daß
eine gute Implementierung die Typ-Kompatibilität von Objekten vollständig
prüft. Dies hat unabhängig davon zu geschehen, ob die Objekte im gleichen oder in verschiedenen Moduln deklariert sind. Der Prüfmechanismus
des Compilers muß über Modulgrenzen hinweg funktionieren. Der Programmierer sollte sich jedoch darüber im klaren sein, daß diese Überprüfungen
keine absolute Sicherheit gegen Fehler darstellen. Schließlich sind hiervon
nur formale, syntaktische Aspekte betroffen; die Semantik bleibt davon un-
berührt. Die Ersetzung eines Algorithmus für die Sinus-Funktion durch einen
Algorithmus für die Cosinus-Funktion kann z.B. nicht entdeckt werden. Es
kann jedoch nicht Aufgabe des Compilers sein, den Programmierer gegen
böswillige "Kollegen" zu schützen.

24. Definitions- und Implementations-Teile

Der Definitionsteil eines Moduls wird *Definitionsmodul* genannt. Er enthält die Deklarationen der exportierten Objekte. Alle Arten von Objekten sind deklarierbar, doch müssen einige zusätzliche Regeln beachtet werden.

Hinsichtlich von Variablen stellen wir fest, daß ein Modul Teil eines gesamten Programmtextes ist. Die in einem Definitionsmodul deklarierten Variablen sind global, d.h. sie existieren während der gesamten Lebensdauer des Programms, obgleich sie nur in denjenigen Moduln sichtbar und zugreifbar sind, in denen sie importiert werden. In den anderen Moduln sind sie unsichtbar.

Prozedur-Deklarationen in Definitionsmoduln bestehen nur aus einem Kopf. Der Prozedur-Körper gehört zum entsprechenden Implementationsmodul.

Wird in einem Definitionsmodul ein Typ deklariert, so sind alle Details seiner Deklaration in den importierenden Moduln sichtbar. Wird ein Aufzählungs- oder Rekordtyp deklariert, so veranlaßt der Export seines Namens automatisch auch den Export der Namen seiner aufgezählten Konstanten bzw. seiner deklarierten Rekordfelder. Dieser *transparente Export* steht im Gegensatz zu *undurchsichtigem (opakem) Export* eines Typs. Opaken Export erreicht man durch Deklaration lediglich des Typnamens im Definitionsmodul; die vollständige Deklaration wird im Implementationsteil versteckt. Opaker Export ist hauptsächlich auf Zeigertypen beschränkt. Dies ist jedoch ein besonders wichtiger Fall, da Zeiger an einen anderen Typ (gewöhnlich einen Rekord) gebunden sind, den man auf diese Weise verbergen kann. Beispiele, die das Verbergen der Details von Datentypen veranschaulichen – auch bekannt als "Datenabstraktion" – folgen später.

Das folgende einfache Beispiel demonstriert die wesentlichen Eigenschaften von Moduln. In der Praxis bestehen Module jedoch aus beträchtlich größeren Textstücken mit längeren Deklarationslisten. Im Beispiel werden die beiden Prozeduren *put* und *get* deklariert und exportiert. Sie fügen Daten einem Puffer zu bzw. holen sie von dort. Der Puffer ist nach außen hin verborgen. Folglich kommt man nur über diese beiden Prozeduren an den Puffer heran und kann daher das richtige Arbeiten des Puffers garantieren.

```
DEFINITION MODULE Buffer;
  VAR nonempty,nonfull: BOOLEAN;
```

```
    PROCEDURE put(x: CARDINAL);
    PROCEDURE get(VAR x: CARDINAL);
  END Buffer.
```

Der Definitionsteil enthält alle notwendigen Informationen über den Puffer, die ein Kunde wissen muß. Die Details seiner Wirkungsweise und Realisierung sind im entsprechenden Implemenationsmodul enthalten.

```
  IMPLEMENTATION MODULE Buffer;
    CONST N = 100;
    VAR in,out: [0 .. N − 1];
      n: [0 .. N];
      buf: ARRAY [0 .. N − ] OF CARDINAL;

    PROCEDURE put(x: CARDINAL);
    BEGIN
      IF n < N THEN
        buf[in] := x; in := (in + 1) MOD N;
        n := n + 1; nonfull := n < N; nonempty := TRUE
      END
    END put;

    PROCEDURE get(VAR x: CARDINAL);
    BEGIN
      IF n > 0 THEN
        x := buf[out]; out := (out + 1) MOD N;
        n := n − 1; nonempty := n > 0; nonfull := TRUE
      END
    END get;

  BEGIN (*Initialisierung*) n := 0; in := 0; out := 0;
    nonempty := FALSE; nonfull := TRUE
  END Buffer.
```

Das Beispiel implementiert eine Fifo-Warteschlange (first in first out). Aus dem Definitionsmodul ist diese Tatsache nicht ersichtlich. Die Semantik sollte man durch einen Kommentar oder eine andere Dokumentation erwähnen. Gewöhnlich erklären derartige Kommentare, was ein Modul tut, nicht aber wie. Man kann daher für den gleichen Definitionsmodul verschiedene Implementierungen mit unterschiedlicher innerer Arbeitsweise vorsehen. Der Puffer könnte z.B. durch eine verkettete Liste anstatt eines Arrays dargestellt werden (Zuteilung von Pufferstücken bei Bedarf, ohne Begrenzung der Puffergröße). Die Unterschiede können aber auch in der Semantik liegen. Folgendes Beispiel implementiert passend zum gleichen Definitionsteil einen Stapel (Stack), also eine Lifo-Warteschlange (last in first out) an Stelle einer Fifo-Warteschlange. Änderungen der Semantik eines Moduls erfordern entsprechende Anpassungen bei den Klienten des Moduls und dürfen daher nur mit größter Vorsicht gemacht werden.

```
IMPLEMENTATION MODULE Buffer;
  ...

  PROCEDURE put(x: CARDINAL);
    IF n < N THEN
      buf[n] := x; n := n + 1; nonfull := n < N; nonempty := TRUE
    END
  END put;

  PROCEDURE get(VAR x: CARDINAL);
  BEGIN
    IF n > 0 THEN
      n := n − 1; x := buf[n]; nonempty := n > 0; nonfull := TRUE
    END
  END get;

BEGIN n := 0; nonempty := FALSE; nonfull := TRUE
END Buffer.
```

Offensichtlich ist nonempty die Vorbedingung für get und nonfull die Vorbedingung für put. Damit beschließen wir das einführende Beispiel.

Die Syntax von Definitionsmoduln ist

```
$   DefinitionModule =
$       "DEFINITION" "MODULE" identifier ";" {import} {definition}
$       "END" identifier "."

$   definition = "CONST" {ConstantDeclaration ";"} |
$       "TYPE" {identifier ["=" type ";"] |
$       "VAR" {VariableDeclaration ";"} |
$       ProcedureHeading ";"
```

Die Syntax von Implementationsteilen ist dieselbe wie von Hauptprogrammen, bis auf das zusätzliche Symbol IMPLEMENTATION. Man zeigt damit an, daß es einen entsprechenden Definitionsteil gibt, dessen Deklarationen automatisch zum Modul gehören.

```
$   ProgramModule =
$       "MODULE" identifier[priority] ";" {import} block identifier.

$   CompilationUnit = DefinitionModule |
["IMPLEMENTATION"] ProgramModule.
```

Sowohl Definitions- als auch Implementationsteile können mehrere Importlisten enthalten. Der Definitionsmodul sollte jedoch nur Objekte importieren, die im Definitionsteil auch tatsächlich benötigt werden. Man verringert dadurch die Abhängigkeit von anderen Moduln.

$ import = ["FROM" identifier] "IMPORT" IdentList ";".

Auf das Symbol FROM folgt der Name eines Moduls. Er bezeichnet die Quelle, in der die importierten Objekte stehen. Ohne diese Qualifizierung können wir nur Modulnamen importieren (eine Abschwächung dieser Regel wird im Kapitel über lokale Module erklärt). Beim Import eines Modulnamens werden alle im Definitionsmodul deklarierten Namen automatisch importiert. Sie müssen jedoch mit dem Modulnamen qualifiziert werden, ähnlich wie die Namen eines Rekordfeldes. Exportiert ein Modul M etwa a,b,c, so bedeutet innerhalb eines Moduls N die Spezifikation IMPORT M, daß diese Objekte durch die Bezeichner M.a, M.b, M.c zugreifbar sind. Damit ist es möglich, unterschiedliche Objekte gleichen Namens aus verschiedenen Moduln zu importieren, ohne daß Namenskonflikte entstehen. M hat also die Bedeutung eines sog. *qualifizierenden Namens*.

Standardnamen werden automatisch in alle Module importiert.

Einen Modul in Form seines Definitionsteils zu veröffentlichen und gleichzeitig operationelle Details in seinem Implementationsteil zu verbergen, ist besonders beim Einrichten von Programmbibliotheken bequem. Derartige Sammlungen standardisierter Routinen gehören zu jeder Programmierumgebung. Typischerweise gehören dazu Routinen für Ein- und Ausgabe-Operationen, für Dateiverwaltung oder zur Berechnung mathematischer Funktionen. In Modula gibt es derzeit noch keinen festen Standard, doch können die Module InOut, RealInOut, LineDrawing, MathLib0 und Streams (oder etwas Vergleichbares) als standardisierte Module angesehen werden, die in allen Implementierungen von Modula verfügbar sein sollten. Diese Module werden in den folgenden Kapiteln eingeführt. Als ersten Beispiel zeigen wir hier den Definitionsteil von MathLib0.

```
DEFINITION MODULE MathLib0;
   PROCEDURE sqrt(x: REAL): REAL;
   PROCEDURE exp(x: REAL): REAL;
   PROCEDURE ln(x: REAL): REAL;
   PROCEDURE sin(x: REAL): REAL;
   PROCEDURE cos(x: REAL): REAL;
   PROCEDURE arctan(x: REAL): REAL;
   PROCEDURE real(x: INTEGER): REAL;
   PROCEDURE entier(x: REAL): REAL;
END MathLib0.
```

25. Unterteilung von Programmen in Module

Die Qualität von Programmen ist durch unterschiedliche Aspekte bestimmt und läßt sich nur schwer erfassen. Der Anwender mag ein Programm nach dessen Effizienz, Zuverlässigkeit oder bequemen Dialogführung beurteilen. Während sich die Effizienz messen läßt, hängt die Bequemlichkeit mehr vom persönlichen Urteil ab. Allzu oft sagt man, ein Programm sei einfach zu benutzen und meint eher konventionell. Der Ingenieur eines Programmes mag dessen Qualität nach seiner Klarheit und Verständlichkeit beurteilen, was wiederum schwer erfaßbare, subjektive Kriterien sind. Die Tatsache, daß man eine Eigenschaft nicht in präzisen Zahlen ausdrücken kann, ist jedoch kein Grund, diese als unwichtig abzutun. Die Klarheit eines Programms ist in der Tat enorm wichtig. Die Korrektheit eines Programms zu demonstrieren (beweisen?), besteht letztendlich darin, jemanden davon zu überzeugen, daß das Programm vertrauenswürdig ist. Wie können wir diesem Ziel näher kommen? Schließlich ist es so, daß komplizierte Aufgaben gewöhnlich komplexe Algorithmen erfordern, und dies zieht eine Myriade von Details nach sich. In diesem Dschungel von Details steckt der Teufel.

Die einzige Rettung liegt in der Struktur. Ein Programm muß in Stücke aufgeteilt werden, die man nacheinander betrachten kann, ohne sich allzu sehr um die übrigen Teile kümmern zu müssen. Auf der untersten Ebene bestehen die Strukturelemente aus Anweisungen, auf der nächsten Ebene aus Prozeduren und auf der höchsten Ebene aus Moduln. Parallel zur Strukturierung des Programms schreitet die Strukturierung der Daten voran. Auf den unteren Ebenen sind es Arrays, Rekords etc., auf den höheren Ebenen die Verbindung der Variablen mit Prozeduren und Moduln. Die Quintessenz des Programmierens besteht darin, eine richtige (oder wenigstens angemessene) Struktur zu finden. Der erfahrene Programmierer findet diese Struktur durch Intuition auf einer frühen Konzipierungsstufe und nicht in einem langsam fortschreitenden Prozeß des Verbesserns und Modifizierens. Doch selbst der Programmierer, der nach Auffinden einer besseren Lösung den Mut zur Umstrukturierung hat, ist noch um vieles besser dran als jener, der resigniert und ein Programm auf der Basis einer offensichtlich nicht angemessenen Struktur entwickelt. Dies führt zu den bekannten Produkten, die niemand mehr "verstehen" kann, am Ende nicht einmal mehr der Erfinder selbst.

Es gibt kein Rezept, die optimale Struktur eines Programms festzulegen, doch helfen eine Reihe von Kriterien, gute Strukturen aufzufinden, bzw. schlechte zu vermeiden. Eine elementare Regel besagt, die Aufteilung ist so auszuführen, daß die Verbindungen zwischen den Einzelteilen einfach bzw. "dünn" sind. Ein vielleicht zu einfaches Kriterium für die Stärke der Verbindung zwischen zwei Teilen – auch *Interface* genannt – ist die Anzahl betroffener Elemente. Die Importlisten sagen etwas über das Interface zwischen zwei Moduln aus. Ein Maß für die Stärke des Interface ist die Anzahl importierter Elemente. Wir müssen eine Modularisierung mit kurzen Importlisten finden. Natürlich erreicht man nur schwer ein Optimum, denn die importierten Listen wären am kürzesten, d.h. sie würden ganz verschwinden, wenn das gesamte Programm in einen einzigen Modul zusammenfallen würde: eine offensichtlich unerwünschte Lösung.

Die bemerkenswerte Eigenschaft des Moduls als größter Strukturierungseinheit beruht auf seiner Fähigkeit, Details zu verbergen und eine neue Abstraktionsebene einzurichten. Man nutzt diese Eigenschaft unterschiedlich aus. Wir können folgende typische Fälle unterscheiden.

1. Der Modul trennt zwei verschiedene Arten der Daten-Repräsentation. Er enthält eine Sammlung von Prozeduren zur Konversion der Daten zwischen den beiden Ebenen. Ein typisches Beispiel ist ein Modul zur Konversion von Zahlen aus ihrer abstrakten, atomaren Darstellung in eine Folge dezimaler Ziffern und umgekehrt. Solche Module enthalten selbst keine Daten, sondern bestehen typischerweise aus Paketen von Prozeduren.

2. Der Kern des Moduls ist eine Menge von Daten. Der Modul verbirgt die Einzelheiten der Datenrepräsentation, indem er den Zugang zu diesen Daten auf Aufrufe seiner exportierten Prozeduren beschränkt. Als Beispiel hierfür sei ein Modul erwähnt, der einen Datensatz zur Speicherung einzelner Datenelemente enthält und so organisiert ist, daß über einen Schlüssel ein schneller Zugriff zu diesen Elementen erfolgt. In einem anderen Beispiel besteht der in einem Modul versteckte Datensatz aus einem Plattenspeicher. Der Modul verbirgt dann die speziellen Einzelheiten, die zum Betreiben der Platte notwendig sind.

3. Der Modul exportiert einen Datentyp und die dazugehörenden Operationen. Typischerweise exportiert so ein Modul einen oder mehrere Typen in opakem Modus (manchmal auch *private Typen* genannt). Der Modul verbirgt also Details der Typstruktur, ebenso Details der Operationen. Durch dieses Verbergen kann man die Gültigkeit invarianter Eigenschaften, die für jede Variable solcher privater Typen gefordert werden, garantieren. Der Unterschied zu Moduln der Klasse 2 ist, daß hier die Variable der privaten Typen in den Kundenmoduln deklariert werden. Dagegen sind in Moduln der Klasse 2 die Variablen selbst verborgen. Typische Beispiele sind Warteschlangen und Stapel (Stacks). Die erfolgreichste derartige Datenabstraktion ist das sequentielle File, auch als *Stream* bekannt.

Diese Klassifizierung ist nicht absolut. Sie kann es auch nicht sein, da alle angegebenen Fälle ein gemeinsames Ziel haben, nämlich Details zu verbergen.

Im Modul InOut der vorangehenden Beispiele etwa sind Aspekte der Klassen 1 und 2 zu finden: er verbirgt sowohl Details der Zahlen-Darstellung und -Konversion als auch die beiden Streamvariable in und out. Dennoch können wir einige Regeln formulieren, die als Richtschnur für den Entwurf von Moduln dienen können:

1. Halte die Anzahl importierter Namen klein.
2. Regel 1 ist besonders für Definitionsmodule wichtig.
3. Der Export von Variablen sollte als die Ausnahme betrachtet werden, importierte Variable sollte man als nur "lesbare" (read-only) Objekte behandeln.

Wir beschließen dieses Kapitel mit einem Beispiel, das im wesentlichen zur Kategorie 3 gehört. Unser Ziel soll der Entwurf eines Programmes für die Erzeugung von (Kreuz-)Referenzen in Modulaprogrammen sein (*cross reference generator*). Genauer, das Programm soll einen Text einlesen und

1. eine Liste des Textes ausgeben, erweitert um Zeilennummern und dabei
2. eine Tabelle aufbauen, in der alle Worte (Namen) in alphabetischer Reihenfolge gesammelt werden. Anschließend sollen die Namen gedruckt werden. Jedem Namen ist eine Liste von Nummern der Zeilen zuzufügen, in denen er gefunden wurde.

Außerdem sind Kommentare und Strings zu überspringen (d.h. diese Worte werden nicht ausgegeben). Auch sollen keine Modula-Schlüsselnamen oder Standardnamen gedruckt werden.

Wir erkennen rasch, daß die Aufgabe in ein Durchsuchen des Quelltextes (Eliminieren der Teile, die übersprungen und damit nicht beachtet werden) und das Aufzeichnen und nachfolgende Tabellieren der Worte aufteilbar ist. Den ersten Teil führt man am bequemsten im Hauptmodul aus, den letzteren in einem untergeordneten Modul. Dieser verbirgt den Datensatz und macht ihn über zwei Prozeduren zugreifbar: *Record* (d.h. zeichne ein Wort auf) und *Tabulate* (d.h. erzeuge die geforderte Tabelle). Ein dritter Modul erzeugt die Darstellung von Zahlen als Folgen dezimaler Ziffern. Die drei hauptsächlich betroffenen Module werden XREF, TableHandler und InOut genannt.

Wir beginnen mit der Präsentation des Hautprogramms XREF zum Durchsuchen des Quelltextes. Schlüsselworte erkennen wir durch binäres Suchen. Der Datensatz ist vom Typ *Table* und wird aus dem TableHandler in opakem Mode importiert.

```
DEFINITION MODULE TableHandler;
   CONST LineWidth = 80; WordLength = 24;
   TYPE Table;
   VAR overflow: CARDINAL; (* > 0 bedeutet: Tabelle ist voll*)
   PROCEDURE InitTable(VAR t: Table);
   PROCEDURE Record(t: Table; VAR x: ARRAY OF CHAR; n: INTEGER);
      (* Eingabe von x,n in die Tabelle t *)
      (* String x muß mit einem Leerzeichen enden *)
   PROCEDURE Tabulate(t: Table)
END TableHandler.


MODULE XREF;
   FROM InOut IMPORT
      Done,EOL,OpenInput,OpenOutput,
      Read,Write,WriteCard,WriteString,CloseInput,CloseOutput;
   FROM TableHandler IMPORT
      WordLength,Table,overflow,InitTable,Record,Tabulate;

   TYPE Alfa = ARRAY [0..9] OF CHAR;
   CONST N = 45; (* Anzahl der Schlüsselworte *)
   VAR ch: CHAR;
       i,k,l,m,r,lno: CARDINAL;
       T: Table;
       id: ARRAY [0..WordLength − 1] OF CHAR;
       key: ARRAY [1..N] OF Alfa;

   PROCEDURE copy;
   BEGIN Write(ch); Read(ch);
   END copy;

   PROCEDURE heading;
   BEGIN lno := lno + 1; WriteCard(lno,5); Write("␣");
   END heading;

BEGIN InitTable(T);


   key[ 1] := "AND";        key[ 2] := "ARRAY";       key[ 3] := "BEGIN";
   key[ 4] := "BITSET";     key[ 5] := "BOOLEAN";     key[ 6] := "BY";
   key[ 7] := "CASE";       key[ 8] := "CARDINAL";    key[ 9] := "CHAR";
   key[10] := "CONST";      key[11] := "DIV";         key[12] := "DO";
   key[13] := "ELSE";       key[14] := "ELSIF";       key[15] := "END";
   key[16] := "EXIT";       key[17] := "EXPORT";      key[18] := "FALSE";
   key[19] := "FOR";        key[20] := "FROM";        key[21] := "IF";
   key[22] := "IMPORT";     key[23] := "IN";          key[24] := "INTEGER";
```

```
key[25] := "LOOP";      key[26] := "MOD";         key[27] := "MODULE";
key[28] := "NOT";       key[29] := "OF";          key[30] := "OR";
key[31] := "POINTER";   key[32] := "PROCEDURE";   key[33] := "QUALIFIED";
key[34] := "RECORD";    key[35] := "REPEAT";      key[36] := "RETURN";
key[37] := "SET";       key[38] := "THEN";        key[39] := "TO";
key[40] := "TRUE";      key[41] := "TYPE";        key[42] := "UNTIL";
key[43] := "VAR";       key[44] := "WHILE";       key[45] := "WITH";


OpenInput("MOD");
IF NOT Done THEN HALT END;
OpenOutput("XREF");
lno := 0; Read(ch);
IF Done THEN heading;
  REPEAT
    IF (CAP(ch) >= "A") & (CAP(ch) <= "Z") THEN
      k := 0;
      REPEAT id[k] := ch; k := k + 1; copy
      UNTIL (ch < "0") OR
        (ch > "9") & (CAP(ch) < "A") OR
        (CAP(ch) > "Z");
      l := 1; r := N; id[k] := "␣";
      REPEAT m := (l + r) DIV 2; i := 0; (*binäres Suchen*)
        WHILE (id[i] = key[m,i]) & (id[i] > "␣") DO i := i + 1 END;
        IF id[i] <= key[m,i] THEN r := m - 1 END;
        IF id[i] >= key[m,i] THEN l := m + 1 END;
      UNTIL l > r;
      IF l = r + 1 THEN Record(T,id,lno) END
    ELSIF (ch >= "0") & (ch <= "9") THEN
      REPEAT copy
      UNTIL ((ch < "0") OR (ch > "9")) & ((ch < "A") OR (ch > "Z"))
    ELSIF ch = "(" THEN
      copy;
      IF ch = "*" THEN (*Kommentar*)
        REPEAT
          REPEAT
            IF ch = EOL THEN
              copy; heading
            ELSE copy
            END
          UNTIL ch = "*";
          copy
        UNTIL ch = ")";
        copy
      END
```

```
        ELSIF ch = "'" THEN
          REPEAT copy UNTIL ch = "'";
          copy
        ELSIF ch = '"' THEN
          REPEAT copy UNTIL ch = '"';
          copy
        ELSIF ch = EOL THEN
          copy;
          IF Done THEN heading END
        ELSE copy
        END
      UNTIL NOT Done OR (overflow # 0)
    END;
    IF overflow > 0 THEN
      WriteString("Table overflow"); WriteCard(overflow,6);
      Write(EOL)
    END;
    Write(35C); Tabulate(T); CloseInput; CloseOutput
  END XREF.
```

Als nächstes präsentieren wir den Modul TableHandler. Aus seinem Definitionsteil ist ersichtlich, daß er den privaten Typ Table und die dazugehörigen Operationen Record und Tabulate exportiert. Man beachte, die Struktur der Tabellen und damit auch der Zugriff und die Suchalgorithmen bleiben verborgen. Am naheliegendsten sind die beiden Organisationsformen binärer Bäume oder Hash-Tabellen. Wir wählen hier die erste Möglichkeit. Das Beispiel veranschaulicht damit noch einmal die Verwendung von Zeigern und dynamischer Datenstrukturen. Der Modul enthält eine Prozedur zum Suchen und Einfügen eines Baumelementes sowie eine Prozedur, die den Baum traversiert und die geforderte Tabellierung ausgibt (vgl. auch das Kapitel über dynamische Datenstrukturen). Jeder Baumknoten besteht aus einem Rekord mit Feldern für den Schlüssel, für den linken bzw. rechten Ast und für den Kopf einer die Zeilennummer enthaltenden Liste.

```
  IMPLEMENTATION MODULE TableHandler;
  FROM InOut IMPORT Write,WriteLn,WriteInt;
  FROM Storage IMPORT Allocate;

    CONST TableLength = 3000;

    TYPE TreePtr = POINTER TO Word;
      ListPtr = POINTER TO Item;
      Item = RECORD num: INTEGER;
            next: ListPtr
          END;
```

```
    Word = RECORD key: CARDINAL; (*Tabellen-Index*)
             first: ListPtr; (*Kopf der Liste*)
             left,right: TreePtr
          END;
    Table = TreePtr;

VAR id: ARRAY [0 .. WordLength] OF CHAR;
    ascinx: CARDINAL;
    asc: ARRAY [0 .. TableLength − 1] OF CHAR;

PROCEDURE InitTable(VAR t: Table);
BEGIN Allocate(t,Size(Word)); t↑.right := NIL
END InitTable;

PROCEDURE Search(p: TreePtr): TreePtr;
(*Suche Knoten mit Namen gleich id*)
  TYPE Relation = (less,equal,greater);
  VAR q: TreePtr;
    r: Relation; i: CARDINAL;

  PROCEDURE rel(k: CARDINAL): Relation;
    (*vergleiche id mit asc[k]*)
    VAR i: CARDINAL;
      R: Relation; x,y: CHAR;
  BEGIN i := 0; R := equal;
    LOOP x := id[i]; y := asc[k];
      IF CAP(x) # CAP(y) THEN EXIT END;
      IF x <= "␣" THEN RETURN R END;
      IF x < y THEN R := less ELSIF x > y THEN R := greater
      END;
      i := i + 1; k := k + 1
    END;
    IF CAP(x) > CAP(y) THEN RETURN greater ELSE RETURN less
    END
  END rel;

BEGIN q := p↑.right; r := greater;
  WHILE q # NIL DO
    p := q; r := rel(p↑.key);
    IF r = equal THEN RETURN p
    ELSIF r = less THEN q := p↑.left
    ELSE q := p↑.right
    END
  END;
  Allocate(t,SIZE(Word)); (*nicht gefunden, also einsetzen*)
```

```
    IF q # NIL THEN
      WITH q↑ DO
        key := ascinx; first := NIL; left := NIL; right := NIL
      END;
      IF r = less THEN p↑.left := q ELSE p↑.right := q END;
      i := 0; (*kopiere Namen in die asc-Tabelle*)
      WHILE id[i] > "␣" DO
        IF ascinx = TableLength THEN
          asc[ascinx] := "␣"; id[i] := "␣"; overflow := 1
        ELSE asc[ascinx] := id[i]; ascinx := ascinx + 1; i := i + 1
        END
      END;
      asc[ascinx] := "␣"; ascinx := ascinx + 1
    END;
    RETURN q
  END Search;

  PROCEDURE Record(t: Table; VAR x: ARRAY OF CHAR; n: INTEGER);
    VAR p: TreePtr; q: ListPtr; i: CARDINAL;
  BEGIN i := 0;
    REPEAT id[i] := x[i]; i := i + 1
    UNTIL (id[i − 1] = "␣") OR (i = WordLength);
    p := Search(t);
    IF p = NIL THEN overflow := 2 ELSE Allocate(q,SIZE(Item));
      IF q = NIL THEN overflow := 3 ELSE
        q↑.num := n; q↑.next := p↑.first; p↑.first := q
      END
    END
  END Record;

  PROCEDURE Tabulate(t: Table);

    PROCEDURE PrintItem(p: TreePtr);
      CONST L = 6;
        N = (LineWidth-WordLength) DIV L;
      VAR ch: CHAR;
        i,k: CARDINAL; q: ListPtr;
    BEGIN i := WordLength + 1; k := p↑.key;
      REPEAT ch := asc[k];
        i := i − 1; k := k + 1; Write(ch)
      UNTIL ch <= "␣";
      WHILE i > 0 DO
        Write("␣"); i := i − 1
      END;
      q := p↑.first; i := N;
```

```
      WHILE q # NIL DO
        IF i = 0 THEN
          WriteLn; i := WordLength + 1;
          REPEAT Write("␣"); i := i - 1
          UNTIL i = 0;
          i := N;
        END;
        WriteInt(q↑.num,L); q := q↑.next; i := i - 1
      END;
      WriteLn
    END PrintItem;

    PROCEDURE TraverseTree(p: TreePtr);
    BEGIN
      IF p # NIL THEN
        TraverseTree(p↑.left);
        PrintItem(p);
        TraverseTree(p↑.right)
      END
    END TraverseTree;

  BEGIN WriteLn; TraverseTree(t↑.right)
  END Tabulate;

BEGIN ascinx := 0; id[WordLength] := "␣"; overflow := 0
END TableHandler.
```

26. Lokale Module

Die bisherigen Module haben wir als nebeneinander angeordnete Textteile angesehen. Wir werden jedoch gleich lernen, daß Module auch textlich geschachtelt sein können. Daraus folgt unmittelbar, daß geschachtelte Module nicht separat compilierbar sind. Man nennt sie *lokale Module*. Ihr einziger Zweck besteht darin, Details interner Objekte zu verbergen.

Jeder Modul legt einen *Sichtbarkeitsbereich* von Namen fest. Damit sind die in einem solchen Bereich (Modul) deklarierten Objekte auch nur innerhalb dieses Bereichs sichtbar. Man beachte, daß auch Prozeduren einen Sichtbarkeitsbereich festlegen und daß die Sichtbarkeitsregeln für Prozeduren und Module im wesentlichen gleich sind. Es gibt jedoch einen Unterschied mit zweierlei Aspekten:

1. Für Module kann der Sichtbarkeitsbereich durch Auflisten von Namen in der Exportliste des Moduls erweitert werden. Der Name wird im umgebenden Bereich sichtbar. Bei Prozeduren ist dies nicht möglich.
2. Ein Name, der im umgebenden Bereich sichtbar ist, ist auch innerhalb lokaler Prozeduren sichtbar. Innerhalb lokaler Module ist er jedoch nicht sichtbar, es sei denn, der Name steht in der Importliste des Moduls.

Die Sichtbarkeitsregeln von Moduln werden im folgenden Beispiel veranschaulicht:

```
VAR a,b: CARDINAL;
MODULE M;
  IMPORT a; EXPORT w,x;
  VAR u,v,w: CARDINAL;
  MODULE N;
    IMPORT u; EXPORT x,y;
    VAR x,y,z: CARDINAL;
        (* u,x,y,z sind hier sichtbar *)
  END N;
  (* a,u,v,w,x,y sind hier sichtbar *)
END M
(* a,b,w,x sind hier sichtbar *)
```

Soll ein Name die Grenzen mehrerer Sichtbarkeitsbereiche überschreiten, muß er in den entsprechenden Importlisten aufgeführt werden, oder der Modul muß als Ganzes exportiert werden. Erweiterung der Sichtbarkeit von einem inneren Modul zu einem äußeren erreicht man durch Export,

Erweiterung von einem äußeren Bereich zu einem inneren durch Import. Die
Regeln sind vollkommen symmetrisch. Offensichtlich entspricht dem Export
aus einem lokalen Modul heraus ein Import im umgebenden Modul. Ebenso
entspricht dem Import in einen lokalen Modul hinein ein Export im äußeren
Modul.

Betrachten wir folgende Strukturen. Innerhalb von M sind die Module N1,
N2 und N3 geschachtelt:

```
MODULE M;
  VAR a: CARDINAL;

  MODULE N1;
    EXPORT b;
    VAR b: CARDINAL;
    (* nur b ist hier sichtbar *)
  END N1;

  MODULE N2;
    EXPORT c;
    VAR c: CARDINAL;
    (* nur c ist hier sichtbar *)
  END N2;

  MODULE N3;
    IMPORT b,c;
    (* b,c sind hier sichtbar *)
  END N3;
  (* a,b,c sind hier sichtbar *)
END M
```

N3 importiert einen Namen aus N2 und einen aus N1. Die Namen wurden in
die Umgebung von M exportiert. Ersetzen wir M durch ein "Universum" (in
dem kein lokales a erklärt werden könnte), dann erkennen wir die Module
N1, N2, N3 dieses Beispiels als globale Module wieder, wie sie im vorangehenden Kapitel diskutiert wurden. Tatsächlich sind die Sichtbarkeitsregeln
für globale und lokale Module identisch. Ein globaler Modul, d.h. eine Compilationseinheit könnte man als lokal zum Universum verstehen.

Nehmen wir an, daß die von N2 exportierte Variable c in b umbenannt
würde. Dies hätte eine Namens-Kollision zur Folge, da b in M bereits
bekannt ist (exportiert von N1). Das Problem läßt sich durch Anwendung
von qualifiziertem Export umgehen. Die zu N1 und N2 gehörenden b's (in
M) müssen also mit N1.b bzw. N2.b angesprochen werden.

Qualifizierter Export ist in globalen Moduln zwingend notwendig, da kein
Designer eines globalen Moduls wissen kann, ob der von ihm gewählte Name

im Universum bereits existiert oder nicht. In lokalen Moduln ist qualifizierter Export dagegen eher die Ausnahme, da ein Programmierer seine Umgebung kennt und Namen daher so auswählen kann, daß Namenskollisionen vermieden werden.

Eine abschließende Bemerkung ist noch zu den Unterschieden zwischen Moduln und Prozeduren erforderlich. Beide legen einen in ihrer Umgebung geschachtelten Sichtbarkeitsbereich fest. Während dem Modul nur die Rolle zufällt, einen neuen Sichtbarkeitsbereich einzurichten, erzeugt die Prozedur auch einen neuen Rahmen für die Existenz ihrer lokalen Objekte: sie verschwinden wieder nach Beendigung der Prozedur. Die lokalen Objekte des Moduls beginnen dagegen zu existieren, sobald der äußere, umgebende Rahmen für seine Existenz erzeugt wird, und sie leben weiter, bis dieser Rahmen wieder verschwindet. Der Fall, daß Module lokal zu einer Prozedur deklariert sind, tritt in der Praxis jedoch selten auf (außer man betrachtet ein Hauptprogramm nicht nur als einen Modul, sondern auch als eine Prozedur). Die Syntax eines lokalen Moduls ist ähnlich der eines Programm-Moduls:

```
$   ModuleDeclaration = "MODULE" identifier [priority] ";"
$         {import} [export] block identifier.
$   priority = "[" ConstExpression "]".
```

(Der Sinn der Prioritätsangabe wird im Kapitel über Nebenläufigkeit (concurrency) diskutiert.)

Folgendes Beispielprogramm demonstriert die Benutzung eines lokalen Moduls. Das Programm soll einen Text einlesen und prüfen, ob es der EBNF-Syntax entspricht, und es soll eine Cross-Reference-Liste des gelesenen Textes erzeugen. Die Symbole sind in zwei Tabellen aufzulisten. Die eine nimmt Endsymbole, d.h. in Anführungsstrichen eingeschlossene Zeichenketten und großgeschriebene Namen auf, die andere Nicht-Endsymbole, d.h. andere Namen.

Die Spezifikation legt eine Aufteilung ähnlich der des Programms XREF im vorigen Kapitel nahe. Wir teilen die Aufgabe auf in das Einlesen einzelner EBNF-Symbole, die sog. *lexikalische Analyse* des Texts und in eine Überprüfung des Einhaltens der Syntaxregeln, die sog. *syntaktische Analyse*. Den Hauptmodul des Programms nennen wir EBNF. Er importiert den EBNFScanner (zur lexikalischen Analyse) und den TableHandler (Speichern und Tabellieren der Daten). Letzterer wird ohne Änderung aus dem vorigen Kapitel übernommen. Außerdem importieren alle drei Module InOut.

Das Hauptprogramm arbeitet nach dem Prinzip des Top-Down-Zerteilens (parsen), wie im Kapitel über Rekursion gezeigt. Der Unterschied besteht lediglich darin, daß die Textelemente keine Zeichen, sondern EBNF-Symbole sind. Sie werden von der im Scanner enthaltenen Prozedur GetSym eins nach dem andern angeliefert. Die Prozedur GetSym wird zusammen mit ihren Resultat-Variablen sym, id und lno importiert. War das eingelesene Symbol ein Name oder eine konstante Zeichenkette, so wird dem Namen

id ein das Symbol bezeichnender String zugewiesen. Man beachte, daß sym
zum ebenfalls im Scanner-Modul definierten Typ Symbol gehört.

```
DEFINITION MODULE EBNFScanner;
   TYPE Symbol = (ident,literal,lpar,lbk,lbr,
                     bar,eql,period,rpar,rbk,rbr,other);

   CONST IdLength = 24;
   VAR sym: Symbol; (* nächstes Symbol *)
    id: ARRAY [0 .. IdLength] OF CHAR;
    lno: CARDINAL;

   PROCEDURE GetSym;
   PROCEDURE MarkError(n: CARDINAL);
   PROCEDURE SkipLine;
END EBNFScanner.
```

Das Beispiel zeigt, daß die Kenntnis des importierten Definitionsmoduls
notwendig und hinreichend zur Gestaltung des importierenden Moduls ist.

```
MODULE EBNF;
   FROM InOut IMPORT
     Done,EOL,OpenInput,OpenOutput,
     Read,Write,WriteLn,WriteCard,WriteString,CloseInput,CloseOutput;
   FROM EBNFScanner IMPORT
     Symbol,sym,id,lno,GetSym,MarkError,SkipLine;
   FROM TableHandler IMPORT
     WordLength,Table,overflow,InitTable,Record,Tabulate;

   (*Syntax Fehlercodes:
     2 = ")" erwartet, 6 = Name erwartet,
     3 = "]" erwartet, 7 = " = " erwartet,
     4 = "}" erwartet, 8 = "." erwartet,
     5 = Name, Literal, "(", "[" oder "{" erwartet *)

   VAR T0,T1: Table;

   PROCEDURE skip(n: CARDINAL);
   (* überspringe alles, bis ein Anfangssymbol eines
   Ausdruck gefunden wird *)
   BEGIN MarkError(n);
     WHILE (sym < lpar) OR (sym > period) DO GetSym END
   END skip;
```

```
PROCEDURE Expression;

  PROCEDURE Term;

    PROCEDURE Factor;
    BEGIN
      IF sym = ident THEN
        Record(T0,id,lno); GetSym
      ELSIF sym = literal THEN
        Record(T1,id,lno); GetSym
      ELSIF sym = lpar THEN
        GetSym; Expression;
        IF sym = rpar THEN GetSym ELSE skip(2) END
      ELSIF sym = lbk THEN
        GetSym; Expression;
        IF sym = rbk THEN GetSym ELSE skip(3) END
      ELSIF sym = lbr THEN
        GetSym; Expression;
        IF sym = rbr THEN GetSym ELSE skip(4) END
      ELSE skip(5) END
    END Factor;

  BEGIN (*Term*) Factor;
    WHILE sym < bar DO Factor END
  END Term;

BEGIN (*Expression*) Term;
  WHILE sym = bar DO GetSym; Term END
END Expression;

PROCEDURE Production;
BEGIN (* sym = ident *)
  Record(T0,id, − INTEGER(lno)); GetSym;
  IF sym = eql THEN GetSym ELSE skip(7) END;
  Expression;
  IF sym # period THEN MarkError(8); SkipLine END;
  GetSym
END Production;

BEGIN (* Hauptmodul *)
  OpenInput("EBNF");
  IF Done THEN
    OpenOutput("XREF"); InitTable(T0); InitTable(T1);
    GetSym;
    WHILE (sym = ident) & (overflow = 0) DO Production END;
    IF overflow > 0 THEN
```

```
      WriteLn; WriteString("Table overflow");
        WriteCard(overflow,6)
    END;
      Write(35C); Tabulate(T0); Tabulate(T1);
      CloseInput; CloseOutput
  END
END EBNF.
```

Es sei noch darauf hingewiesen, daß die Forderung, die Symbole getrennt nach End- und Nicht-End-Symbolen aufzulisten, darin zum Ausdruck
kommt, daß zwei Variable des Typs Table deklariert sind. Die Struktur der
EBNF-Syntax spiegelt sich in der Struktur des Programms wieder. Der Leser
sei hierzu auf das Kapitel verwiesen, in dem die EBNF definiert wurde.

Die Aufgabe des Scanners besteht darin, einzelne Symbole zu erkennen,
die Zeilennummern mitzuzählen und eine Liste des gelesenen Textes zu
erzeugen. Die Sache wird dadurch erschwert, daß mögliche Fehler, d.h.
Nichtübereinstimmungen mit den EBNF-Syntaxregeln, gemeldet werden
müssen. Der Scanner merkt sich die Stelle des zuletzt gelesenen Zeichens
und fügt, falls durch Aufruf von MarkError ein Fehler gemeldet wurde, eine
Zeile mit einer Fehlermeldung ein. Daraus folgt, daß vor der Verarbeitung
eine vollständige Zeile eingelesen werden muß. Man benötigt also einen
Zeilenpuffer. Die Operationen sind zeilenorientiert und deshalb in dem
lokalen Modul LineHandler verkapselt.

```
  IMPLEMENTATION MODULE EBNFScanner;
    FROM InOut IMPORT EOL,Read,Write,WriteLn,WriteCard;

    VAR ch: CHAR;

    MODULE LineHandler;
      IMPORT EOL,ch,lno,Read,Write,WriteLn,WriteCard;
      EXPORT GetCh,MarkError,SkipLine;

      CONST LineWidth = 100;
      VAR cc: CARDINAL; (* aktueller Zeichenindex *)
        cc1: CARDINAL; (* obere Grenze der Zeichenanzahl *)
        cc2: CARDINAL; (* Zeichenanzahl in einer fehlerhaften Zeile *)
        line: ARRAY [0 .. LineWidth − 1] OF CHAR;

      PROCEDURE GetLine; (* hole nächste Zeile *)
      BEGIN IF cc2 > 0 THEN
          WriteLn; cc2 := 0 (* fehlerhafte Zeile *)
        END;
        Read(ch);
        IF ch = 0C THEN (*eof*)
```

```
      line[0] := 177C; cc1 := 1
    ELSE
      lno := lno + 1; WriteCard(lno,5);
      Write("␣"); cc1 := 0;
      LOOP
        Write(ch); line[cc1] := ch; cc1 := cc1 + 1;
        IF (ch = EOL) OR (ch = 0C) THEN EXIT END;
        Read(ch)
      END
    END
  END GetLine;

  PROCEDURE GetCh; (* hole nächstes Zeichen *)
  BEGIN
    WHILE cc = cc1 DO
      cc := 0; GetLine
    END;
    ch := line[cc]; cc := cc + 1
  END GetCh;

  PROCEDURE MarkError(n: CARDINAL);
  BEGIN IF cc2 = 0 THEN
      Write("*"); cc2 := 3;
      REPEAT Write("␣"); cc2 := cc2 − 1
      UNTIL cc2 = 0
    END;
    WHILE cc2 < cc DO
      Write("␣"); cc2 := cc2 + 1
    END;
    Write("↑"); WriteCard(n,1); cc2 := cc2 + 2
  END MarkError;

  PROCEDURE SkipLine;
  BEGIN
    WHILE ch # EOL DO GetCh END;
    GetCh
  END SkipLine;

BEGIN cc := 0; cc1 := 0; cc2 := 0
END LineHandler;

PROCEDURE GetSym; (* hole nächstes Symbol *)
  VAR i: CARDINAL;
BEGIN
  WHILE ch <= "␣" DO GetCh END;
  IF ch = "/" THEN
```

```
    SkipLine;
    WHILE ch <= "␣" DO GetCh END
  END;
  IF (CAP(ch) <= "Z") & (CAP(ch) >= "A") THEN
    i := 0; sym := literal;
    REPEAT
      IF i < IdLength THEN
        id[i] := ch; i := i + 1
      END;
      IF ch > "Z" THEN sym := ident END;
      GetCh
    UNTIL (CAP(ch) < "A") OR (CAP(ch) > "Z");
    id[i] := "␣"
  ELSIF ch = "'" THEN
    i := 0; GetCh; sym := literal;
    WHILE ch # "'" DO
      IF i < IdLength THEN
        id[i] := ch; i := i + 1
      END;
      GetCh
    END;
    GetCh; id[i] := "␣"
  ELSIF ch = '"' THEN
    i := 0; GetCh; sym := literal;
    WHILE ch # '"' DO
      IF i < IdLength THEN
        id[i] := ch; i := i + 1
      END;
      GetCh
    END;
    GetCh; id[i] := "␣"
  ELSIF ch = "=" THEN sym := eql; GetCh
  ELSIF ch = "(" THEN sym := lpar; GetCh
  ELSIF ch = ")" THEN sym := rpar; GetCh
  ELSIF ch = "[" THEN sym := lbk; GetCh
  ELSIF ch = "]" THEN sym := rbk; GetCh
  ELSIF ch = "{" THEN sym := lbr; GetCh
  ELSIF ch = "}" THEN sym := rbr; GetCh
  ELSIF ch = "|" THEN sym := bar; GetCh
  ELSIF ch = "." THEN sym := period; GetCh
  ELSIF ch = 177C THEN sym := other
  ELSE sym := other; GetCh
  END
END GetSym;
```

```
BEGIN lno := 0; ch := "␣"
END EBNFScanner.
```

Die Ausgabe dieses Programms, angewandt auf die Syntax von Modula-2,
ist im Anhang 1 wiedergegeben.

27. Sequentielle Ein- und Ausgabe

Nützlichkeit und Erfolg höherer Programmiersprachen beruhen auf dem Prinzip von Abstraktionen und dem Verbergen jener Details, die eher zum interpretierenden Rechner als zu dem durch das Programm ausgedrückten Algorithmus gehören. Am hartnäckigsten haben sich bisher Eingabe- und Ausgabeoperationen einer Abstraktion widersetzt. Dies ist nicht verwunderlich, da Ein- und Ausgabe die Aktivierung peripherer Computereinrichtungen bedingt, deren Struktur, Funktion und Arbeitsweise sich zwischen den verschiedenen Rechnertypen stark unterscheidet. Viele Programmiersprachen enthalten eigene Anweisungen zum Lesen und Schreiben von Daten in sequentieller Form, ohne auf spezielle Geräte oder Speichermedier Bezug zu nehmen. Eine derartige Abstraktion hat viele Vorteile. Man wird ι er immer wieder Anwendungen finden, die bestimmte Geräteeigenschaften ausnutzen müssen und durch Standardanweisungen der Sprache nur schlecht, wenn überhaupt, unterstützt sind. Allgemeinheit ist außerdem gewöhnlich kostspielig. Daher können Operationen, die für gewisse periphere Geräte optimal implementiert sind, bei anderen Geräten ineffizient werden. Es gibt also ein echtes Bedürfnis, die Eigenschaften bestimmter Geräte transparent zu machen, wenn Anwendungen deren effiziente Benutzung erfordern. Vereinfachung und Generalisierung durch Unterdrückung von Details stehen damit in direktem Konflikt zu dem Verlangen nach Transparenz zur Erzielung höherer Effizienz.

In Modula ist dieses grundsätzliche Dilemma so gelöst – oder besser gesagt umgangen –, daß überhaupt keine Anweisungen für Ein- und Ausgabe vorhanden sind. Dieser extreme Ansatz wird durch zwei Eigenschaften von Modula akzeptabel. Zum einen gibt es die Modulstruktur, die den Aufbau einer Hierarchie (Bibliothek) von Moduln zur Realisierung unterschiedlicher Abstraktionsebenen erlaubt. Zum zweiten lassen sich in Modula rechnerspezifische Operationen ausdrücken, wie z.B. die Kommunikation mit peripheren Schnittstellen. Typischerweise sind diese Operationen in Moduln der untersten Hierarchieebene zusammengefaßt Man zählt sie deshalb zu den sog. *maschinennahen (low-level) Sprachelementen.* Soll ein Programm Details der Gerätebehandlung ignorieren, so importiert es auf den höheren Hierarchieebenen Prozeduren aus den Standardmodulen. Wünscht man höchste Effizienz oder ist der Zugang zu speziellen Geräteeigenschaften erforderlich, so benutzt man entweder die maschinennahen Module, sog. Gerätetreiber (device-driver), oder man verwendet die Primitiven (Elementaroperationen) direkt. Der Preis für letzteres ist der Verlust an Portabilität, da sich die

Programme direkt auf Besonderheiten entweder des Rechners oder seines Betriebssystems beziehen.

Geräteoperationen auf den unteren Ebenen der Modulhierarchie hier zu besprechen ist unmöglich, da es zu viele derartige Geräte gibt. Wir beschränken uns deshalb (a) auf die Darstellung der typischen Modulhierarchie, wie sie in den üblichen Eingabe- und Ausgabeoperationen benutzt wird und (b) auf die Beschreibung des Standardmoduls InOut, den wir bereits in den Beispielen der vorangehenden Kapitel angetroffen haben. Zusätzlich postulieren wir, daß einige Operationen in jeder Modula-Implementierung verfügbar sein sollen, obwohl wir weder die Namen der sie enthaltenden Moduln vorschreiben wollen, noch die übrigen in solchen Moduln enthaltenen Operationen. Wir möchten noch einmal betonen, daß diese Modulhierarchie und ihre Exporte nicht zur eigentlichen Sprache gehören, obwohl jede Art von Programmierung ohne deren Vorhandensein sicher sehr mühsam wäre.

Wir unterscheiden allgemein zwischen lesbarer und nicht-lesbarer Ein- und Ausgabe. Lesbare Ein- und Ausgaben dienen der Kommunikation zwischen Computer und Benutzer. Gewöhnlich handelt es sich dabei um Zeichen, d.h. um Daten des Typs CHAR; eine Ausnahme bilden graphische Ein- und Ausgabe. Lesbare Daten werden über Tastaturen, Kartenleser etc. eingegeben. Lesbare Ausgaben werden von Sichtgeräten und Druckern erzeugt. Nicht-lesbare Ein- und Ausgaben erfolgen von bzw. zu sog. peripheren Speichermedien wie Platten und Bändern. Die Eingaben können auch über Sensoren erfolgen – z.B. in Labors oder Zeichenbüros –, bzw. die Ausgaben zu rechnerkontrollierten Endgeräten, wie Plottern, Montagebändern, Verkehrszeichen oder Netzwerken. Daten für nicht lesbare Ein- und Ausgabe müssen nicht unbedingt vom Typ CHAR sein, sondern sie können jedem beliebigen Typ angehören.

Die große Mehrheit aller Ein- und Ausgabeoperation, sowohl lesbarer als auch nicht lesbarer, kann als *sequentiell* angesehen werden. Die Daten besitzen eine Struktur, die keiner der elementaren Strukturierungsmethoden Modulas angehören, wie etwa Array oder Rekord. Dennoch geben wir dieser Struktur einen Namen und nennen sie *Stream*. Ihre Merkmale sind:

1. Alle Elemente eines Streams haben den gleichen Typ, nämlich den Basistyp dieses Streams. Handelt es sich dabei um den Typ CHAR, so nennt man den Stream einen *Textstream*.
2. Die Anzahl der Elemente eines Streams sind nicht von vornherein bekannt. Der Stream ist also eine einfache dynamische Struktur. Die Anzahl der Elemente nennt man *Streamlänge*, einen Stream der Länge 0 nennt man *leeren Stream*.
3. Ein Stream kann nur durch Anhängen von Elementen an sein Ende modifiziert werden (oder durch Löschen des gesamten Streams). Anhängen eines Elementes nennt man *Schreiben*.

4. Zu jedem Zeitpunkt ist nur ein einziges Streamelement sichtbar (zugreifbar), nämlich das an der augenblicklichen *Position* des Streams stehende. Den Zugriff zu diesem Element nennt man *Lesen*. Eine Leseoperation bewegt die Position gewöhnlich zum nächsten Element weiter.

5. Ein Stream besitzt einen *Modus*: entweder wird in den Stream geschrieben oder von ihm gelesen. Daher ist jedem Stream ein Zustand zugeordnet, bestehend aus Länge, Position und Modus.

Nebenbei sei noch bemerkt, daß das so beschriebene Streamkonzept den bisher vielleicht erfolgreichsten Fall einer Datenabstraktion darstellt. In der Praxis wird der Stream sicher häufiger benutzt als die oft zitierten Beispiele von Stapel und Warteschlangen. Die Sprache Pascal hat den Stream als elementare Datenstruktur neben Arrays, Rekords und Mengen vorgesehen. Streams werden in Pascal (sequentielle) Files genannt, lesbare Streams (mit Basistyp CHAR) Textfiles.

Bevor wir mit der Beschreibung einer Modulhierarachie für Ein- und Ausgabe weitermachen, wollen wir vorher noch auf eine wichtige Trennung von Funktionen innerhalb der E / A-Operationen hinweisen. Es geht dabei speziell um lesbare Ein- und Ausgabe. Einerseits gibt es den echten Transport von bzw. zum Rechner. Dabei muß ein peripheres Gerät, sei es eine Tastatur, ein Sichtgerät oder ein Drucker, aktiviert und sein Zustand festgestellt werden. Auf der anderen Seite gibt es die Aufgabe, die Repräsentation der Daten zu transformieren. Soll z.B. der Wert eines Ausdrucks des Typs CARDINAL zu einem Sichtgerät übertragen werden, dann muß die rechnerinterne Darstellung in eine dezimale Darstellung, nämlich eine Folge von Ziffern transformiert werden. Das Sichtgerät übersetzt dann die Zeichendarstellung (gewöhnlich aus 8 Bits pro Zeichen bestehend) in ein Muster sichtbarer Punkte und Striche. Diese der Ausgabe vorangehende, Übersetzung kann man jedoch als geräteunabhängig betrachten. Sie ist daher vorzüglich zur Trennung von gerätespezifischen Operationen geeignet. Es lassen sich immer dieselben Routinen dafür benutzen, egal, ob der Stream auf eine Platte gespeichert, oder auf einem Sichtgerät ausgegeben wird. Man nennt diese Transformation auch *Formatierung*.

Noch eine dritte Funktionsklasse kann gut abgetrennt werden. Sie gehört zu Geräten, denen man mehr als einen Stream zuordnen kann. Das Hauptbeispiel dafür ist der Plattenspeicher. Gemeint sind Operationen zur Bereitstellung von Speicherbereich und zur Verknüpfung einzelner Streams oder Files mit Namen. Da Streams (Files) dynamische Strukturen sind, ist die Speicherzuteilung eine recht komplexe Angelegenheit. Das Ansprechen einzelner Files, insbesondere die Verwaltung von Inhaltsverzeichnissen (directories) zum schnellen Wiederauffinden der Files, erfordert einen ausgefeilten Mechanismus. Sowohl die Speicherzuteilung als auch die Verwaltung des Inhaltsverzeichnisses sind Aufgaben eines residenten Betriebssystems. Anscheinend gibt es hierfür genauso viele unterschiedliche Methoden wie Betriebssysteme.

Dies ist auch genau der Punkt, an dem die vielen Ebenen der Ein- und Ausgabeoperationen auseinanderlaufen. Es ist außerordentlich schwierig, bindende Konventionen für Filebehandlungs-Primitive zu finden, die sowohl unabhängig vom Betriebssystem sind, als auch auf vielen unterschiedlichen Betriebssystemen implementiert werden können (oder zumindest auf mehr als einem). Unsere Lösung ist daher, eine Hierarchie von Moduln anzubieten. Jeder Programmierer hat dann die Wahl, auf der gewünschten Ebene einzusteigen. Die höchste Ebene bietet konzeptionelle Einfachheit und Programmportabilität (vielleicht auf Kosten der Effizienz); die unterste Ebene eröffnet den vollen Bereich der vom Betriebssystem angebotenen Hilfsmittel, auf Kosten der Portabilität von Programmen. Im zweiten Falle sollte der Programmierer sehr darauf bedacht sein, die systemabhängigen Anweisungen auf möglichst wenige Stellen in seinem Programm zu beschränken.

Das obere Ende unserer Modulhierarchie bildet der Standardmodul InOut. Er enthält zwei Textstreams. Einer ist die Standard-Eingabestream, der andere der Standard-Ausgabestream. InOut bietet folgende Möglichkeiten:

1. Eine Menge von Prozeduren lesen Daten von einem Stream *in*. Sie besorgen die Eingabe formatierter Daten. Die Prozeduren sind

    Read(ch)
    ReadString(s)
    ReadInt(x)
    ReadCard(x)

Das Ende des Streams wird mit Hilfe der exportierten Variablen Done festgestellt. Sie hat den Wert FALSE, falls die vorangehende Leseoperation wegen Erreichen des Streamendes nicht erfolgreich war. In diesem Falle erhält ch den Wert 0C von Read(ch) zugewiesen. Das typische Programmschema für sequentielles Lesen lautet also

    Read(ch);
    WHILE Done DO
      process(ch); Read(ch);
    END

2. Eine Menge von Prozeduren zum Schreiben der Daten auf den Stream *out* dient der Ausgabe formatierter Daten. Die Prozeduren sind

    Write(ch)
    WriteString(s)
    WriteLn
    WriteInt(x,n)
    WriteCard(x,n)
    WriteOct(x,n)
    WriteHex(x,n)

3. Die Prozeduren

OpenInput(s)
OpenOutput(s)
CloseInput
CloseOutput

verbinden Files mit den Standardstreams in und out. Falls OpenInput nicht aufgerufen wird, sollen Eingabedaten von einem Standard-
Eingabegerät empfangen werden, gewöhnlich der Tastatur des Operateurs. Der Aufruf von OpenInput veranlaßt das Einlesen eines Filenamens
vom Standard-Eingabegerät und die Zuordnung des Streams zu diesem
angegebenen File. Ebenso werden Ausgabedaten auf ein Standardgerät,
normalerweise die Konsole des Operateurs geleitet, solange nicht Open-
Output aufgerufen wird. Danach erfolgt die Ausgabe auf das angegebene File. Der Aufruf von CloseInput (CloseOutput) schaltet Eingabe
(Ausgabe) wieder auf das Standardgerät um. Offene Files **müssen** vor
Beendigung des Programms geschlossen werden.

Der Modul InOut garantiert wirksam die Unabhängigkeit vom zugrunde lie-
genden Betriebssystems, wie auch immer dieses aussehen mag. Man erreicht
dies durch die Abstraktion von Streams und durch das Verbergen zweier
Standardstreams im Modul InOut. Ihre Deklarationen dürfen deshalb – aus
Gründen der Effizienz in untergeordneten Modulebenen – auf Eigenheiten
des Betriebsystems Rücksicht nehmen. Weiterhin verbirgt der Modul InOut
Dienstleistungen, die in hohem Maße vom Betriebssystem abhängen, wie
etwa die Vergabe von Filenamen oder das Eröffnen und Schließen von Files.
Ferner gestattet er, dieselben Formatierungsprozeduren für E / A in Verbindung mit Konsole, Sichtgerät und Files zu verwenden. Weitere Details
können der Definition des Moduls InOut im Anhang entnommen werden.

Formatierte Ein- und Ausgabe reeller Zahlen leistet ein ähnlicher Standardmodul *RealInOut*. Er stellt die Prozeduren

ReadReal(x)
WriteReal(x,n)

zur Verfügung und benutzt Streams über die Prozeduren Read und Write
des Moduls InOut. Die Umleitung von Ein- und Ausgabe durch Aufrufen von
OpenInput und OpenOutput hat also Auswirkungen auf die in RealInOut
enthaltenen Operationen. Die Definition des Moduls RealInOut kann ebenfalls dem Anhang entnommen werden.

Der Modul InOut enthält einen Schalter, der die Datenströme entweder zur
Konsole oder zum Filesystem leitet, je nachdem, ob ein File eröffnet wurde
oder nicht. Auf der Ebene unterhalb von InOut finden wir deshalb zwei
Module, einen für Ein- und Ausgabe von bzw. zur Konsole, der andere

repräsentiert das Filesystem. Wir werden hier beide beschreiben, da der Programmierer in vielen Fällen direkten Zugang zu ihnen haben möchte.

Für Eingabe / Ausgabe von der Konsole fordern wir einen Modul *Terminal*. Er exportiert die Prozeduren *Read* zum Einlesen der Daten von der Konsole und *Write* bzw. *WriteString* zum Schreiben von Zeichen auf den Bildschirm oder die Konsolschreibmaschine (siehe Anhang 2).

Die nächst niedrigere Ebene der Modulhierarchie verbindet InOut mit dem *FileSystem* des Rechners. Sie enthält das Konzept der Streams. Mit Rücksicht auf die Nähe dieser Ebene zu tatsächlich existierenden Filesystemen verzichten wir darauf, für alle möglichen Implementierungen verbindliche Definitionen zu fordern. Selbst der Name dieses Moduls mag für die verschiedenen Implementierungen unterschiedlich sein. Wir fordern lediglich ein paar Deklarationen, die der Programmierer in allen implementierten Modula-Systemen als existierend voraussetzen kann. Sie werden weiter unten aufgezählt. Zunächst wenden wir unsere Aufmerksamkeit aber dem Streamkonzept zu, d.h. der Struktur von Sequenzen.

Wir unterscheiden zwei Arten von Streams, *Textstreams* mit Basistyp CHAR und *Wortstreams* mit Basistyp WORD. Der Typ WORD hängt vom verwendeten Betriebssystem ab. Bei der Parameterübergabe ist er grundsätzlich mit allen anderen Typen, die genau ein Speicherwort belegen, kompatibel, z.B. mit INTEGER, CARDINAL und BITSET. (Für Einzelheiten hierzu sei auf das nachfolgende Kapitel über maschinennahe Programmierung verwiesen.)

Der Modul exportiert einen Typ zur Bezeichnung von Streams. Wir geben ihm den passenden Namen STREAM, erlauben jedoch auch eine abweichende Namensgebung, da der Typ STREAM möglicherweise bereits mit einem anderen, vom verwendeten Betriebssystem exportierten Typ, identisch sein kann. Eine derartige Verabredung ist empfehlenswert, da Streams letztendlich als Files implementiert werden; denn erst die geeignete Beschränkung der Menge sequentieller Lese- und Schreiboperationen macht aus einem File einen Stream. Die Operationen sind – wenn s vom Typ STREAM ist –

```
ReadChar(s,ch)    ReadWord(s,w)
WriteChar(s,ch)   WriteWord(s,w)
```

Der Modul exportiert auch die Möglichkeit, den Zustand eines Streams zu definieren bzw. zu prüfen, ob beim Lesen das Ende des Streams erreicht wurde oder nicht. Falls Streams nicht bereits im Filesystem vorhanden sind, exportiert der Modul Prozeduren zur Verknüpfung eines neuen Streams mit einem File (geliefert vom Filesystem) bzw. zur Lösung der Verbindung, wenn der Stream nicht mehr benötigt wird.

Als Beispiel zeigen wir den Definitionsteil eines solchen Moduls, implementiert für das Betriebssystem RT-11 von PDP-11-Rechnern. Der *Streams* genannte Modul importiert einen Typ FILE aus einem Modul *Files*. Dieser Modul ist die eigentliche Schnittstelle zwischen Modula-Programmen und RT11, in dem Files durch ganze positive Zahlen, sog. Kanalnummern, dargestellt sind. Eine Prozedur Connect verknüpft ein RT11-File, also ein Objekt des Typs FILE, mit einem Stream, d.h. einem Objekt des Typs STREAM und legt dabei fest, ob es sich um einen Zeichenstream oder einen Wortstream handelt.

```
DEFINITION MODULE Streams; (*für RT-11 *)
  FROM SYSTEM IMPORT WORD;
  FROM Files IMPORT FILE;

  TYPE STREAM;

  PROCEDURE Connect(VAR s: STREAM; f: FILE; ws: BOOLEAN);
    (* verbinde Stream s mit dem offenen File f.
       f ist eine RT11-Kanalnummer.
       ws = "s ist ein Wortstream, kein Zeichenstream" *)
  PROCEDURE Disconnect(VAR s: STREAM; closefile: BOOLEAN);
  PROCEDURE WriteWord(s:STREAM; w: WORD);
  PROCEDURE WriteChar(s: STREAM; ch: CHAR);
  PROCEDURE EndWrite(s: STREAM);
  PROCEDURE ReadWord(s: STEAM; VAR w: WORD);
  PROCEDURE ReadChar(s: STREAM; VAR ch: CHAR);
  PROCEDURE EOS(s: STREAM): BOOLEAN;
  PROCEDURE Reset(s: STREAM);
  PROCEDURE SetPos(s: STREAM; high,low: CARDINAL);
  PROCEDURE Get Pos(s: STREAM; VAR high,low: CARDINAL);
END Streams .
```

Im Falle von Textstreams führen die Prozeduren ReadChar und WriteChar notwendige Transformationen zur Darstellung von Zeilenenden durch. In Modula wird das Zeilenende durch ein einziges Zeichen EOL dargestellt, in RT11-Files dagegen durch das Zeichenpaar cr, lf (15C, 12C). Am Ende eines Streams erhält ch von ReadChar(s,ch) den Wert 0C zugewiesen.

Möchte ein Programmierer weitere Fileoperationen des Betriebssystems benutzen, muß er diese direkt vom Modul Files importieren. Der Definitionsteil von Files ist unten angegeben. Besonders interessant sind die Prozeduren Lookup, Create und Close. Alle Programme, die Streams verwenden wollen, benötigen sie. Ein RT11-File muß entweder im Inhaltsverzeichnis (directory) aufgesucht oder neu erzeugt werden, bevor ihm ein Stream zugeordnet werden kann. Man beachte, daß ein RT11-Filename aus genau 12 Zeichen besteht. Die ersten drei geben das Speichermedium an, die nächsten sechs den eigentlichen Filenamen, und die letzten drei bilden eine sog. Namenserweiterung (*name extension*).

```
DEFINITION MODULE Files; (*Ch.Jacobi für RT-11*)
 FROM SYSTEM IMPORT ADDRESS,WORD;

 TYPE FILE = [0..15];
  FileName = ARRAY OF [0..11] OF CHAR;

 PROCEDURE Lookup(f: FILE; fn: FileName; VAR reply: INTEGER);
  (* suche File f in der Directory auf
    reply: >= 0 = fertig, Länge des Files
        < 0 = Fehler: - 1 = Kanal besetzt,
              - 2 = File nicht gefunden *)

 PROCEDURE Create(f: FILE; fn: FileName; VAR reply: INTEGER);
  (* erzeuge eine neues File f; kein Eintrag in die Directory.
    reply: >= 0 = fertig, Länge des Files
        < 0 = Fehler: - 1 = Kanal besetzt,
              - 2 = kein Platz vorhanden *)

 PROCEDURE Delete(f: FILE; fn: FileName; VAR reply: INTEGER);
  (* lösche File f und seinen Eintrag in der Directory.
    reply: >= 0 = fertig, Länge des Files
        < 0 = Fehler: - 1 = Kanal besetzt,
              - 2 = File nicht gefunden *)

 PROCEDURE Close(f: FILE);
  (* schließe File f und trage es in die Directory ein *)

 PROCEDURE Release(f: FILE);
  (* gebe File f frei, kein Eintrag in die Directory *)

 PROCEDURE ReadBlock(f: FILE; p: ADDRESS;
            blknr,wcount: CARDINAL;
            VAR reply: INTEGER);
  (* lese von File f
   p: Adresse des Puffers
   blknr: Blocknummer des ersten zu lesenden Blocks
   wcount: Anzahl einzulesender Worte
   reply: >= 0 = Anzahl übertragener Worte
        < 0 = Fehler: - 1 = Hardwarefehler,
              - 2 = Kanal nicht offen *)

 PROCEDURE WriteBlock(f: FILE; p: ADDRESS;
            blknr,wcount: CARDINAL;
            VAR reply: INTEGER);
  (* schreibe auf File f
   p: Adresse des Puffers
```

blknr: Blocknummer des ersten zu schreibenden Blocks
wcount: Anzahl zu schreibender Worte
reply: >= 0 = Anzahl übertragener Worte
            < 0 = Fehler: − 1 = Hardwarefehler,
                        − 2 = Kanal nicht offen ∗)

PROCEDURE Rename(f: FILE; new,old: FileName;
                    VAR reply: INTEGER);
    (∗ umbenennen von File f, das nicht offen sein muß
    reply: 0 = fertig
            < 0 = Fehler: − 1 = Kanal besetzt,
                        − 2 = File nicht gefunden ∗)
END Files.

Wir beschließen die Darstellung der File-Behandlung unter RT-11 mit einer
Bemerkung zur Hierarchie der Module:

  InOut → Streams → Files → RT11.

Der Aufruf von Read in InOut veranlaßt den Aufruf von ReadChar in
Streams, diese Prozedur möglicherweise den Aufruf von ReadBlock in Files,
was wiederum den Aufruf einer RT11-Primitiven zum Lesen eines Platten-
sektors nach sich zieht. Als Beispiel zeigen wir die sequentielle Verarbeitung
eines Eingabe-Files DATA.IN in ein Ausgabe-File DATA.OUT unter RT-11.
DATA.IN ist ein Wortstream und DATA.OUT ein Zeichenstream.

```
FROM Files IMPORT FILE,Lookup,Create,Close;
FROM Streams IMPORT
    STREAM,Connect,ReadWord,WriteChar,EOS,Disconnect;

VAR f1,f2: FILE;
    s1,s2: STREAM;
    x: CARDINAL; y: CHAR; reply: INTEGER;

BEGIN f1 := 1; f2 := 2; (∗RT11 Kanalnummern∗)
    Lookup(f1,"DK␣DATA␣␣IN␣",reply);
    Create(f2,"DK␣DATA␣␣OUT",reply);
    Connect(s1,f1,TRUE); Connect(s2,f2,FALSE);
    ReadWord(s1,x);
    WHILE NOT EOS(s1) DO
        process(x,y); WriteChar(s2,y); ReadWord(s1,x)
    END;
    Disconnect(s1,FALSE); Disconnect(s2,TRUE)
END
```

Ein Beispiel einer Implementierung, in der Stream- und File-Ebene verschmolzen sind, also eines Filesystems, das die Abstraktion von Streams in geeigneter Weise miteinschließt, ist das MEDOS-Betriebssystem des Lilith-Rechners. Es folgt das relevante Programmstück für sequentielle File-Verarbeitung, das dieselbe Aufgabe wie oben erfüllt. Der Wegfall des zwischengeschalteten Moduls (Streams) bewirkt eine deutliche Vereinfachung des Programms.

```
FROM FileSystem IMPORT
   File,Lookup,ReadWord,WriteChar,Close;

VAR f1,f2: File;
   x: CARDINAL; y: CHAR;

BEGIN
   Lookup(f1,"DK.DATA.IN",FALSE);
   Lookup(f2,"DK.DATA.OUT",TRUE);
   ReadWord(f1,x);
   WHILE NOT f1.eof DO
      process(x,y); WriteChar(f2,y); ReadWord(f1,x)
   END;
   Close(f1); Close(f2)
END
```

Ein vorsichtiger Programmierer wird Tests vorsehen, um das erfolgreiche Aufsuchen von Files (Lookup) zu überprüfen. Wie zur erwarten ist, unterscheiden sich die einzelnen Implementierungen in solchen Einzelheiten. Im RT11-Beispiel kann der Parameter reply aus der Prozedur Lookup untersucht werden, im Medos-Beispiel das Feld res in der File-Variablen (das eine Rekordstruktur besitzt). Speziell im letzten Fall lautet der Test "f1.res = done", wobei done eine vom Modul FileSystem exportierte Konstante des Aufzählungstyps Response ist. Ein vorsichtiger Programmierer wird sich noch eines weiteren feinen Unterschieds zwischen den beiden Programmversionen bewußt sein: Während Create (in RT11) bedingungslos ein neues File eröffnet, erzeugt Lookup (in Medos) nur dann ein neues File, wenn der dritte Parameter gleich TRUE ist und wenn noch kein File mit angegebenem Namen existiert. Mit Hilfe des Feldes f2.new läßt sich feststellen, ob f2 tatsächlich ein neues File ist oder nicht. Sonst könnte das alte File nämlich überschrieben werden.

28. Bildschirmorientierte Ein- und Ausgabe

Sequentielle Ein- und Ausgabe erlaubt es, Datenelemente ohne explizite Angabe einer Position zu übertragen. Dies ist auch ein *natürlicher* Vorgang, wenn die Position durch das Speichermedium vorbestimmt ist. Beispiele sind ein Magnetband (nach Definition eine Sequenz) oder eine Tastatur (gibt Daten in strenger zeitlicher Reihenfolge ab) oder eine Schreibmaschine (die Positionen der Zeichen sind durch die mechanischen Bewegungen des Druckkopfes bestimmt). Selbst wenn ein Speichermedium größere Flexibilität erlauben würde, ist sequentielle Ein- und Ausgabe immer dann *bequem*, wenn die Struktur der Daten von Natur aus sequentiell ist. Ein Text z.B. ist von Natur aus sequentiell. Das Weglassen von Information über die Position jedes einzelnen Zeichens ist eine große Vereinfachung beim Lesen und Schreiben. Und schließlich ist sequentielle Ein- und Ausgabe auch *wirtschaftlich*, da sich Daten zwischen gleichzeitig laufenden Prozessen (Geräten) leicht puffern lassen. All dies erklärt, warum sequentielle Datenverarbeitung so weit verbreitet und auch empfehlenswert ist.

Es gibt jedoch Anwendungen, die eine nicht-sequentielle Behandlung der Daten erfordern. Typischerweise enthält dann jedes Datenelement Informationen über seine Position. Plattenspeicher z.B. erlauben das selektive Lesen und Schreiben einzelner Datenblöcke, sogenannter Sektoren. Oft werden auch große Datenmengen sequentiell geschrieben, aber in Teilen selektiv gelesen. (Diese Möglichkeiten sind in den Modulen Files und FileSystem des vorangehenden Kapitels angedeutet.)

In letzter Zeit hat nicht-sequentielle Ausgabe durch das wachsende Aufkommen visueller Ausgabemedien an Bedeutung gewonnen, z.B. bei Sichtgeräten, die Daten auf einem Bildschirm darstellen. Die meisten Sichtgerätkonsolen arbeiten jedoch noch in sequentiellem Modus, einfach weil die Daten meisten aus Texten bestehen, aber auch weil die sequentielle Verarbeitung konventionell ist und viele Benutzer die Vorteile nicht sequentieller Behandlung nicht kennen.

Wir unterscheiden zwei wichtige Motivationen für die Benutzung nicht sequentieller Ausgabe:

1. Die Daten enthalten von Natur aus nicht-sequentielle Elemente, wie Linien, Tabellen, Figuren oder Bilder, d.h. sog. *Grafik*.
2. Der Bildschirm wird dazu benutzt, *mehrere* Sequenzen von Ausgabedaten unabhängig voneinander und gleichzeitig auszugeben, d.h. auf dem

Bildschirm werden mehrere Ausgaben simuliert, wobei jede Ausgabe Positionsinformation relativ zum gesamten Bildschirm mit sich trägt.

Im folgenden präsentieren wir speziell zu diesen Punkten zwei Module. Nicht-sequentielle Operationen bieten mehr Flexibilität und werden damit einer größeren Vielfalt von Anwendungen gerecht. Dieses Gebiet ist einer Standardisierung daher auch weitaus weniger zugänglich. Die nachfolgend vorgestellten Module sollten deshalb eher als Vorschläge an Stelle von "endgültigen Lösungen" verstanden werden. Dennoch haben sie sich in vielen praktischen Anwendungen als sehr nützlich und bequem erwiesen.

Eine wichtige Untermenge der allgemeinen Grafik ist die *Liniengrafik*, d.h. aus einzelnen Linien bestehende Zeichnungen. Erweitert um Texte (kurze Strings für Überschriften etc.) sind Liniengrafiken in vielen Fällen ausreichend, z.B. in Diagrammen und Tabellen. Für diese Anwendungen bieten wir einen Modul *LineDrawing*. Er setzt das Vorhandensein einer rechteckigen Schirmfläche voraus und exportiert dessen Breite bzw. Höhe in Einheiten horizontaler bzw. vertikaler Koordinaten. Der Schirm wird als eine Punktmatrix, genannt *Raster*, angesehen. Jeder einzelne Punkt (Rasterelement) ist einzeln zugreifbar, und wir nehmen an, daß er mit den Farben schwarz oder weiß versehen werden kann. Dieses Konzept läßt sich geradlinig auf Punkte mit vielen Grauabstufungen oder Farbwerten erweitern.

Die wichtigsten im Modul LineDrawing enthaltenen Prozeduren sind dot und area:

dot(c,x,y)

"malt" das Rasterelement der Koordinaten x,y mit der "Farbe" c an, wobei c = 0 weiß und c = 1 schwarz bedeuten soll. Die Koordinaten x,y müssen natürlich innerhalb des Schirmbereichs liegen, d.h. es muß $0 <= x <$ Breite und $0 <= y <$ Höhe gelten. Die Koordinaten 0,0 sollen die linke untere Ecke der Schirmfläche bezeichnen.

area(c,x,y,w,h)

zeichnet ein Rechteck der Breite w, Höhe h, in der Farbe c mit der linken unteren Ecke an der Stelle x,y. Es sollen c = 0 weiß, c = 1 hellgrau, c = 2 dunkelgrau und c = 3 schwarz bedeuten. Andere Implementierungen können einen größeren Satz von Grauwerten anbieten oder sogar richtige Farben. Ebenso bleibt die technische Realisierung der Grauskalen den einzelnen Implementierungen überlassen. Der Wert c kann z.B. dazu benutzt werden, direkt die Strahlintensität zu kontrollieren, oder ein Punktemuster zu selektieren, das auf alle Punkte des angegebenen Rechtecks kopiert wird. Der Modul Queens in einem vorangehenden Kapitel über Rekursion demonstrierte die Anwendung dieser Prozedur.

```
DEFINITION MODULE LineDrawing;
   TYPE PaintMode = (replace,add,invert,erase);

   VAR Px,Py: INTEGER; (* aktuelle Koordinaten des Zeichenstifts *)
       mode: PaintMode; (* aktueller Modus beim Zeichnen und
Kopieren *)
       width: INTEGER; (* Breite der Bildfläche, nur lesbar *)
       height: INTEGER; (* Höhe der Bildfläche, nur lesbar *)
       CharWidth: INTEGER; (* Zeichenbreite *)
       CharHeight: INTEGER; (* Zeichenhöhe *)

   PROCEDURE dot(c: CARDINAL; x,y: INTEGER);
      (* gib einen Punkt an den Koordinaten x,y aus*)

   PROCEDURE line(d,n: CARDINAL);
      (* zeichne eine Linie der Länge n in Richtung d
      (Winkel = 45 * d Grad) *)

   PROCEDURE area(c: CARDINAL; x,y,w,h: INTEGER);
      (* zeichne eine rechteckige Fläche an der Position x,y
      mit der Breite w, Höhe h in Farbe c.
      0 = weiß, 1 = hellgrau, 2 = dunkelgrau, 3 = schwarz *)

   PROCEDURE copyArea(sx,sy,dx,dy,dw,dh: INTEGER);
      (* kopiere das Rechteck auf Position sx,sy in ein
      Rechteck auf der Position dx,dy mit Breite dw und Höhe dh *)

   PROCEDURE clear; (* lösche den Schirm *)

   PROCEDURE Write(ch: CHAR);
      (*schreibe ch an die Position des Griffels*)

   PROCEDURE WriteString(s: ARRAY OF CHAR);
END LineDrawing;
```

Die Prozedur line zeigt, daß aus Bequemlichkeitsgründen auch in der Grafik ein sequentieller Modus wünschenswert ist. Für die Benutzung von line stellen wir uns vor, daß es einen imaginären Griffel gibt, der gerade Linien zeichnet. Dem Griffel ist natürlich eine implizite Position zugeordnet. Ein Aufruf von

line(d,n)

bewegt den Griffel in die Richtung von d um ein Raster von n Einheiten. Eine Sequenz von Aufrufen erzeugt eine Sequenz aufeinanderfolgender Liniensegmente, ohne daß man dazwischenliegende Griffelpositionen angeben muß. In unserem Vorschlag erlauben wir nur einige ausgezeichnete Richtungen, nämlich solche mit Winkeln von d ∗ 45 Grad, wobei d = 0,1,...,7 ist und d = 0 eine Bewegung in positiver x-Richtung, d.h. nach rechts bedeutet. Diese Art der Linienzeichnung nennt man manchmal auch "Schildkröten-Grafik".

Die Position des Griffels wird durch die beiden exportierten Variable Px und Py bestimmt. Sie werden dazu benutzt, den Beginn eines Liniensegmentes festzulegen und den Griffel wieder auf seine ursprüngliche Stellung zu positionieren, um weitere Segmentfolgen zu zeichnen. Folgendes Beispielprogramm zeigt die Anwendung der Schildkröten-Grafik. Es zeichnet eine von dem Mathematiker Sierpinski erfundene raumfüllende Kurve. Das Programm ist auch eine gutes Beispiel für die Verwendung rekursiver Prozeduren zur Erzeugung eines rekursiv definierten Musters.

```
MODULE Sierpinski;
  FROM Terminal IMPORT Read;
  FROM LineDrawing IMPORT width,height,Px,Py,clear,line;

  CONST SquareSize = 512;

  VAR i,h,x0,y0: CARDINAL; ch: CHAR;

  PROCEDURE A(k: CARDINAL);
  BEGIN
    IF k > 0 THEN
      A(k - 1); line(7,h); B(k - 1); line(0,2 ∗ h);
      D(k - 1); line(1,h); A(k - 1)
    END
  END A;

  PROCEDURE B(k: CARDINAL);
  BEGIN
    IF k > 0 THEN
      B(k - 1); line(5,h); C(k - 1); line(6,2 ∗ h);
      A(k - 1); line(7,h); B(k - 1)
    END
  END B;

  PROCEDURE C(k: CARDINAL);
  BEGIN
    IF k > 0 THEN
      C(k - 1); line(3,h); D(k - 1); line(4,2 ∗ h);
      B(k - 1); line(5,h); C(k - 1)
    END
  END C;
```

```
PROCEDURE D(k: CARDINAL);
BEGIN
  IF k > 0 THEN
    D(k − 1); line(1,h); A(k − 1); line(2,2 ∗ h);
    C(k − 1); line(3,h); D(k − 1)
  END
END D;

BEGIN clear; i := 0; h := SquareSize DIV 4;
  x0 := CARDINAL(width) DIV 2; y0 := CARDINAL(height) DIV 2 + h;
  REPEAT i := i + 1; x0 := x0 − h;
    h := h DIV 2; y0 := y0 + h; Px := x0; Py := y0;
    A(i); line(7,h); B(i); line(5,h);
    C(i); line(3,h); D(i); line(1,h); Read(ch)
  UNTIL (i = 6) OR (ch = 33C);
  clear
END Sierpinski.
```

LineDrawing enthält Prozeduren zum Zeichnen von Linien und rechteckigen Mustern. Kompliziertere Figuren lassen sich durch Aufruf der Prozedur dot punkteweise zeichnen. Eine relativ wichtige geometrische Figur ist der Kreis. Wir geben deshalb eine Prozedur zum Zeichnen von Kreisen mit den

Mittelpunktskoordinaten x,y und dem Radius r an. Interessant an dieser Methode ist, daß keine Zahlen des Typs REAL verwendet werden und die Prozedur daher relativ effizient ist.

Die Gleichung eines Kreises lautet $x\uparrow 2 + y\uparrow 2 = r\uparrow 2$. Nach Zeichnen eines Punktes an der Stelle x,y, wollen wir die Koordinaten des nächsten Punktes berechnen, nämlich $x + dx$ und $y + dy$. Das Verhältnis dy / dx ergibt sich aus der ersten Ableitung obiger Kreisgleichung und ist $-x / y$. Daher können wir $dx = -k * y$ und $dy = k * x$ setzen, wobei k eine genügend kleine Konstante ist, die die Grobheit des durch eine Folge von Polygonsegmenten approximierten Kreises festlegt. Da wir uns auf Festkomma-Brüche – dargestellt durch skalierte Integer-Zahlen – beschränken, setzen wir $c1 = 1 / k$ und berechnen die nächsten Werte von x und y durch

x := x - y DIV c1; y := y + x DIV c1

Unter Annahme eines Schirms mit (mindestens) 512 Punkten in Breite und Höhe benötigen wir 9 Bits zur Darstellung der Koordinaten. Nehmen wir außerdem einen Rechner mit einer Wortlänge von 16 Bit an, dann verbleiben 7 Bit für den gebrochenen Teil, d.h. wir können uns die Integer-Koordinaten als Worte mit einem 7 Stellen von rechts stehenden Binärpunkt vorstellen. Den abgeschnittenen ganzzahligen Teil von x erhalten wir durch Division mit $c2 = 2\uparrow 7 = 200B$. Die Konstante c1 wird so groß wie möglich gewählt, so daß für die größten Werte von x und y die berechneten Inkremente gleich eins werden.

```
PROCEDURE DrawCircle(x0,y0,r: INTEGER);
   CONST c1 = 400B; c2 = 200B;
   VAR x,y: INTEGER;
BEGIN
   r := r * c2; x := r; y := 0; r := r - 1;
   REPEAT dot(1,x DIV c2 + x0, y DIV c2 + y0);
      x := x - y DIV c1; y := y + x DIV c1
   UNTIL (x >= r) & (y <= 0)
END DrawCircle
```

Hinweis: Dieser Algorithmus ist in Wirklichkeit subtiler als es aussieht. Der Beweis seines richtigen Funktionierens erfordert eine sorgfältige numerische Analyse der durch das Abschneiden erzeugten Effekte.

Ein Werkzeug zum Zeichnen grafischer Elemente wird erst dann richtig nützlich, wenn es mit einem passenden Eingabegerät gekoppelt wird. Wir setzen daher ein Eingabegerät voraus, das es erlauben soll, Bewegungen in einer Ebene zu erfassen. Mit diesem Gerät können wir dann Positionen für die Koordinaten x,y einlesen. Weiterhin setzen wir einige zu diesem Gerät gehörende Tasten voraus, deren Zustand ebenfalls feststellbar ist.

Wir nennen dieses Eingabegerät *Maus*. Der Name spiegelt eine besondere technische Realisierung der genannten Spezifikation wieder. Man hält das Gerät in der Hand und bewegt es über den Tisch. Es ist mit drei Tasten (Augen) ausgerüstet und über ein dünnes, möglicherweise graues Kabel mit der Tastatur verbunden. Hieraus ist der Name "Maus" zu erklären.

Die Position der Maus wird auf dem Schirm durch eine Markierung, *Cursor* genannt, sichtbar gemacht und steht dadurch sowohl zum Schirm also auch zu den auf dem Schirm gezeichneten Objekten in einer Beziehung. Die Art der Darstellung des Cursors, d.h. wie seine Schirmposition mit den Bewegungen der Maus auf dem Tisch korreliert ist, bleibt innerhalb eines *Maus* genannten Moduls verborgen. Der Benutzer braucht diese Details nicht zu kennen, noch muß er wissen, ob sie in Hardware oder in Software implementiert sind. Die entscheidende Eigenschaft besteht nur darin, daß der Cursor an jedem Rasterelement positioniert werden kann und so dem Eingabegerät eine größtmögliche Auflösung verleiht.

Die Maus benutzt zwei Prozeduren *TrackMouse* und *FlipCursor*. TrackMouse verfolgt die Bewegungen der Maus, d.h. die Bewegungen der Hand des Benutzers. Die Prozedur liest die Position der Maus ein, zeichnet entsprechend den Cursor auf den Schirm und weist seine Koordinaten den exportierten Variablen Mx und My zu. TrackMouse wird gewöhnlich in einer engen Schleife so lange aufgerufen, bis durch Drücken einer Taste signalisiert wird, daß eine Aktion durchgeführt werden muß, die den augenblicklichen Koordinaten zugeordnet ist. Die Prozedur FlipCursor bedient einen Kippschalter zum Ein- und Ausschalten des Cursors. Der Schalter ist notwendig, um den Cursor zeitweilig vom Schirm zu entfernen. Zum Beispiel verlangt die vom Verfasser durchgeführte Implementierung der Maus auf dem Lilith-Rechner, daß der Cursor abgeschaltet ist, während Elemente gezeichnet, geschrieben oder gelöscht werden. Den augenblicklichen Wert des Schalters repräsentiert die exportierte Variable curOn.

Mit Hilfe der Prozedur ShowMenu lassen sich auf einfache Weise Kommandos eingeben. Nach ihrem Aufruf werden eine Menge von Kommandos – gegeben durch einen Textparameter – an der augenblicklichen Position des Cursors dargestellt. Diese Bildschirmausgabe ist als ein *Menü* gerade verfügbarer Kommandos zu verstehen. Durch Positionieren der Maus kann danach eines der Kommandos selektiert werden. Die Prozedur ShowMenu sollte nach Drücken einer speziellen Maustaste aufgerufen werden. Nach Loslassen der Taste wird die Kontrolle zusammen mit einem Parameter zurückgegeben, wobei der Parameter auf das gerade selektierte Kommando verweist. Menüs stellen eine leistungsfähige Technik zur flexiblen Eingabe von Kommandos dar, wobei nur ein einziges und dabei auch noch einfaches Eingabegerät benötigt wird, das gleichzeitig dazu verwendet werden kann, die Position des Objektes anzuzeigen, auf das sich das Kommando bezieht. Das Kommandomenü erscheint an der durch den Cursor festgelegten Stelle des Schirms, d.h. dort, wohin sich die Aufmerksamkeit des Operateurs ohnehin gerade konzentriert.

```
DEFINITION MODULE Mouse;

   VAR keys: BITSET; (* Maus-Funktionstasten *)
       Mx,My: INTEGER; (* Maus- und Cursor-Koordinaten *)
       curOn: BOOLEAN;
          (* Cursor-Kippschalter; Anfangswert = FALSE *)
       mode: CARDINAL;

   PROCEDURE TrackMouse;
      (* lies die Maus-Koordinaten Mx,My und die
         Funktionstasten ein; bewege den Cursor entsprechend *)

   PROCEDURE FlipCursor;
      (* setze den Kippschalter für den Cursor *)

   PROCEDURE ShowMenu(text: ARRAY OF CHAR;
                VAR selection: INTEGER);
      (* zeige den Menütext an der augenblicklichen Position des
         Cursors, folge danach den Mausbewegungen zur Selektion
         eines Kommandos solange, bis die Taste wieder losgelassen
         wird. Eine Selektion = 0 bedeutet, daß kein Kommando
         selektiert wurde. Innerhalb des Textes sind
         Kommandozeilen durch " | " getrennt. Kommandoworte
         dürfen höchsten 7 Zeichen haben, und es dürfen
         nicht mehr als 8 Kommandos vorkommen. *)
END Mouse.
```

Folgendes Beispiel *Draw* zeigt die Verwendung des Moduls LineDrawing in Verbindung mit der Maus. Das Beispiel erlaubt das Zeichnen von Bildern auf einem gerasterten Quadrat von 64 * 64 "Punkten". Jeder "Punkt" wird durch ein Quadrat von 8 * 8 Rasterelementen dargestellt. Mit Hilfe der Menütechnik können beim Zeichnen verschiedene Farben oder Schattierungen selektiert werden. Es gibt viele Möglichkeiten, dieses Programm zu erweitern oder zu verschönern. Die prinzipielle Programmstruktur ist:

```
Initialisiere den Bildschirm;
FlipCursor; (*einschalten*)
REPEAT TrackCursor;
   IF (eine Taste ist gedrückt) & (die Maus wurde bewegt) THEN
      FlipCursor; (*aus*)
      führe verlangte Aktion durch;
      FlipCursor; (*an*)
   END;
```

```
    BusyRead(ch);
    (* interpretiere eingegebenes Zeichen *)
  UNTIL ch = ESC;
  lösche Schirm
```

Das Beispiel demonstriert auch, wie Eingaben "gleichzeitig" mit Hilfe der
Funktionstasten der Maus als auch über die Tastatur eingelesen werden
können. Gewöhnlich benutzt man die Tastatur nur zur Eingabe von Texten,
doch gelegentlich lassen sich damit auch Aktionen signalisieren. Eingaben
von der Tastatur erhält man durch die Prozedur BusyRead. Im Gegensatz
zum üblichen Read wartet BusyRead nicht auf das nächste Drücken einer
Taste, sondern gibt, wenn kein Zeichen verfügbar ist, unmittelbar den Wert
0C zurück.

```
  MODULE Draw;
    FROM Terminal IMPORT BusyRead;
    FROM LineDrawing IMPORT
      width,height,Px,Py,dot,line,area,clear;
```

```
CONST L = 512; (*Quadratgröße*)
      ESC = 33C; DEL = 177C;

VAR i,color,x0,y0,x1,y1: INTEGER;
    minx,maxx,miny,maxy: INTEGER;
    ch: CHAR;

PROCEDURE SetScreen;
BEGIN area(1,0,0,width,height);
    Px := minx; Py := miny; area(0,Px,Py,L,L);
    line(0,L); line(2,L); line(4,L); line(6,L)
END SetScreen;

BEGIN
    minx := (width − L) DIV 2; miny := (height − L) DIV 2;
    maxx := minx + L; maxy := miny + L; color := 3;
    SetScreen; FlipCursor; (*schalte Cursor ein*)
    REPEAT TrackMouse;
        IF 14 IN keys THEN
            ShowMenu("white|grey0|grey1|black",i);
            IF i # 0 THEN color := i − 1 END
        ELSIF (15 IN keys) & (minx <= Mx) & (Mx < maxx)
            & (miny <= My) & (My < maxy) THEN
            x1 := (Mx − minx) DIV 8; y1 := (My − miny) DIV 8;
        IF (x1 # x0) OR (y1 # y0) THEN
            FlipCursor; (*aus*)
            area(color,minx + x1 * 8, miny + y1 * 8, 8,8);
            x0 := x1; y0 := y1;
            FlipCursor; (*an*)
        END
        END
        BusyRead(ch);
        IF ch = DEL THEN
            FlipCursor; SetScreen; FlipCursor
        END
    UNTIL ch = ESC;
    clear
END Draw.
```

Wenden wir uns nun einem Modul zu, der *mehrere* Ausgabefelder auf einem einzigen Bildschirm simuliert. Jedem Ausgabefeld entspricht ein Rechteck. Darin sind Ausgabeoperationen für Grafik und Text so verfügbar, als ob das Rechteck den ganzen Bildschirm darstellen würde. Man nennt solch eine rechteckige Fläche ein *Fenster*, durch das man ausgewählte Teile eines eine rechteckige Fläche ein *Fenster*, durch das man ausgewählte Teile eines Dokuments betrachten kann. Die Technik wurde bereits in dem Postfix-Konversions-Programm im Kapitel über Rekursion angewendet.

Mit Hilfe des Moduls *WindowHandler* können Fenster bei Bedarf geöffnet (erzeugt) und wieder geschlossen werden. Jedes Fenster wird als eine rechteckige Fläche mit einem Titel dargestellt, der beim Öffnen des Fensters ausgegeben wird. Fenster können, ähnlich wie Papierstücke auf einem Tisch, verschoben werden; man kann ihre Größe ändern, und sie lassen sich – wiederum wie Papierstücke – übereinander stapeln. Fenster sind also ein wirkungsvolles Werkzeug, um mehrere Dokumente gleichzeitig betrachten bzw. an ihnen arbeiten zu können. Sie erhöhen den Wert eines Bildschirms beträchtlich. Ihr Nutzen wird noch gesteigert, wenn das Fensterprogramm die Auswahl verschiedener Zeichengrößen und Schriftstile erlaubt. Großbuchstaben wird man für häufig benutzte Fenster verwenden, Kleinbuchstaben für weniger wichtige Dokumente, oder wenn ein umfangreiches Textstück geschlossen sichtbar sein muß.

Ein gutes Beispiel für die Verwendung mehrerer Fenster ist ein Debugger-Programm. In der weiter unten gezeigten Abbildung werden mehrere Fenster verwendet. Sie dienen zur Darstellung des Programmtextes, der Werte von Variablen, von Speicherauszügen, der Verkettung aktivierter Zeiger und der Liste geladener Module. Außerdem werden sie für den Dialog zwischen Rechner und Programmierer verwendet.

Die Ausgabe auf einem Bildschirm bietet weitaus mehr Möglichkeiten als sequentielle Ausgabe. Es ist daher klug, das System zur Behandlung von Fenstern in mehrere Module aufzuspalten. Dies erlaubt es dem Benutzer – innerhalb gewisser Grenzen –, die gerade benötigten Hilfsmittel auszuwählen (und die übrigen wegzulassen). Ein Basismodul z.B. wird nur das enthalten, was in allen Anwendungen benötigt wird, wie Erzeugen, Entfernen und Überlagern von Fenstern, und er wird dafür sorgen, daß die Fenster-Begrenzungen an den richtigen Stellen gezeichnet werden. Unabhängig davon können andere Module die Werkzeuge liefern, um Texte zu schreiben, Linien zu ziehen oder Flächen mit Mustern auszufüllen. Im Anhang wird eine solche Vorgehensweise am Beispiel der Module *Windows* und *TextWindows* demonstriert. Der Basismodul bietet Prozeduren zum Eröffnen und Schließen neuer Fenster an. Mit der Prozedur *RedefineWindow* können Größe und Position von Fenstern geändert werden. Mit Hilfe anderer Prozeduren lassen sich Fenster – in der dritten Dimension – oben oder unten auf andere Fenster drauflegen. Diese Technik erlaubt es, mehr Fenster darzustellen als eigentlich auf den Bildschirm passen.

In Analogie zum Basismodul Terminal kann man mit Hilfe des Moduls *TextWindows* sequentiellen Text schreiben. Zusätzlich kann man die Schreibposition festlegen (SetPos) bzw. auslesen (GetPos), einen Platzhalter an eine bestimmte Position setzen und die Hell-Dunkel-Darstellung der gerade beschriebenen Fläche invertierten (Invert Video). Außerdem läßt sich eine Aktion festlegen, die ausgeführt wird, sobald das Ende des Fensters erreicht ist (*AssignEOWAction*). Die Aktion ist durch eine Prozedur spezifiert und wird als ein Parameter übergeben. Nebenbei bemerkt, ist dies ein gutes Beispiel für den Nutzen des Konzeptes formaler Prozeduren. Noch deutlicher wird dies, wenn ein Fenster bewegt oder in seiner Größe geändert wird. Der "WindowHandler" ruft dann die zuvor *AssignRestorProc* als Parameter übergebene Prozedur. Diese Technik erlaubt es dem Handler, die aktuellen Fensterinhalte zu ignorieren; die Verantwortung, sie wieder neu zu zeichnen, liegt beim Benutzer. Der Handler legt lediglich den Zeitpunkt fest, wann ein Neu-Zeichnen erforderlich ist.

Wie schon in Verbindung mit dem einfachen Modul Mouse gezeigt, erwächst aus dem Vorhandensein eines hochauflösenden Sichtgerätes der Wunsch nach Eingabe von Daten über ein zeigendes Gerät (Lokalisierer), dessen Position durch einen Cursor angezeigt wird. Das Vorhandensein eines Cursors verlangt eine vernünftige Integration von WindowHandler und MouseHandler. Der Modul *CursorMouse* implementiert die Kopplung der beiden und ist im Anhang 2 aufgelistet.

Das Paket wird schließlich durch einen Modul *Menu* abgerundet, der – wieder mit der Mauseingabe gekoppelt – eine *Pop-up*-Menü-Technik anbietet.

Zum Abschluß wollen wir noch versuchen, einige nützliche Richtlinien für den Entwurf interaktiver Programme zu formulieren, d.h. von Programmen, die einen Dialog mit dem Benutzer führen. Der Dialog basiert sowohl auf Eingaben von der Tastatur und einem Gerät, mit dem man auf etwas zeigen kann (Maus) als auch auf Ausgaben auf einem Bildschirm, mit oder ohne Fenster.

1. Stelle jedem Verlangen nach Eingabe eines Textes einen String voran, der Auskunft über den Zweck der Anwort gibt.
2. Erlaube Korrekturen durch Eingabe des Löschzeichens DEL, und verlange, daß Beendigung der Eingabe durch ein besonderes Zeichen wie RETURN oder Leerzeichen erfolgen muß.
3. Reserviere ein Sonderzeichen (gewöhnlich ESC) für die Beendigung des Programms.
4. Falls ein zeigendes Gerät (Lokalisierer) benutzt wird, reserviere die Tastatur für Texteingaben (gewöhnlich Parameter von Kommandos). Akzeptiere Kommandos hauptsächlich vom zeigenden Gerät unter Verwendung der Menütechnik.
5. Halte Menüs kurz; überschreite eine Länge von 8 Kommandos nicht. Bedenke, daß das dargestellte Menü von der augenblicklichen Cursorposition abhängen kann, d.h. daß es sich direkt auf das gezeigte Objekt oder die Umgebung beziehen kann.

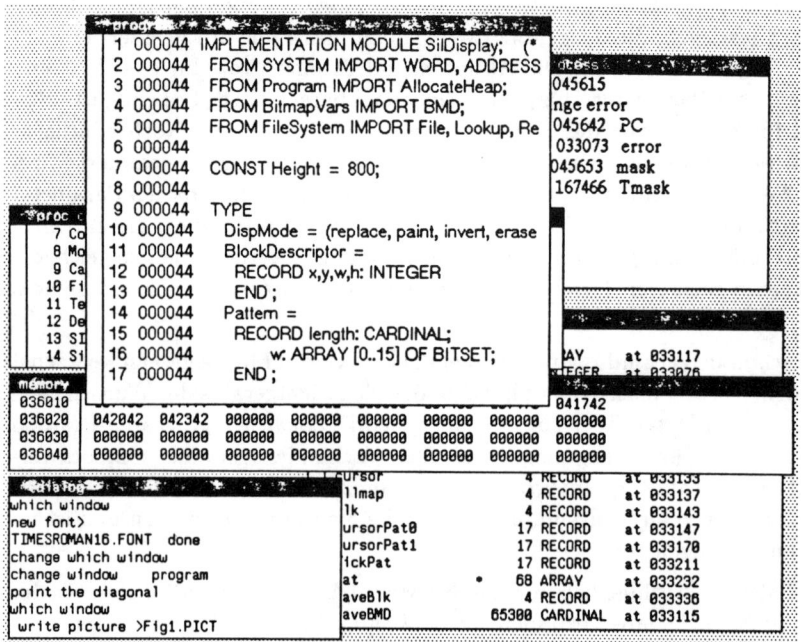

```
prog
 1 000044  IMPLEMENTATION MODULE SilDisplay;  (*
 2 000044  FROM SYSTEM IMPORT WORD, ADDRESS          dress
 3 000044  FROM Program IMPORT AllocateHeap;         045615
 4 000044  FROM BitmapVars IMPORT BMD;               nge error
 5 000044  FROM FileSystem IMPORT File, Lookup, Re   045642  PC
 6 000044                                            033073  error
 7 000044  CONST Height = 800;                       045653  mask
 8 000044                                            167466  Tmask
 9 000044  TYPE
10 000044     DispMode = (replace, paint, invert, erase
11 000044     BlockDescriptor =
12 000044        RECORD x,y,w,h: INTEGER
13 000044        END ;
14 000044     Pattern =
15 000044        RECORD length: CARDINAL;
16 000044           w: ARRAY [0..15] OF BITSET;       AY    at 033117
17 000044        END ;                               EGER  at 033076
```

```
proc
 7 Co
 8 Mo
 9 Ca
10 F1
11 Te
12 De
13 S1
14 S1
```

```
memory
036010                                                                          041742
036020  042042  042342  000000  000000  000000  000000  000000  000000
036030  000000  000000  000000  000000  000000  000000  000000  000000
036040  000000  000000  000000  000000  000000  000000  000000  000000
```

```
dialog
which window            ursor         4 RECORD    at 033133
new font>               llmap         4 RECORD    at 033137
TIMESROMAN16.FONT done  lk            4 RECORD    at 033143
change which window     ursorPat0    17 RECORD    at 033170
change window   program ursorPat1    17 RECORD    at 033170
point the diagonal      ickPat       17 RECORD    at 033211
which window            at        •  68 ARRAY     at 033232
write picture >Fig1.PICT aveBlk        4 RECORD    at 033336
                        aveBMD    65300 CARDINAL   at 033115
```

29. Maschinennahe (niedere) Sprachelemente

Höhere Programmiersprachen ermutigen den Programmierer, seine Programme in einer strukturierten Weise zu planen. Sie zwingen ihn sogar dazu. Strukturierte Anweisungen sorgen für eine hohes Maß an Ordnung und Klarheit im Programmtext. Strukturierte Datendeklarationen erlauben, die Daten eines Programms auf einer hohen Abstraktionsebene zu organisieren. Sie ermöglichen es, eine dem Problem angemessene Organisationsform zu wählen. Der Hauptvorteil ist zusätzliche Sicherheit gegen Fehler, da Struktur Redundanz erzeugt. Sie kann (und muß) von Implementierungen – insbesondere Compilern – dazu benutzt werden, Inkonsistenzen innerhalb von Programmen, also Verletzungen der Sprachregeln, zu entdecken. Das Konzept der Datentypen ist in dieser Hinsicht besonders leistungsfähig. Es stellt daher auch ein Hauptmerkmal höherer Programmiersprachen dar.

Wir sehen jedoch ein, daß es Anwendungen gibt, bei denen die Sprachregeln – wie sie in den vorangehenden Kapiteln dargestellt wurden – zu einschränkend sind. Typisch sind Anwendungen, bei denen Daten einer vorgegebenen Struktur unter dem Blickwinkel einer anderen Struktur betrachtet werden müßen, d.h. Fälle, in denen die Datenrepräsentation nicht a priori durch eine höhersprachliche Deklaration festgelegt ist. Dazu gehört auch, daß Datenstrukturen gewissen, vom verwendeteten Rechnersystem auferlegten Bedingungen genügen müssen, kurzum, daß maschinenabhängige Spezifikationen zu berücksichtigen sind. Daten, die von einem nicht in Modula geschriebenen Programm erzeugt wurden bzw. von einem Modula-Programm, das auf einem anderen Rechner läuft, haben meistens eine rechnerabhängige Struktur.

Ein anderer Fall liegt vor, wenn Rechner für bestimmte Aufgaben spezielle Speicherplätze reservieren. Sollen diese Plätze innerhalb von Programmen zugreifbar sein, dann müssen wir ihre Positionen im Speicher auch angeben können.

Modula-2 wurde als Allzwecksprache entworfen, in der sich auch Probleme der gerade erwähnten Art ausdrücken lassen sollten. Sie muß daher entsprechende Möglichkeiten zur Verfügung stellen. Man nennt sie *niedere* oder *maschinennahe* Spracheigenschaften, da sie auf einer niederen Abstraktionsebene dicht an der verwendeten Maschine angesiedelt sind. Die nachfolgende Beschreibung dieser Sprachelemente muß notwendigerweise unvollständig bleiben. Wir können nur allgemeine Merkmale angeben; Einzelheiten müssen für einzelne Implementierungen gesondert beschrieben werden.

Das Hauptmerkmal niederer Sprachelemente ist, keine Redundanz zu besitzen. Sie können **nicht** auf Inkonsistenzen mit den Sprachregeln geprüft werden. Ein Programmierer, der solche Möglichkeiten benutzt, ist daher weit weniger gegen Fehler geschützt. Es sei ihm deshalb dringend geraten, nur in unumgänglich notwendigen Fällen davon Gebrauch zu machen, d.h. nur dann, wenn die regulären Spracheigenschaften dem Problem nicht gerecht werden.

Am wichtigsten ist die Möglicheit, die Typisierung von Modula aufzubrechen: Typnamen können als Funktionsnamen zur Bezeichnung einer *Typtransfer-Funktion* verwendet werden. Die Funktionen sind so zu verstehen, daß sie den Wert eines Parameters mit vorgegebenem Typ in einen gleichen Wert neuen Typs transferieren, der durch den Namen der Funktion bestimmt ist. Zum Beispiel wird durch die Funktion INTEGER(c) der Wert des Ausdrucks c vom Typ CARDINAL in den entsprechenden Wert des Typs INTEGER abgebildet. Die Funktion BITSET(c) liefert den entsprechenden Wert des Typs BITSET. Diese Abbildungen sind **nicht** in der Sprache Modula definiert. Sie müssen erst mit Hilfe zusätzlicher, systemabhängiger Informationen zur Verfügung gestellt werden. Die entscheidende Idee hinter diesen Typtransfers ist jedoch, daß keinerlei Berechnung stattfindet. In obigen Beispielen wird also INTEGER(c) verwendet, wenn das die Kardinalzahl c darstellende Bitmuster als eine Integerzahl interpretiert werden soll. Gleiches gilt für BITSET(c), wenn c als Bitmenge zu interpretieren ist. Der Programmierer muß deshalb die rechnerinternen Repräsentationen der betroffenen Datentypen kennen. Die Funktionen sollen die beabsichtigte Interpretation anzeigen und die Typprüfung im Compiler abschalten bzw. Fehlermeldungen unterdrücken.

Zu den maschinennahen Sprachelementen gehören auch zwei elementare Datentypen, die wir im folgenden genauer diskutieren werden. Sie heißen WORD und ADDRESS. Jeder Speicher eines Rechners besteht aus einer Folge sog. *Worte*, die einzeln adressierbar sind und die aus einer festen Anzahl von Bits bestehen. Die in Modula deklarierten Daten werden vom Compiler auf ein oder mehrere Worte abgebildet. Modula läßt keine Anwendung von Operatoren auf Daten des Typs WORD zu (außer der Zuweisung), da sich so ein Wert nicht sinnvoll interpretieren lassen würde. Zusammen mit den oben erwähnten Typtransfer-Funktionen sind jedoch auch Operatoren auf Worte anwendbar, da der Funktionsname dann die beabsichtigte Interpretation anzeigt. Offensichtlich macht die Verwendung des Typs WORD ein Programm in hohem Maße implementierungsabhängig, da auf einigen Rechnern Worte vielleicht nur aus 8 Bits, auf anderen dagegen aus wesentlich mehr Bits bestehen können. Die Verwendung des Typs WORD macht ein Programm daher automatisch nicht portabel.

Hat ein formaler Prozedurparameter den Typ WORD, so kann der entsprechende aktuelle Parameter jedem Typ angehören, sofern er Variablen dieses

Typs ein einziges Wort zuweist. Beim Aufruf muß kein expliziter Typtransfer angegeben werden. Die Prozeduren ReadWord und WriteWord des bereits früher eingeführten Modul Streams z.B. spezifizieren einen Parameter des Typs WORD. Die beiden Prozeduren lesen und schreiben Wortsequenzen und erlauben im rufenden Programm eine Interpretation, die den aktuell festgelegten Parametertypen entspricht. Die Typen können in verschiedenen Aufrufen unterschiedlich sein. Damit wird es möglich, auch Files zu lesen, deren Daten nicht nach den in Modula vorgesehenen Strukturierungsregeln formatiert sind. Man betrachte etwa folgende einfache Aufgabe, ein File zu lesen, dessen erstes Wort die Filelänge angibt, gefolgt von Wortpaaren, deren erstes Element eine Zahl und deren zweites Element eine Bitmenge ist. Unter der Voraussetzung, daß Kardinal- und Bitset-Werte ein einziges Wort belegen, läßt sich diese Aufgabe wie folgt formulieren:

```
ReadWord(in,length); length := length − 1;
WHILE length > 1 DO
    ReadWord(in,num); ReadWord(in,set);
    process(num,set); length := length − 2
END
```

Die Regel, daß ein formaler Parameter des Typs WORD mit jedem anderen Typ eines aktuellen Parameters kompatibel ist (solange dieser ein einziges Speicherwort belegt), wird nun auf den Fall des offenen Arrays mit Elementtyp WORD erweitert. Wenn insbesondere ein formaler Parameter als ARRAY OF WORD spezifiziert wird, so kann jede Variable, strukturiert oder unstrukturiert, als aktueller Parameter substituiert werden. Die Anwendung dieser Möglichkeit erfordert eine genaue Kenntnis, wie der Compiler Datenstrukturen auf Sequenzen von Worten abbildet. Die Anzahl der für eine Variable v angelegten Worte beträgt SIZE(v) und ist TSIZE(T) für alle Variable des Typs T. Während SIZE zu den Standardprozeduren von Modula gehört, muß TSIZE aus dem Standardmodul SYSTEM importiert werden.

Die Werte des Typs ADDRESS bezeichnen Adressen von Worten. Der Typ ist definiert als

TYPE ADDRESS = POINTER TO WORD

Das von einer Adresse a adressierte Wort wird nun mit a↑ bezeichnet, wobei ↑ der übliche – in Verbindung mit Zeigern verwendete – Dereferenzier-Operator ist. Werte des Typs ADDRESS werden als zuweisungs-kompatibel mit allen anderen Zeigertypen angesehen. Diese Regel ist besonders in Verbindung mit Parametern wertvoll: Hat ein formaler Parameter den Typ ADDRESS, so kann sein zugehöriger aktueller Parameter jeder Zeigertyp sein. Als unmittelbare Folge dieser Regel ergibt sich wiederum, daß bei

Verwendung des Typs ADDRESS jede durch die Typprüfung gewährte Sicherheit wegfällt.

Weiterhin können auf Operanden des Typs ADDRESS arithmetische Operationen ausgeführt werden. Je nach Implementierung von Modula ist der Typ ADDRESS mit einem anderen arithmetischen Typ kompatibel, z.B. CARDINAL, INTEGER, LONGINT oder LONGCARD. Unter anderem erlaubt dies, Speicherverwaltungsprogramme zu schreiben. Nehmen wir an, daß eine Folge von Worten aus einem File zu lesen und im Speicher auf die Adressen org, org + 1, ... zu laden ist. Das erste Wort soll wiederum die Länge der Folge angeben. Die Funktion ADR(x) liefert die Adresse der Variablen x, wobei x jeden Typ annehmen kann.

```
ReadWord(in,length);
length := length − 1; a := ADR(buffer);
WHILE length > 0 DO
   ReadWord(in,a↑); a := a + 1; length := length − 1
END
```

Die Typen WORD und ADDRESS müssen ebenfalls vom Modul SYSTEM importiert werden. Die Forderung garantiert, daß Programme, die von maschinennahen Typen Gebrauch machen, bereits im Modulkopf deutlich gekennzeichnet sind. Der Modul SYSTEM enthält Datentypen und dazugehörige Prozeduren. Es gelten für sie Ausnahmeregeln, die der Compiler kennen muß. SYSTEM ist mit dem Compiler innig verbunden und wird nicht als ein separater Modul zur Verfügung gestellt. Man nennt ihn einen Pseudo-Modul. Er kann als durch folgenden Definitionsmodul definiert angesehen werden:

```
DEFINITION MODULE SYSTEM;
   TYPE WORD; ADDRESS;

   PROCEDURE ADR(x: JederTyp): ADDRESS; (* Adresse von x *)
   PROCEDURE TSIZE(JederType): CARDINAL; (* Anzahl von Worten *)

   PROCEDURE NEWPROCESS(P: PROC; A: ADDRESS;
         n: CARDINAL; VAR q: ADDRESS);
   PROCEDURE TRANSFER(VAR from,to: ADDRESS);
   ...
END SYSTEM.
```

Die Punkte deuten an, daß der Modul erweiterbar ist, falls einzelne Implementierungen dies erfordern sollten.

Implementierungen von Modula können eine Möglichkeit zur Festlegung fester Adressen von Variablen enthalten, müssen dies aber nicht. Diese

Adresse wird unmittelbar auf den Variablennamen in der Deklaration angegeben. Beispiele folgen in dem nächsten Kapitel.

30. Nebenläufige Prozesse und Coroutinen

In diesem Kapitel führen wir Konzepte der Multiprogrammierung ein, d.h. des Programmierens mehrerer, parallel bzw. nebenläufig ablaufender Berechnungen. Die Möglichkeiten sind bewußt auf die Formulierung sog. *lose gekoppelter* Prozesse beschränkt. Wir schließen den Bereich eng gekoppelter Arrays von Prozessen aus, da wir diesen Anwendungsbereich für ziemlich begrenzt und spezialisiert halten. Wir beschränken die Diskussion stattdessen auf Programme zur Beschreibung mehrerer Prozesse, die relativ selten miteinander kommunizieren, und die man aus diesem Grund lose gekoppelt nennt. Selten soll bedeuten, daß die Wechselwirkung nur an einigen wenigen, wohldefinierten und explizit festgelegten Programmstellen stattfindet. Unter einem Prozeß verstehen wir eine sequentielle Folge von Aktionen. Die Programmierung, wie wir sie bisher kennengelernt haben, kann als ein Spezialfall mit nur einem einzigen Prozeß angesehen werden. Umgekehrt können wir für die Multiprogrammierung alle bisher eingeführten Techniken übernehmen. Wir müssen lediglich einige neue Möglichkeiten zur Bezeichnung nebenläufiger Prozesse und zur Beschreibung ihrer Wechselwirkung zufügen. Wir folgen in dieser Hinsicht der Tradition früherer Sprachen für Multiprogrammierung wie *Modula-1* und Brinch Hansen's *Concurrent Pascal*.

Generell unterscheidet man folgende Arten von Systemen für Multiprogrammierung:

1. Der Rechner besteht aus *mehreren identischen* Prozessoren. Die programmierten Prozesse werden *echt nebenläufig* (gleichzeitig) ausgeführt.
2. Der Rechner besteht aus nur einem *einzigen* Prozessor, der zu jedem Zeitpunkt an genau einem Prozess aktiv ist. Der Prozessor wird zwischen den Prozessen hin- und hergeschaltet, d.h. er erhält zeitlich nacheinander die Kontrolle über die einzelnen Prozesse (Zeitmultiplex-Verfahren). (Ein allgemeinerer Fall ist ein System mit m Prozessoren und n Prozessen, wobei m gewöhnlich wesentlich kleiner als n ist). Man nennt diese Prozesse *quasi-gleichzeitig*.
3. *Mehrere* Prozessoren *unterschiedlicher* Fähigkeiten führen mehrere Prozesse aus. Manche Prozesse sind so geartet, daß einige ihrer Teile nur auf einem speziellen Prozessor ausgeführt werden können. Typische Beispiele solcher spezialisierter Prozessoren sind Eingabe / Ausgabe-Geräte.

Unser Ziel besteht darin, ein Konzept und eine Notation zu finden, die uns die gemeinsamen Aspekte aller drei Systemarten in gleichen Begriffen und auf einem hohen Abstraktionsniveau ausdrücken läßt. Bis zu einem gewissen

Grad können wir die Unterschiede zwischen Systemen der Klasse 1 und 2 als eine Implementierungssache ansehen. Genauer, wenn wir die logischen Prozesse und ihre Aktionen so formulieren, daß sie echt gleichzeitig ausführbar sind, dann kann genausogut auch ein Einprozessorsystem verwendet werden, das die Prozesse quasi-gleichzeitig ausführt. Der Fall 3 erfordert eine spezielle Behandlung, da das Vorhandensein von Prozessoren unterschiedlicher Qualität nicht als bloßes Implementierungsdetail abgetan werden kann.

Im vorliegenden Kapitel diskutieren wir die Formulierung und Interaktion von Prozessen in den Begriffen von Modula-2. Wir zeigen weiter eine Implementierung, die auf Einprozessor-Rechnern und dem Konzept der Coroutinen basiert, d.h. wir präsentieren ein quasi-gleichzeitiges System. Die Programmierung spezialisierter Geräte (für Ein- und Ausgabe) und ihre echt gleichzeitige Arbeitsweise verschieben wir auf das nächste Kapitel.

Zur Benutzung nebenläufiger Prozesse führen wir den Modul *Processes* ein. Er hat den Vorzug, die für Multiprogrammierung notwendigen Hilfsmittel auf einem hohen Abstraktionsniveau anzubieten, ohne daß zusätzliche Sprachkonstruktionen benötigt werden. Der Modul bietet alle Möglichkeiten von Modula-1 und die meisten von Concurrent Pascal.

```
DEFINITION MODULE Processes;
   TYPE SIGNAL;

   PROCEDURE StartProcess(P: PROC; n: CARDINAL);
      (* startet einen nebenläufigen Prozeß mit Programm P
         und einem Arbeitsspeicher der Größe n. PROC ist
         ein Standardtyp, definiert durch PROC = PROCEDURE *)

   PROCEDURE SEND(VAR s: SIGNAL);
      (* startet einen auf s wartenden Prozeß wieder *)

   PROCEDURE WAIT(VAR s: SIGNAL);
      (* wartet auf einen anderen Prozeß, der s sendet *)

   PROCEDURE Awaited(s: SIGNAL): BOOLEAN;
      (* Awaited(s) = "mindestens ein Prozeß wartet auf s" *)

   PROCEDURE Init(VAR s: SIGNAL);
      (* zwingende Initialisierung *)
END Processes.
```

Der Aufruf von StartProcess(P,n) startet die Ausführung des durch die Prozedur P bezeichneten Prozesses. Ob dieser Prozeß echt- oder quasigleichzeitig ausgeführt wird, hängt von der Implementierung der benutzten Prozesse ab. Jeder Prozeß benötigt für seine lokalen Variablen einen Arbeitsbereich im Speicher. Die Größe des Arbeitsspeichers beträgt n Worte. Sie wird in Abhängigkeit von der Anzahl lokaler Variabler und lokaler Aufrufe innerhalb des Prozesses festgelegt. (Eine typische Minimalgröße des Arbeitsspeichers beträgt 100 Worte.)

Die Kommunikation zwischen Prozessen findet auf zwei unterschiedlichen Wegen statt, nämlich über sog. *gemeinsame Variable* und über *Signale*. Gemeinsame Variable transferieren Informationen zwischen den Prozessen. Dabei taucht die Frage nach einer harmonischen Zusammenarbeit der Prozesse auf. Kein Prozeß sollte gemeinsame Variable manipulieren, während ein anderer gerade eine kritische Aktion mit ihnen durchführt. Eine vernünftige Lösung des Probelms besteht darin, gemeinsame Variable in einem Modul zu verkapseln und so einen gegenseitigen Ausschluß von Prozessen (mutual exclusion) zu garantieren. Einen solchen Modul nennt man *Monitor*; er wird weiter unten besprochen. Signale werden als ein Datentyp vom Modul Processes exportiert. Sie tragen selbst keine Daten, sondern dienen nur der Synchronisation von Prozessen. Auf Signale sind (außer einer notwendigen Initialisierung) nur zwei Operationen anwendbar: ein Prozeß kann ein Signal aussenden, und er kann auf ein Signal warten, das ein anderer Prozeß aussendet. Jedes Signal bezeichnet eine Bedingung oder einen bestimmten Zustand der Programmvariablen. Das Aussenden des Signals setzt das Eintreten dieser Bedingung voraus. Wir empfehlen dringend, bei Deklaration eines Signals die ihr zugeordnete Bedingung als Kommentar mitanzugeben. Ein auf das Signal wartender Prozeß kann – wann immer er losläuft – davon ausgehen, daß diese Bedingung erfüllt ist. Das Aussenden eines Signals reaktiviert höchstens einen Prozeß. (Sonst könnte einer der aufgewachten Prozesse diese Bedingung schnell umstoßen, worauf der andere Prozeß unter falschen Voraussetzungen loslaufen würde). Das Aussenden eines Signals, auf das kein Prozeß wartet, wird als Null-Operation angesehen.

Der Programmierer sollte bedenken – ohne sich um Implementierungsdetails zu kümmern –, daß auf quasi-gleichzeitigen Systemen die Aufrufe von SEND und WAIT (möglicherweise) das Umschalten des Prozessors vom rufenden Prozeß zu einem anderen (wartenden) Prozeß nach sich ziehen. Dies sind die einzigen Gelegenheiten, bei denen solche Umschaltungen vorkommen können. Das Warten auf das Eintreffen gewisser Bedingungen darf daher niemals in Form leerer Schleifen programmiert werden (busy waiting), sondern es muß durch expliziten Aufruf von WAIT geschehen.

Eine weitere wichtige Programmierregel besagt, daß gemeinsame Variable innerhalb eines Monitors deklariert und versteckt werden sollten. Ein Monitor ist ein Modul, der den gegenseitigen Ausschluß von Prozessen garantiert und dadurch die Unversehrtheit seiner lokalen Daten sicherstellt. Diese Daten sind verborgen. Der Zugriff zu ihnen ist auf Anweisungen in (exportierten) Prozeduren des Monitors beschränkt. Der Monitor sorgt dafür, daß ein rufender Prozeß zeitweilig verzögert wird, während ein anderer Prozeß gerade eine der Prozeduren des Monitors ausführt. Hierdurch wird gegenseitiger

Ausschluß vom Datenzugriff automatisch erreicht. Aus einem Modul macht man durch Angabe einer Priorität im Kopf des Moduls einen Monitor. Die Priorität ist eine Kardinalzahl; es genügt hier zu wissen, daß die Angabe irgendeiner Zahl aus dem Modul einen Monitor macht.

Folgendes Beispiel soll die bisher gegebenen Regeln demonstrieren. Es enthält ein klassisches Problem der Multiprogrammierung, nämlich den Austausch von Daten zwischen verschiedenen Prozessen. Typischerweise ist daran ein *Puffer* beteiligt; je größer der Puffer, desto loser sind die Prozesse gekoppelt. Wir nehmen an, daß Prozesse Datenelemente in den Puffer ablegen bzw. daraus holen können. Die wesentliche gemeinsame Variable ist der Puffer. Sie ist zusammen mit den Operation deposit (ablegen) und fetch (holen) im Monitor verkapselt. Da wir die Besonderheiten der betroffenen Prozesse nicht kennen – nicht kennen müssen und dies auch nicht wollen –, können wir uns sofort auf das Kernproblem der Multiprogrammierung konzentrieren, nämlich den Monitor, der für die Zusammenarbeit der Prozesse sorgt. Die Prozesse selbst sind typischerweise zyklisch und enthalten Aufrufe von fetch und deposit. Diese Aufrufe verkörpern die Interaktion. Enthält ein Prozeß Aufrufe von deposit, so ist er ein *Produzent*. Prozesse mit Aufrufen von fetch nennt man *Konsumenten*.

Der Puffer ist hier als Array-Variable deklariert und wird ringförmig benutzt. Zwei Bedingungen können eintreten und den Übergang in einen Wartezustand veranlassen: ein Produzent, der deposit aufruft, findet den Puffer voll vor, oder ein Konsument, der fetch aufruft, findet ihn leer vor. Diese beiden Bedingungen veranlassen uns zur Deklaration zweier Signale, *nonempty* und *nonfull* genannt; sie sollen wartende Prozesse wieder reaktivieren. Der Monitor "Buffer" ist hier als ein lokaler Modul programmiert; n ist die Anzahl der im Puffer abgelegten Datenelemente.

```
MODULE Buffer[1];
  EXPORT deposit, fetch;
  IMPORT SIGNAL,SEND,WAIT,Init,ElementType;

  CONST N = 128; (* Puffergröße *)
  VAR n: [0 .. N]; (* Anzahl abelegter Elemente *)
    nonfull: SIGNAL; (* n < N *)
    nonempty: SIGNAL; (* n > 0 *)
    in,out: [0 .. N − 1]; (* Indizes *)
    buf: ARRAY [0 .. N − 1] OF ElementType;

  PROCEDURE deposit(x: ElementType);
  BEGIN
    IF n = N THEN WAIT(nonfull) END;
    (* n < N *) n := n + 1; (* 0 < n <= N *)
    buf[in] := x; in := (in + 1) MOD N;
```

```
    SEND(nonempty)
END deposit;

PROCEDURE fetch(VAR x: ElementType);
BEGIN
   IF n = 0 THEN WAIT(nonempty) END;
   (* n > 0 *) n := n - 1; (* 0 <= n < N *)
   x := buf[out]; out := (out + 1) MOD N;
   SEND(nonfull)
END fetch;

BEGIN n := 0; in := 0; out := 0;
   Init(nonfull); Init(nonempty)
END Buffer.
```

Die dargestellte Version des Puffer-Algorithmus besitzt die unangenehme
Eigenschaft, bei jedem Ablegen oder Holen eines Elementes ein Signal aus-
zusenden. Eigentlich muß ein Synchronisierungssignal jedoch nur dann aus-
gesendet werden, wenn einer der Partner wartet. Es ist ein guter Grundsatz,
den Austausch der Signale zu minimieren und dadurch den Kopplungsgrad
zwischen den Prozessen zu reduzieren. Eine Verbesserung in dieser Hinsicht
wird durch die Version von Dijkstra's "schlafendem Barbier" erzielt. Sie
erweitert den Wertebereich der Variablen n. Solange kein Prozeß den Monitor
betreten hat, gilt:

$n < 0$:   Puffer ist leer und $- n$ Konsumenten warten
$0 <= n <= N$:   n Pufferplätze sind gefüllt, kein Prozeß wartet
$N < n$:   Puffer ist voll und $n - N$ Produzenten warten

Die beiden Prozeduren lauten nun so:

```
PROCEDURE deposit(x: ElementType);
BEGIN n := n + 1;
   IF n > N THEN WAIT(nonfull) END;
   (* n <= N *)
   buf[in] := x; in := (in + 1) MOD N;
   IF n <= 0 THEN SEND(nonempty) END
END deposit;

PROCEDURE fetch(VAR x: ElementType);
BEGIN n := n - 1;
   IF n < 0 THEN WAIT(nonempty) END;
   (* n >= 0 *)
   x := buf[out]; out := (out + 1) MOD N;
   IF n >= N THEN SEND(nonfull) END
END fetch;
```

Wenden wir unsere Aufmerksamkeit jetzt der Implementierung des Moduls Processes zu und zeigen eine mögliche Lösung. Wir betonen, dies ist nur eine von vielen Möglichkeiten, entworfen hier für einen Einprozessor-Rechner. Die Zeit des Prozessor wird so aufgeteilt, daß jeder Prozeß bedient wird (time sharing). Die Lösung beruht auf dem Konzept der *Coroutine*. Eine Coroutine ist ein sequentielles Programm, im wesentlichen wie einer der oben diskutierten Prozesse. Die konzeptionellen Unterschiede zwischen Prozeß und Coroutine lassen sich wie folgt zusammenfassen.

1. Coroutinen werden bekanntlich quasi-gleichzeitig ausgeführt. Durch ihre Benutzung vermeidet man das schwierigere Problem der Interaktion echt gleichzeitiger Prozesse.
2. Der Prozessor wird von einer Coroutine zur anderen durch eine explizite *Transferanweisung* umgeschaltet. Die Ausführung der Ziel-Coroutine wird an der Stelle wieder aufgenommen, an der sie sich selbst zuletzt durch eine Transferanweisung unterbrochen hatte.

Offensichtlich kann auf einem Einprozessor-Rechner ein Prozeß als eine Coroutine implementiert werden. Sie erweist sich damit als ein maschinennahes Sprachelement. Ihre Nähe zum Rechner ist aus der Transferanweisung ersichtlich. Ihr entspricht nämlich die Übergabe der Kontrolle durch einen Sprung. Ein solcher Coroutinensprung muß den aktuellen Zustand der gerade aktiven Coroutine in der Weise speichern, – man sagt, sie wird *suspendiert* –, daß sie ordnungsgemäß weitergeführt werden kann, sobald eine andere Coroutine der suspendierten die Kontrolle wieder zurückgibt. Bei jedem Transfer muß die Ziel-Coroutine explizit genannt werden. Dies ist anders als bei den WAIT- und SEND-Anweisungen zur Synchronisation von Prozessen.

Coroutinen werden in Modula als maschinennah angesehen. Ihr zugeordneter Typ und ihre Operatoren müssen aus dem Modul SYSTEM importiert werden (vgl. das Kapitel über maschinennahe Sprachelemente) oder aus einem anderen maschinennahen Modul. Insbesondere gibt es den Typ ADDRESS und die Prozedur TRANSFER.

Der Kopf der Transfer-Prozedur ist

    PROCEDURE TRANSFER(VAR source,destination: ADDRESS);

Der Aufruf bewirkt, daß source suspendiert wird – um später mit der auf TRANSFER folgenden Anweisung wieder aufgenommen zu werden – und daß destination an der zuvor unterbrochenen Stelle weitergeführt wird. Durch Aufruf der Prozedur NEWPROCESS wird eine neue Coroutine erzeugt.

    PROCEDURE NEWPROCESS(P: PROC; A: ADDRESS;
            n: CARDINAL; VAR new: ADDRESS);

P bezeichnet hier eine parameterlose Prozedur. Sie repräsentiert das zur neu erzeugten Coroutine gehörende Programm. A ist die Startadresse eines Arbeitsbereichs, den man benötigt, um lokale Variable der Coroutine anzulegen und den Zustand der suspendierten Coroutine zu speichern; n bezeichnet die Größe des Arbeitsbereichs in Einheiten des Speichers. Der Aufruf weist der Variablen new die neu erzeugte Coroutine zu (bzw. eine Referenz darauf). Ihr Zustand ist so initialisiert, daß die Ausführung mit der Übergabe der Kontrolle am Anfang von P beginnt. Coroutinen werden also durch einen expliziten Transfer gestartet; genauso müssen sie durch einen Transfer wieder beendet werden.

Wir sind jetzt soweit, eine Implementierung des Moduls Processes mit Hilfe von Coroutinen zu präsentieren. Entscheidend ist, daß die Aufrufe von WAIT und SEND in Transfers zu übersetzen sind, bei denen das Ziel des Transfers genannt werden muß. Der Modul Processes muß daher einen Prozeßverwalter enthalten, der die Zeit des Prozessors gerecht auf die einzelnen Prozesse verteilt. Man nennt diesen Prozeßverwalter einen *Scheduler*. Gewöhnlich ist er Teil des Betriebssystems. Deshalb ist es den einzelnen Implementierungen von Modula freigestellt, auf die Einführung von Coroutinen ganz zu verzichten und dem Benutzer stattdessen gleich höhersprachliche Konzepte, ähnlich den im Modul Processes vorgestellten, in die Hand zu geben.

```
IMPLEMENTATION MODULE Processes [1];
   FROM SYSTEM IMPORT ADDRESS,TSIZE,NEWPROCESS,TRANSFER;
   FROM Storage IMPORT Allocate;

   TYPE SIGNAL = POINTER TO ProcessDescriptor;

      ProcessDescriptor =
         RECORD next: SIGNAL; (* Ring *)
            queue: SIGNAL; (* Schlange wartender Prozesse *)
            cor: ADDRESS;
            ready: BOOLEAN;
         END;

   VAR cp: SIGNAL; (* aktueller Prozeß*)

   PROCEDURE StartProcess(P: PROC; n: CARDINAL);
      VAR s0: SIGNAL; wsp: ADDRESS;
      BEGIN s0 := cp; Allocate(wsp,n);
         Allocate(cp,TSIZE(ProcessDescriptor));
         WITH cp↑ DO
            next := s0↑.next; s0↑.next := cp;
            ready := TRUE; queue := NIL
         END;
```

```
    NEWPROCESS(P,wsp,n,cp↑.cor); TRANSFER(s0↑.cor,cp↑.cor)
END StartProcess;

PROCEDURE SEND(VAR s: SIGNAL);
    VAR s0: SIGNAL;
BEGIN
    IF s # NIL THEN
        s0 := cp; cp := s;
        WITH cp↑ DO
            s := queue; ready := TRUE; queue := NIL
        END;
        TRANSFER(s0↑.cor,cp↑.cor)
    END
END SEND;

PROCEDURE WAIT(VAR s: SIGNAL);
    VAR s0,s1: SIGNAL;
BEGIN (* füge cp in die Schlange s ein *)
    IF s = NIL THEN s := cp
    ELSE s0 := s; s1 := s0↑.queue;
        WHILE s1 # NIL DO
            s0 := s1; s1 := s0↑.queue
        END;
        s0↑.queue := cp
    END;
    s0 := cp;
    REPEAT cp := cp↑.next UNTIL cp↑.ready;
    IF cp = s0 THEN (* Verklemmung *) HALT END;
    s0↑.ready := FALSE; TRANSFER(s0↑.cor,cp↑.cor)
END WAIT;

PROCEDURE Awaited(s: SIGNAL): BOOLEAN;
BEGIN RETURN s # NIL
END Awaited;

PROCEDURE Init(VAR s: SIGNAL);
BEGIN s := NIL
END Init;

BEGIN Allocate(cp,TSIZE(ProcessDescriptor));
    WITH cp↑ DO
        next := cp; ready := TRUE; queue := NIL
    END
END Processes.
```

Nach Aufruf von StartProcess(P,n) und Starten eines Prozesses, wird ein Prozeß-Deskriptor und ein Arbeitsspeicher für die zugeordnete Coroutine angelegt. Der Deskriptor wird in eine Ringliste eingetragen, die alle bisher erzeugten Deskriptoren enthält. Die Variable cp bezeichnet den gerade ausgeführten Prozeß (ihren Deskriptor). Jeder einzelne Prozeß kann durch Traversieren der Ringliste erreicht werden. Der Nachfolge-Prozeß wird durch das Feld *next* im Deskriptor bezeichnet.

Der entscheidende Punkt ist, wie die Signale dargestellt werden. Auf der Abstraktionsebene des Benutzers repräsentiert ein Signal eine eintreffende Bedingung. Auf der Implementierungsebene dagegen repräsentiert das Signal eine Menge auf dieses Signal wartender Prozesse. Da wir die Anzahl der Prozesse nicht kennen, ist es eine vernünftige Lösung, sie als verkettete Liste zu organisieren. Eine Signalvariable repräsentiert also den Kopf einer Liste, und jeder Prozeß-Deskriptor enthält ein Feld, das zum nächsten, auf das gleiche Signal wartenden Prozeß führt. Falls kein solcher Prozeß existiert, ist sein Wert natürlich gleich NIL.

Aus dieser Beschreibung wird die Funktion der Prozeduren SEND und WAIT ersichtlich. SEND(s) nimmt das erste Element aus der Liste und übergibt dem zugehörigen Prozeß die Kontrolle vom sendenden Prozeß aus (mit Namen cp). WAIT(s) hängt den rufenden Prozeß (wiederum durch cp identifiziert) an das Ende der Liste s. Das Anhängen an das Listenende garantiert die geforderte Fairneß. Da die Liste eine "zuerst-rein, zuerst-raus"-Schlange (first-in first-out queue) darstellt, wird sichergestellt, daß wartende Prozesse nicht von anderen, auf das gleiche Signal wartenden Prozessen überholt werden können. Im Prinzip könnte jeder nicht wartende Prozeß gestartet werden. Die Fairneß wird einfach dadurch gewährleistet, daß man den Ring vorn bei cp beginnend der Reihe nach abarbeitet; mit dem zusätzlichen Feld ready läßt sich schnell feststellen, ob ein Prozeß zur Wiederaufnahme seiner Tätigkeit bereit ist oder nicht. (Diese Lösung wird einer anderen vorgezogen, bei der wartende Prozesse aus dem Ring entfernt und bei Reaktivierungen wieder eingefügt werden müssen. Die hier gewählte Lösung basiert auf der Annahme, daß die Anzahl der Prozesse nicht zu groß wird.)

Die Prozeßinteraktion sollte generell auf einen Monitor beschränkt sein, d.h. einen Modul, der gegenseitigen Ausschluß garantiert. Da wir jedoch davon ausgingen, diesen Modul auf einem Einprozessor-Rechner zu implementieren, ist eine Interaktion gleichzeitiger Prozesse per Definition unmöglich. Die Spezifikation eines Monitors, d.h. die Angabe einer Priorität im Modulkopf, ist hier also redundant.

31. Geräte-Prozesse, Nebenläufigkeit und Interrupts

Im letzten Kapitel diskutierten wir Systeme mit mehreren Prozessen und die Simulation nebenläufiger Prozesse auf einem einzigen Prozessor durch Verteilen der Prozessorzeiten auf die einzelnen Prozesse (time sharing). Jetzt betrachten wir die umgekehrte Situation, in der sich mehrere Prozessoren die Ausführung eines einzigen Prozesses teilen. Schauen wir uns der Einfacheit halber einen zyklischen Prozeß an, bestehend aus einem produzierenden und einem konsumierenden Teil. Der Prozeß soll so formuliert sein:

```
LOOP produce(x); consume(x) END
```

Nehmen wir an, daß jeder Teil nur von einem speziellen Prozessor ausgeführt werden kann. Wie wir wissen, kann zu einem gegebenen Zeitpunkt nur einer der beiden Prozessoren aktiv sein. Sie müssen synchronisiert werden. Man erreicht dies leicht durch Einführung einer Synchronisationsvariablen s. Sie hat die Bedeutung von, sagen wir "der Verbraucher ist gerade aktiv" (mit Anfangswert FALSE). Jeder der beiden sequentiellen Prozessoren kann nun durch ein eigenes Programm beschrieben werden, das wiederum zyklisch ist.

```
Produzent:
  LOOP wait(NOT s);
    produce(x); s := TRUE
  END

Konsument:
  LOOP wait(s);
    consume(x); s := FALSE
  END
```

Die Operation wait(b) kann man als äquivalent zu der Anweisung

```
REPEAT (* zyklisches Abfragen von b (polling) *) UNTIL b
```

ansehen. Die Variablen x und s sind die Schnittstellen (Interface) zwischen den Prozessoren. Man implementiert sie gewöhnlich als spezielle Hardware-Register, sog. *Device-Register*. Bei manchen Rechnern greift man auf sie mit Hilfe besonderer Kommandos zu, denen in Modula-Implementierungen besondere Prozeduren entsprechen müssen. Auf anderen Rechnern erscheinen sie wie gewöhnliche Speicherplätze, jedoch mit fest zugewiesenen Adressen (sog. *E / A durch Speicherabbildung*).

Als Beispiel betrachten wir die Interaktion zwischen einem Tastatureingabe-Prozeß und einem "regulären" Konsumenten-Prozeß. Beide sind für einen PDP11-Rechner programmiert. Die PDP-11 verwendet speicherabgebildete E / A-Register. Die Variable s für den Zustand der Tastatur z.B. wird durch Bit 7 des Wortes mit der Adresse 777560B dargestellt, die Puffervariable x durch die Bits 0–7 des Worts mit Adresse 777562B. Da ein PDP-11-Rechner (potentiell) viele solcher Interface-Register haben kann, erlaubt die Modula-Implementierung für die PDP-11, die Adresse einer Variablen in der Deklaration mit anzugeben, wie das folgende Beispiel zeigt. Wir empfehlen dem Programmierer *dringendst*, diese Möglichkeit ausschließlich für Variable derartiger Device-Register zu verwenden und sie nicht für andere Zwecke zu mißbrauchen. Die diesbezüglichen Register werden mit folgenden Deklarationen eingeführt:

```
VAR s[777560B]: BITSET;
    x[777562B]: CHAR
```

Während das Produzentenprogramm in Hardware implementiert ist, formulieren wir das Konsumentenprogramm nach folgendem Schema

```
LOOP
  REPEAT UNTIL 7 IN s;
  consume(x)
END
```

Das Fehlen der Anweisung "s := TRUE" erklärt sich aus der Konstruktion der PDP-11-Tastatur; ein Zugriff zu x setzt den Wert von s automatisch gleich TRUE.

Damit beenden wir dieses einfache Beispiel für die Behandlung der Tastatur durch zyklisches Abfragen (polling).

Nachteilig in dem dargebotenen Programmschema ist die sehr enge Kopplung der beiden Prozessoren; sie arbeiten streng alternierend. Während der eine aktiv ist, schläft der andere. Im allgemeinen ist eine stärkere Entkopplung wünschenswert. Man erreicht dies durch einen Puffer, der eine genügend große Zahl von Einträgen haben sollte. Wir verwenden das Produzenten / Konsumenten-Schema des vorigen Kapitels, um die Arbeitweise des Puffers zu zeigen. Beide Partner werden als Coroutinen dargestellt.

Es tritt nun folgende entscheidende Frage auf. Wann erfolgen die Transfers zwischen den Coroutinen, d.h. wann werden Signale ausgetauscht, so daß Rechner und Gerät einerseits so aktiv wie möglich sind, andererseits jedoch auch so lose wie möglich gekoppelt sind?

Um das Problem und seine Lösung noch klarer darzustellen, kehren wir zu dem konkreten Beispiel der Tastatur als Produzent zurück. Der Konsument wechselt zwischen den Operationen des Holens und Konsumierens eines Elementes hin und her. Beide Anweisungen werden von dem allgemein programmierten Hauptprozessor ausgeführt. Der Produzent wechselt zwischen den Operationen des Produzierens und Ablegens eines Elementes. Letzteres wird ebenfalls vom Hauptprozessor durchgeführt; die Produktion dagegen erfolgt in der Tastatur. Wir nehmen an, daß für Ablegen und Holen vernachläßigbar wenig Zeit benötigt wird im Vergleich zum Produzieren und Konsumieren. Diese Tatsache ist ein generelles Kennzeichen lose gekoppelter Prozesse. Wir können das Produzieren als einen von der Tastatur ausgeführten Prozeß ansehen, der nur gelegentlich die Dienste des Hauptprozessors benötigt, die dann auch ohne Verzögerung von seiner Hauptaufgabe abgezogen werden können, da die geopferte Zeit vernachlässigbar klein ist. Die Antwort auf obige Frage ergibt sich nun so:

Der Transfer vom Konsumenten-Hauptprozeß zum programmierbaren Prozessor erfolgt immer dann, wenn die Tastatur ihren Teil des Produzentenprozesses abgeschlossen hat. Ein Rück-Transfer erfolgt, sobald die Aktion des Ablegens beendet ist.

Der Rück-Transfer kann explizit durch eine TRANSFER-Anweisung programmiert werden. **Nicht** jedoch ein Transfer vom Konsumenten zum Produzenten, da die dann gerade aktuelle Ausführungsstelle nicht von vornherein bekannt ist. Im Gegenteil, wir müssen in der Lage sein, die Ausführung des Konsumenten zu unterbrechen, unabhängig davon, wo sich die Ausführungskontrolle gerade befindet. Mit den Begriffen von Modula: wir müssen eine Transfer-Anweisung an einer beliebigen, vorher nicht bestimmbaren Stelle einfügen können.

Die meisten Rechner erlauben genau diese Möglichkeit. Den nicht programmierten Transfer nennt man einen *Interrupt* (Programmunterbrechung). Zur Veranschaulichung formulieren wir nochmals die bisher als Beispiele benutzten Prozesse. Wir sehen den Konsumenten als das Hauptprogramm an und interessieren uns nur für den Teil des Holens, der das nächste Element aus dem Puffer entnimmt. Er wird daher als eine Prozedur formuliert. Aus dem Produzenten machen wir eine Coroutine, die über eine Schnittstellen-Variable x mit der Tastatur in Verbindung steht. Zusammen mit dem Teil des Ablegens im Produzenten stellt sie die Schnittstelle (Interface) zwischen den beiden Partnern dar. Sie wird daher in einem Monitor-Modul verkapselt und verbirgt so den Puffer (vgl. voriges Kapitel). Während die Aktion des Holens als Prozedur ausgedrückt ist, wird die Aktion des Ablegens innerhalb der Produzenten-Coroutine programmiert. Sie ist vollständig innerhalb des Monitors enthalten, da das Produzieren durch die Tastatur als eine Ausnahme von der Regel gegenseitigen Ausschlusses angesehen wird. Die Coroutine ist das, was man oft einen *Interrupt-Treiber* nennt.

```
MODULE Keyboard [4];
  IMPORT ADR,ADDRESS,WORD,NEWPROCESS,TRANSFER,IOTRANSFER;
  EXPORT fetch,n; (* nur lesbar *)

  CONST N = 32;

  VAR x[777562B]: CHAR; (*Tastatur-Daten*)
    s[777560B]: BITSET; (*Tastatur-Status*)

  VAR n,in,out: CARDINAL;
    buf: ARRAY [0 .. N − 1] OF CHAR;
    PRO,CON: ADDRESS;
    wsp: ARRAY [0 .. 177B] OF WORD;

  PROCEDURE fetch(VAR ch: CHAR);
  BEGIN (*wird nur gerufen, wenn n > 0*)
    IF n > 0 THEN
      ch := buf[out]; out := (out + 1) MOD N;
      n := n − 1;
    ELSE ch := 0C
    END
  END fetch;

  PROCEDURE producer; (*arbeitet als Coroutine*)
  BEGIN
    LOOP IOTRANSFER(PRO,CON,60B);
      (* ein Zeichen wurde an der Tastatur eingegeben;
      der Empfang des Zeichens veranlaßt das Einfügen der
      Anweisung TRANSFER(CON,PRO) in das Programm
      des Konsumenten
      ( = Interrupt) und die Wiederaufnahme des Programms
      des Produzenten an dieser Stelle hier *)
      IF n < N THEN
        buf[in] := x; in := (in + 1) MOD N;
        n := n + 1;
        (* ignoriere Zeichen, wenn der Puffer voll ist *)
      END
    END
  END producer;

BEGIN n := 0; in := 0; out := 0;
  NEWPROCESS(producer,ADR(wsp),SIZE(wsp),PRO);
  EXCL(s,6); TRANSFER(CON,PRO)
END Keyboard.
```

Das so formulierte Beispiel gilt nur für Rechner der PDP-11-Familie, denn es enthält implementierungsabhängige Eigenschaften, insbesondere die Variablen x und s der Tastatur-Schnittstelle. Einige Einzelheiten sollten noch erwähnt werden:

1. Der Transfer der Kontrolle von der unterbrechenden Coroutine (Produzent) zurück zur unterbrochenen Coroutine (Konsument) muß durch eine Anweisung

   IO TRANSFER(source,destination,va)

   ausgedrückt werden, wobei va ein zusätzlicher Parameter ist. Er bezeichnet die Adresse eines sog. *Interrupt-Vektors* des unterbrechenden Geräts und ist durch die Hardware vorgegeben.
2. Die Fähigkeit eines Geräts, den Programmablauf unterbrechen zu können, muß explizit eingeschaltet werden. Dies besorgt die Anweisung EXCL(s,6). Sie setzt das Interrupt-Abschalte-Bit im Status-Register der Tastatur zurück und schaltet das Interrupt-System ein. Von diesem Zeitpunkt an erfolgt ein Interrupt, d.h. ein spontaner Transfer der Kontrolle zur Produzenten-Coroutine immer dann, wenn eine Taste gedrückt wird.
3. Es ist natürlich wichtig, unbeabsichtigte Transfers an gefährdeten Stellen zu verhindern. Während kritischer Operationen auf gemeinsame Variable müssen sie verboten werden. Daher steckt man alle diese Operationen in einen Monitor, der die Nicht-Unterbrechbarkeit seiner Teile gewährleisten muß. Man spezifiziert dies durch Angabe einer *Interrupt-Priorität*, wie dies vom unterstützten Gerät vorgeschrieben ist. Im vorliegenden Falle der PDP-11-Tastatur ist die Priorität 4. (Man beachte, daß das Abklemmen von Interrupts eine einfache Technik zur Erzielung gegenseitigen Ausschlusses ist.)
4. Manche Rechner besitzen ein System sog. *Interrupt-Prioritäten.* Damit lassen sich Interruptsignale selektiv, entsprechend einer zugewiesenen Priorität abschalten. Speziell teilt man jeder Interrupt-Quelle eine eigene, aber feste Priorität q zu. Anstatt lediglich eines Ein / Aus-Zustandes besitzt der Prozessor nun eine Ebene der Unterbrechbarkeit p. Dies besagt, daß der Prozessor nur von Signalen der Priorität q > p unterbrochen werden kann.

Damit beschließen wir die Darstellung von Coroutinen und interruptgetriebenen Transfers der Ausführungskontrolle am Beispiel von Tastatureingaben. Wir sollten noch zufügen, daß unser zyklischer Prozeß oft auch ein *Interrupt-Handler* genannt wird. Seine zyklische Natur ist im Rücksprung der Transfer-Anweisung der Coroutine verborgen. Wir unterstützen die explizite Notation zyklischer Prozesse sehr und betonen, daß Interrupts am besten als nicht vorhergeplante Transfers von Coroutinen zu verstehen sind.

Wir müssen noch dazusagen, daß das Betreiben peripherer Geräte – und damit auch die Verwendung von Interrupts – auf vielen Rechnersystemen die Privatangelegenheit eines residenten Betriebssystems ist. Der Programmierer darf dann von diesen Möglichkeiten keinen Gebrauch machen, selbst wenn es nicht bemerkt würde. Es bestünde sonst die Gefahr, daß das ordnungsgemäße Funktionieren des Betriebssystems und damit seiner Kunden ernsthaft beeinträchtigt werden könnte. Modula wurde ausdrücklich jedoch mit dem Ziel entworfen, gerade bei der Konstruktion derartiger Betriebssysteme zu helfen. Es war daher unverzichtbar, angemessene Hilfsmittel zur Behandlung peripherer Geräte und Interrupts einzubeziehen. Dennoch sollte ihre Verwendung auf alleinstehende Systeme beschränkt bleiben, die nicht die Unterstützung (oder Last) eines vorhandenen Betriebssystems besitzen.

Übersicht über die Programmierung in Modula-2

1. Einleitung

Modula-2 entwickelte sich aus der praktischen Notwendigkeit nach einer allgemeinen, effizient implementierbaren Programmiersprache für Minicomputer. Ihre Vorgänger sind *Pascal* und *Modula*. Von letzterer hat sie den Namen, das wichtige Modulkonzept und eine systematische und moderne Syntax geerbt, von Pascal das meiste Übrige, insbesondere die Datenstrukturen, d.h. Arrays, Rekords, variante Rekords, Mengen und Zeiger. Strukturierte Anweisungen umfassen die vertrauten If-, Case-, Repeat-, While-, For- und With-Anweisungen. Die Syntax von Modula-2 ist so gewählt, daß jede Struktur mit einem expliziten Endsymbol schließt.

Die Sprache ist im wesentlichen maschinen-unabhängig. Einschränkungen betreffen lediglich die Wortgröße. Dies scheint im Widerspruch zum Begriff einer System-Programmiersprache zu stehen, in der alle verfügbaren Operationen des darunterliegenden Rechners ausdrückbar sein müssen. Das Dilemma wird mit Hilfe des *Modul*-Konzeptes aufgelöst. Maschinenabhängige Teile werden in speziellen Moduln zusammengefaßt. Ihre Verwendung kann dadurch wirksam eingegrenzt bzw. isoliert werden. Zu den maschinenabhängigen Sprachmöglichkeiten gehört insbesondere, daß die Regeln der Kompatibilität von Datentypen gelockert werden können. Eine leistungsfähige System-Programmiersprache muß es ermöglichen, Prozeduren für Eingabe / Ausgabe-Konversionen, Routinen zur Filebehandlung, Zuteilung von Speicher, Steuern von Prozessen, etc. auszudrücken. Solche Möglichkeiten sollten daher nicht Elemente der Sprache selbst sein, sondern sich als Module aus der Sprache ergeben. Sie können als Komponenten in den meisten anderen Programmen verwendet werden. Eine derartige Sammlung von Standardmoduln ist daher ein wichtiger Teil jederModula-2-Implementierung.

Die Sprache Modula enthielt ein Konzept für Prozesse und deren Synchronisation durch Signale. In Modula-2 ist dies durch den maschinennahen Begriff der *Coroutinen* ersetzt. Es ist jedoch möglich, einen (Standard-) Modul zu formulieren, der wie in Modula Prozesse und Signale implementiert. Auf der anderen Seite ist es jedoch vorteilhaft, diese Dinge nicht in die Sprache mitaufzunehmen. Der Programmierer kann selbst einen auf seine besondereren Bedürfnisse zugeschnittenen Zuteilungsalgorithmus für Prozesse implementieren. Ein solcher Prozeßverwalter (Scheduler) kann in einfachen (aber vielen) Fällen sogar ganz weggelassen werden, wenn z.B. nebenläufige Prozesse nur als Gerätetreiber auftreten.

Eine moderne System-Programmiersprache sollte vor allen Dingen auch den Aufbau umfangreicher Programme erleichtern, an denen möglicherweise viele Personen mitwirken. Die von Einzelpersonen geschriebenen Module sollten genau spezifizierte Schnittstellen besitzen. Sie sollten unabhängig von ihrer tatsächlichen Implementierung deklarierbar sein. Modula-2 unterstützt diese Idee durch separate *Definitions-* und *Implementations-*Module. Erstere definieren alle Objekte, die vom entsprechenden Implementationsmodul exportiert werden. In einigen Fällen, wie Prozeduren und Typen, gibt der Definitionsmodul nur diejenigen Teile an, die für die Schnittstelle, d.h. den Benutzer oder Kunden des Moduls, wichtig sind.

Dieser Report ist kein Lehrbuch. Er ist bewußt knapp und (hoffentlich) klar gehalten. Er soll als Referenz für Programmierer, Implementierer und Verfasser von Handbüchern dienen, und er soll eine Schiedstelle bei möglichen Meinungsverschiedenheiten sein.

2.   Syntax

Eine Sprache besteht aus einer unendlichen Menge von Sätzen, nämlich denjenigen Sätzen, die entsprechend den Syntaxregeln wohlgeformt sind. In Modula-2 werden diese Sätze *Compilationseinheiten* genannt. Jede Einheit ist eine endliche Folge von Symbolen aus einem endlichen *Vokabular*. Das Vokabular von Modula-2 besteht aus Namen, Zahlen, Zeichenfolgen (strings), Operatoren und Begrenzern. Man nennt sie lexikalische *Symbole*. Sie setzen sich aus Folgen von Zeichen (Charactern) zusammen. (Man beachte den Unterschied zwischen Symbolen und Zeichen.) Zur Beschreibung der Syntax wird ein erweiterter Backus-Naur-Formalismus verwendet, EBNF genannt. Eckige Klammern [ ] geben an, ob die eingeschlossene Satzform optional ist, geschweifte Klammern { }, ob sie wiederholt werden darf (möglicherweise 0 mal). Syntaktische Einheiten (nicht-terminale Symbole) werden mit englischen Worten bezeichnet, die intuitiv deren Bedeutung ausdrücken. Symbole des Sprachvokabulars (terminale Symbole) bestehen aus in Anführungszeichen eingeschlossenen Zeichenketten oder großgeschriebenen Worten, sog. *reservierten Worten.* Syntaktische Regeln (Produktionen) sind durch ein $-Zeichen am linken Zeilenrand gekennzeichnet.

3.   Vokabular und Darstellung

Die Darstellung der Symbole durch Zeichen hängt vom zugrundeliegenden Zeichensatz ab. Hier wird der ASCII-Zeichensatz verwendet. Folgende lexikalischen Regeln müssen beachtet werden. Innerhalb von Symbolen dürfen keine Leerzeichen vorkommen (außer in Strings). Leerzeichen und Zeilenenden werden nicht beachtet, es sei denn zum Trennen aufeinanderfolgender Symbole.

1. *Namen* (identifier) sind Folgen von Buchstaben (letter) und Ziffern (digit). Das erste Zeichen muß ein Buchstabe sein.

$ ident = letter {letter | digit}.

Beispiele:

x scan Modula ETH GetSymbol firstLetter

2. *Zahlen* sind (vorzeichenlose) ganze (integer) oder reelle (real) Zahlen. Integerzahlen bestehen aus Folgen von Ziffern. Folgt der Zahl der Buchstabe B, so wird sie als Oktalzahl behandelt; folgt ihr der Buchstabe H, so ist sie eine Hexadezimalzahl; folgt ihr der Buchstabe C, so beschreibt sie ein Zeichen (Character), das der gegebenen (oktalen) Ordnungsnummer entspricht (und vom Typ CHAR ist, vgl. 6.1).
Eine Integerzahl i im Bereich von $0 <= i <=$ MaxInt kann vom Typ INTEGER oder CARDINAL sein; liegt sie im Bereich MaxInt $< i <=$ MaxCard, so ist sie vom Typ CARDINAL. Für 16-Bit-Rechner gilt: MaxInt = 32767, MaxCard = 65535.
Eine reelle Zahl enthält immer einen Dezimalpunkt. Optional kann sie auch einen dezimalen Skalierungsfaktor enthalten. Der Buchstabe E wird "zehn hoch" ausgesprochen. Eine reelle Zahl ist vom Typ REAL.

$ number = integer | real.
$ integer = digit {digit} | octalDigit{octalDigit}("B" | "C") |
$ digit {hexDigit}"H".
$ real = digit {digit}"."{digit}[ScaleFactor].
$ ScaleFactor = "E" ["+" | "−"] digit{digit}.
$ hexDigit = digit | "A" | "B" | "C" | "D" | "E" | "F".
$ digit = octalDigit | "8" | "9".
$ octalDigit = "0" | "1" | "2" | "3" | "4" | "5" | "6" | "7".

Beispiele:

1980 3764B 7BCH 33C 12.3 45.67E − 8

3. *Strings* bestehen aus Folgen von Zeichen, eingeschlossen in Anführungszeichen. Sowohl doppelte als auch einfache Anführungszeichen (Apostrophe) sind zulässig. Öffnendes und schließendes Zeichen müssen gleich sein und dürfen nicht innerhalb des Strings vorkommen. Ein String darf nicht über das Zeilenende hinausreichen.

$ string = "'" {character} "'" | '"' {character} '"'

Ein aus n Zeichen bestehender String ist vom Typ (vgl. 6.4)

   ARRAY [0 .. n − 1] OF CHAR

Beispiele:

"MODULA" "Don't␣worry!" 'codeword␣"Barbarossa"'

4. *Operatoren* und *Begrenzer* bestehen aus den unten aufgeführten Zeichen, Zeichenpaaren und reservierten Worten. Die reservierten Worte haben ausschließlich Großbuchstaben und *dürfen nicht* als Namen verwendet werden. Die Symbole # und <> sind synonym, ebenso & und AND, ~ und NOT.

+	=	AND	FOR	QUALIFIED
−	#	ARRAY	FROM	RECORD
*	<	BEGIN	IF	REPEAT
/	>	BY	IMPLEMENTATION	RETURN
:=	<>	CASE	IMPORT	SET
&	<=	CONST	IN	THEN
.	>=	DEFINITION	LOOP	TO
,	..	DIV	MOD	TYPE
;	:	DO	MODULE	UNTIL
(	)	ELSE	NOT	VAR
[	]	ELSIF	OF	WHILE
{	}	END	OR	WITH
↑	|	EXIT	POINTER	
~		EXPORT	PROCEDURE	

5. *Kommentare* dürfen zwischen zwei beliebigen Symbolen in das Programm eingefügt werden. Sie bestehen aus beliebigen Zeichenfolgen, eingeschlossen in die Klammern (* und *). Kommentare dürfen geschachtelt sein. Sie beeinflussen die Bedeutung eines Programms nicht.

4. Deklarationen und Sichtbarkeitsregeln

Jeder in einem Programm auftretende Name muß durch eine Deklaration eingeführt worden sein, es sei denn, es handelt sich um einen Standardnamen. Letztere werden als bereits deklariert angesehen. Sie gelten in allen Programmteilen. Man nennt sie deshalb *durchlässig* (pervasive). Deklarationen spezifizieren ferner gewisse permanente Objekteigenschaften, z.B. ob es sich um eine Konstante, einen Typ, eine Variable, eine Prozedur oder einen Modul handelt.

Nach der Deklaration wird der Name dazu benutzt, auf das ihm zugeordnete Objekt zu verweisen. Dies ist aber nur in denjenigen Programmteilen möglich, die innerhalb des sog. *Sichtbarkeitsbereichs* der Deklaration liegen. Generell erstreckt sich die Sichtbarkeit (Gültigkeit) über den ganzen Block (Prozedur oder Modul), zu dem die Deklaration gehört und zu dem das Objekt lokal ist. Die Sichtbarkeitsregel wird um folgende Fälle erweitert:

1. Wird ein in der Deklaration D1 definierter Name x in einer anderen Deklaration (nicht Anweisung) D2 verwendet, muß der Programmtext von D1 dem von D2 vorangehen.
2. Ein Typ T1 kann in der Deklaration eines Zeigertyps T2 auch dann verwendet werden, wenn die Deklaration von T2 der von T1 vorangeht, sofern beide, T1 und T2, in dem selben Block deklariert sind. Dies ist eine Abschwächung der Regel 1.
3. Wird ein im Modul M1 definierter Name exportiert, so erstreckt sich seine Sichtbarkeit über den gesamten Block, in dem M1 enthalten ist. Falls M1 eine Compilationseinheit (vgl. Kapitel 14) ist, erweitert sich die Sichtbarkeit auf alle Einheiten, die M1 importieren.
4. Feldnamen einer Rekord-Deklaration (vgl. 6.5) sind nur in Feld-Bezeichnern und With-Anweisungen gültig, die sich auf Variable dieses Rekordtyps beziehen.

Ein Name darf *qualifiziert* sein. In diesem Falle wird ein Name vorangestellt, der den Modul bezeichnet (vgl. Kapitel 11), in dem der qualifizierte Name definiert ist. Das Präfix und der Name sind durch einen Punkt getrennt.

$ qualident = { ident "." } ident.

Folgende Standardnamen sind definiert:

ABS	(10.2)	INTEGER	(6.1)
BITSET	(6.6)	LONGINT	(6.1)
BOOLEAN	(6.1)	LONGREAL	(6.1)
CAP	(10.2)	MAX	(10.2)
CARDINAL	(6.1)	MIN	(10.2)
CHAR	(6.1)	NIL	(6.7)
CHR	(10.2)	ODD	(10.2)
DEC	(10.2)	ORD	(10.2)
EXCL	(10.2)	PROC	(6.8)
FALSE	(6.1)	REAL	(6.1)
FLOAT	(10.2)	SIZE	(10.2)
HALT	(10.2)	TRUE	(6.1)
HIGH	(10.2)	TRUNC	(10.2)
INC	(10.2)	VAL	(10.2)
INCL	(10.2)		

5. Konstanten-Deklarationen

Eine Konstanten-Deklaration verbindet einen Namen mit einer Konstanten.

$ ConstantDeclaration = ident "=" ConstExpression.
$ ConstExpression = SimpleConstExpr [relation SimpleConstExpr].
$ relation = "="|"#"|"<>"|"<"|"<="|">"|">="|IN.
$ SimpleConstExpr = ["+"|"−"] ConstTerm{AddOperator ConstTerm}.
$ AddOperator = "+"|"−"|OR.
$ ConstTerm = ConstFactor{MulOperator ConstFactor}.
$ MulOperator = "*" | "/" | DIV | MOD | AND.
$ ConstFactor = qualident | number | string | ConstSet |
$ "(" ConstExpression ")" | NOT ConstFactor.
$ ConstSet = [qualident] "{" [ConstElement {"," ConstElement}]"}".
$ ConstElement = ConstExpression [".." ConstExpression].

Die Bedeutung der Operatoren wird in Kapitel 8 erklärt. Der Name vor der linken geschweiften Klammer einer Menge (set) gibt den Typ dieser Menge an. Läßt man ihn weg, wird der Standardtyp BITSET angenommen (vgl. 6.6).

Beispiele für Konstanten-Deklarationen sind:

```
N = 100
limit = 2 * N − 1
all = {0 .. WordSize − 1}
```

6. Typ-Deklarationen

Ein Datentyp legt den Wertebereich fest, den Variable dieses Typs annehmen können. Die Deklaration verknüpft einen Namen mit dem definierten Datentyp. Im Falle von strukturierten Typen definiert er auch die Struktur der zu diesem Typ gehörenden Variablen. Es gibt drei verschiedene Strukturen, nämlich Arrays, Rekords und Mengen (Sets).

$ TypeDeclaration = ident "=" type.
$ type = SimpleType | ArrayType | RecordType | SetType |
$ PointerType | ProcedureType.
$ SimpleType = qualident | enumeration | SubrangeType.

Beispiele:

```
Color = (red,green,blue)
Index = [1 .. 80]
Card = ARRAY Index OF CHAR
Node = RECORD key: CARDINAL;
```

```
              left,right: TreePtr
         END
Tint = SET OF Color
TreePtr = POINTER TO Node
Function = PROCEDURE(CARDINAL): CARDINAL
```

6.1   Elementare Typen

Folgende elementare Typen sind vordefiniert und werden mit einem Standardnamen bezeichnet:

1. INTEGER umfaßt die ganzen Zahlen von MIN(INTEGER) bis MAX(INTEGER).
2. CARDINAL umfaßt die ganzen Zahlen von 0 bis MAX(CARDINAL).
3. BOOLEAN umfaßt die beiden Wahrheitswerte TRUE (wahr) und FALSE (falsch).
4. CHAR bezeichnet den vom verwendeten Rechner zur Verfügung gestellten Zeichensatz.
5. REAL (und LONGREAL) bezeichnen endliche Mengen reeller Zahlen.
6. LONGINT umfaßt die ganzen Zahlen von MIN(LONGINT) bis MAX(LONGINT).

6.2   Aufzählungen

Eine Aufzählung ist eine Liste von Namen. Sie bezeichnet die Werte, die zu diesem Aufzählungstyp gehören. Die aufgezählten Namen werden innerhalb des Programms als Konstante verwendet. Diese und nur diese Werte gehören zum gegebenen Typ. Die Werte sind geordnet. Die Ordnungsbeziehung ist durch die Reihenfolge in der Aufzählung definiert. Die Ordnungsnummer des ersten Wertes ist 0.

$ enumeration = "(" IdentList ")".
$ IdentList = ident {"," ident}.

Beispiele für Aufzählungen:

```
(red,green,blue)
(club,diamond,heart,spade)
(Monday,Tuesday,Wednesday,Thursday,Friday,Saturday,Sunday)
```

6.3   Unterbereichstypen

Ein Typ T kann als Unterbereich eines anderen elementaren- oder Aufzählungstyps T1 (außer REAL) durch Angabe des kleinsten und größten Werts des Unterbereichs definiert werden.

$ SubrangeType = [ident] "[" ConstExpression ".." ConstExpression "]".

Die erste Konstante gibt die untere Grenze an. Sie darf nicht größer als die obere Grenze sein. Den Typ T1 nennt man *Basistyp* von T, T einen *Unterbereichstyp* von T1. Alle Operatoren, die auf Operanden des Typs T1 anwendbar sind, sind es auch auf Operanden des Typs T. Wird jedoch der Variablen eines Unterbereichtyps ein Wert zugewiesen, so muß dieser innerhalb der vorgebenen Grenzen liegen. Der Basistyp kann durch einen Namen (ident) vor den Bereichsgrenzen spezifiziert werden. Fehlt er, und ist die untere Grenze eine nicht-negative ganze Zahl, wird als Basistyp des Unterbreichs CARDINAL genommen; ist die untere Grenze eine negative Zahl, so ist der Basistyp INTEGER.

Man sagt, ein Typ T1 ist mit einem Typ T0 *kompatibel*, wenn er entweder durch T1 = T0 oder als Unterbereich von T0 deklariert ist, oder wenn T0 ein Unterbereich von T1 ist, oder T0 und T1 Unterbereiche desselben Basistyps sind.

Beispiele für Unterbereichstypen:

```
[0 .. N – 1]
["A" .. "Z"]
[Monday .. Friday]
```

6.4   Array-Typen

Ein Array ist eine Struktur, die aus einer festen Anzahl von Komponenten des gleichen Typs, genannt *Komponenten-Typ*, besteht. Die Elemente eines Arrays werden durch Indizes bezeichnet, deren Werte zum *Index-Typ* gehören. Die Array-Deklaration spezifiziert sowohl den Komponenten- als auch den Index-Typ. Letzterer muß eine Aufzählung oder ein Unterbereich oder einer der beiden elementaren Typen BOOLEAN oder CHAR sein.

$ ArrayType = ARRAY SimpleType {"." SimpleType} OF type.

Eine Deklaration der Art

```
ARRAY T1,T2,...,Tn OF T
```

mit n Indextypen T1 ... Tn ist als Abkürzung der Deklaration

```
ARRAY T1 OF
   ARRAY T2 OF
   ...
      ARRAY Tn OF T
```

zu verstehen.

Beispiele für Arraytypen:

```
ARRAY [0 .. N − 1] OF CARDINAL
ARRAY [1 .. 10],[1 .. 20] OF [0 .. 99]
ARRAY [ − 10 .. + 10] OF BOOLEAN
ARRAY WeekDay OF Color
ARRAY Color OF Weekday
```

6.5   Rekord-Typen

Ein Rekordtyp ist eine Struktur, die aus einer festen Anzahl von Komponenten beliebigen Typs besteht. Die Rekord-Deklaration spezifiert für jede Komponente – *Feld* genannt – Typ und Namen. Der Name bezeichnet das Feld. Der Sichtbarkeitsbereich dieser Feldnamen ist die Rekorddefinition selbst. Die Feldnamen sind auch innerhalb von Feldbezeichnern (vgl. 8.1) zugreifbar, wenn sie sich auf Komponenten von Rekordvariablen beziehen. Außerdem sind sie innerhalb von With-Anweisungen zugreifbar.

Ein Rekord kann variante Sektionen besitzen. Das erste Feld einer Sektion nennt man *Tag-Feld*. Sein Wert zeigt an, welche Variante die Sektion gerade annimmt. Einzelne variante Strukturen werden durch *Case-Marken* gekennzeichnet. Die Marken sind Konstante. Ihr Typ wird durch das Tag-Feld angezeigt.

```
$   RecordType = RECORD FieldListSequence END.
$   FieldListSequence = FieldList {";" FieldList}.
$   FieldList = [IdentList ":" type |
$       CASE [ident] ":" qualident OF variant {"|" variant}
$       [ELSE FieldListSequence] END].
$   variant = CaseLabelList ":" FieldListSequence.
$   CaseLabelList = CaseLabels {"," CaseLabels}.
$   CaseLabels = ConstExpession [".." ConstExpression].
```

Beispiele für Rekordtypen:

```
RECORD day: [1 .. 31];
   month: [1 .. 12];
   year: [0 .. 2000]
END

RECORD
   name,firstname: ARRAY [0 .. 9] OF CHAR;
   age: [0 .. 99];
   salary: REAL
END
```

```
RECORD x,y: T0;
   CASE tag0: Color OF
      red: a: Tr1; b: Tr2 |
      green: c: Tg1; d: Tg2 |
      blue : e: Tb1; f: Tb2
   END;
   z: T0;
   CASE tag1: BOOLEAN OF
      TRUE: u,v: INTEGER |
      FALSE: r,s: CARDINAL
   END
END
```

Das letzte Beispiel enthält zwei variante Sektionen. Die Variante der ersten Sektion ist durch den Wert des Tag-Feldes tag0 gegeben, die der zweiten Sektion durch tag1.

6.6 Mengen-Typen

Ein durch SET OF T definierter Mengentyp umfaßt alle Mengen von Werten seines Basistyps T. T muß ein Unterbereich der ganzen Zahlen zwischen 0 und $N-1$ oder ein Aufzählungstyp mit höchstens N Werten sein (oder ein Unterbereich davon). N ist dabei eine kleine, durch die Implementierung festgelegte Konstante, gewöhnlich die Wortlänge des Rechners oder ein kleines Vielfaches davon.

\$ SetType = SET OF SimpleType.

Der Standardtyp BITSET ist wie folgt definiert (W ist eine implementierungsabhängige Konstante, gewöhnlich die Wortlänge des Rechners):

   BITSET = SET OF $[0 .. W-1]$

6.7 Zeigertypen

Variable eines Zeigertyps P nehmen als Werte Zeiger zu Variablen des Typs T an. Man sagt, der Zeigertyp P sei an T *gebunden*. Der Wert eines Zeigers wird durch Aufruf einer Speicherzuteilungsprozedur aus einem Modul zur Speicherverwaltung erzeugt.

\$ PointerType = POINTER TO type.

Außer so erzeugten Werten können Zeiger auch den Wert NIL annehmen, der auf keine Variable zeigt.

6.8   Prozedur-Typen

Variable eines Prozedurtyps T können als Werte eine Prozedur P annehmen.
Die (Typen der) formalen Parameter von P müssen mit den in der formalen
Typliste von T angegebenen Parametern übereinstimmen. Dasselbe gilt für
den Typ des Resultats im Falle einer Funktionsprozedur.

Einschränkung: P darf nicht lokal zu einer anderen Prozedur deklariert werden, und P darf
auch keine Standardprozedur sein.

$ ProcedureType = PROCEDURE [FormalTypeList].
$ FormalTypeList = "(" [[VAR] FormalType
$ {"," [VAR] FormalType}]")" [":" qualident].

Der Standardtyp PROC bezeichnet eine parameterlose Prozedur:

PROC = PROCEDURE

7.   Deklaration von Variablen

Eine Variablen-Deklaration führt neue Variable ein und verknüpft sie mit
einem eindeutigen Namen, einem festen Datentyp und einer festen Struktur.
Variable, deren Namen in derselben Liste stehen, erhalten alle denselben
Datentyp.

$ VariableDeclaration = IdentList ":" type.

Der Datentyp legt sowohl den Wertebereich fest, den die Variable annehmen
kann, als auch die darauf anwendbaren Operatoren. Außerdem definiert er
die Struktur der Variablen.

Beispiele für die Deklaration von Variablen (vgl. die Beispiele in Kap. 6):

```
i,j: CARDINAL
k: INTEGER
p,q: BOOLEAN
s: BITSET
F: Function
a: ARRAY Index OF CARDINAL
w: ARRAY [0..7] OF
        RECORD ch: CHAR;
           count: CARDINAL
        END
t: TreePtr
```

8.   Ausdrücke

Ausdrücke sind syntaktische Konstruktionen, die Regeln zur Berechnung der Werte von Variablen und zur Erzeugung neuer Werte durch Anwendung von Operatoren angeben. Ausdrücke bestehen aus Operanden und Operatoren. Mit Klammern lassen sich bestimmte vorrangige Verbindungen zwischen Operatoren und Operanden festlegen.

8.1   Operanden

Mit Ausnahme literaler Konstanten, d.h. Zahlen, Zeichenstrings und Mengenkonstanten (vgl. Kap 5), werden Operanden durch *Bezeichner* benannt. Ein Bezeichner besteht aus einem Namen, der sich auf die zu bezeichnende Konstante, Variable oder Prozedur bezieht. Der Name kann durch einen Modulnamen qualifiziert sein (vgl. Kap. 4 und 11). Es kann ihm auch ein Selektor folgen, wenn das bezeichnete Objekt Element einer Struktur ist. Ist die Struktur ein Array A, dann benennt der Bezeichner A[E] jene Komponente von A, deren Index gleich dem augenblicklichen Wert des Ausdruck E ist. Der Indextyp von A muß *zuweisungskompatibel* mit dem Typ von E sein (vgl. 9.1). Ein Bezeichner der Art

A[E1,E2, ... ,En]

steht für

A[E1][E2] ... [En].

Ist die Struktur ein Rekord R, dann benennt der Bezeichner R.f das Rekordfeld f von R. Der Bezeichner P↑ benennt die vom Zeiger P referenzierte Variable.

$ designator = qualident {"." ident | "["ExpList"]" | "↑"}.
$ ExpList = expression {"," expression}.

Ist das bezeichnete Objekt eine Variable, so bezieht sich der Bezeichner auf den aktuellen Wert der Variable. Ist das Objekt eine Funktionsprozedur, so bezieht sich ein Bezeichner ohne Parameterliste auf die Prozedur selbst. Folgt ihm jedoch eine (evtl. leere) Parameterliste, so wird die Prozedur aktiviert, und der Bezeichner repräsentiert dann das Resultat der Ausführung, d.h. den "zurückgegebenen" Wert. Die aktuellen Parameter und ihre Typen müssen den formalen Parametern der Prozedur-Deklaration entsprechen (vgl. Kap. 10).

Beispiele für Bezeichner (vgl. auch Beispiele in Kap. 7):

```
k              (INTEGER)
a[i]           (CARDINAL)
w[3].ch        (CHAR)
t↑.key         (CARDINAL)
t↑.left↑.right (TreePtr)
```

8.2   Operatoren

Die Syntax von Ausdrücken spezifiziert eine Vorrangregelung von Operatoren, die sich nach vier Klassen von Operatoren richtet. Der Operator NOT hat den höchsten Rang, gefolgt von den sog. Multiplikationsoperatoren, gefolgt von den sog. Additionsoperatoren. Den niedrigsten Rang haben die relationalen Operatoren. Operatorfolgen gleichen Rangs werden von links nach rechts ausgeführt.

```
$  expression = SimpleExpression [relation SimpleExpression].
$  SimpleExpression = ["+"|"−"] term {AddOperator term}.
$  term = factor {MulOperator factor}.
$  factor = number | string | set | designator [ActualParameters] |
$      "(" expression ")" | NOT factor.
$  set = [qualident] "{"[element{"," element}]"}".
$  element = expression [".."expression].
$  ActualParameters = "(" [ExpList] ")".
```

Die verfügbaren Operatoren sind in folgenden Tabellen aufgeführt. In einigen Fällen werden unterschiedliche Operationen durch dasselbe Operatorsymbol bezeichnet. Die tatsächliche Operation wird dann durch die Typen der Operanden bestimmt.

8.2.1 Arithmetische Operatoren

Symbol	Operation
+	Addition
−	Subtraktion
*	Multiplikation
/	Reelle Division
DIV	Ganzzahlige Division
MOD	Restbildung

Die Operatoren (außer /) sind auf Operanden des Typs INTEGER und CARDINAL und ihre Unterbereiche anwendbar. Beide Operanden müssen entweder dem Typ CARDINAL oder einem Unterbereich mit Basistyp CARDINAL angehören. Das Resultat ist dann vom Typ CARDINAL. Oder sie müssen beide dem Typ INTEGER bzw. einem Unterbereich mit Basistyp INTEGER angehören. In diesem Falle ist das Resultat vom Typ INTEGER.

Die Operatoren $+$, $-$ und $*$ sind auch auf Operanden des Typs REAL anwendbar. In diesem Falle müssen beide Operanden vom Typ REAL sein. Das Resultat ist ebenfalls vom Typ REAL. Der Divisions-Operator $/$ ist nur auf REAL-Operanden anwendbar. Werden die Operatoren $-$ und $+$ mit nur einem Operanden verwendet, bezeichnen sie die Vorzeichenumkehr bzw. die Identitätsoperation. Vorzeichenumkehr ist auf Operanden des Typs INTEGER und REAL anwendbar. Die Operationen DIV und MOD sind durch folgende Regeln definiert:

- x DIV y ist gleich dem ganzzahligen Anteil des Quotienten x / y
- x MOD y ist gleich dem Rest der Division x DIV y (für y > 0)
- x = (x DIV y) $*$ y + (x MOD y)

8.2.2 Logische Operatoren

Symbol	Operation
OR	logische Konjunktion
AND	logische Disjunktion
NOT	Negation

Die Operatoren sind auf Operanden des Typs BOOLEAN anwendbar und liefern ein Resultat des Typs BOOLEAN.

p OR q   bedeutet, "wenn p, dann TRUE, sonst q"
p AND q   bedeutet, "wenn p, dann q, sonst FALSE"

8.2.3 Mengenoperatoren

Symbol	Operation
+	Vereinigung von Mengen
−	Differenz von Mengen
*	Durchschnitt von Mengen
/	Symmetrische Differenz von Mengen

Die Operationen sind auf alle Operanden eines Mengentyps anwendbar. Sie liefern ein Resultat des gleichen Typs.

x IN (s1 + s2)   iff   (x IN s1) OR (x IN s2)
x IN (s1 − s2)   iff   (x IN s1) AND NOT (x IN s2)
x IN (s1 ∗ s2)   iff   (x IN s1) AND (x IN s2)
x IN (s1 / s2)   iff   (x IN s1) # (x IN s2)

8.2.4 Relationen

Relationen liefern ein Resultat des Typs BOOLEAN. Sie sind auf die
elementaren Typen INTEGER, CARDINAL, BOOLEAN, CHAR, REAL
und auf Aufzählungs- bzw. Unterbereichstypen anwendbar.

Symbol	Relation
=	gleich
#	ungleich
<	kleiner
<=	kleiner oder gleich (Einschluß von Mengen)
>	größer
>=	größer oder gleich (Einschluß von Mengen)
IN	Element von

Die Relationen = und # sind auch auf Mengen und Zeiger anwendbar. <=
und >= auf Mengen angewandt, bedeuten deren (nicht echtes) Enthalten-
sein. Die Relation IN prüft das Vorhandensein eines Elements in einer Menge.
In einem Ausdruck der Art x IN s muß s vom Typ SET OF T sein, wobei T
der Typ von x oder mit ihm kompatibel ist.

Beispiele für Ausdrücke (vgl. die Beispiele in Kap. 7):

1980	(CARDINAL)
k DIV 3	(INTEGER)
NOT p OR q	(BOOLEAN)
(i + j) ∗ (i − j)	(CARDINAL)
s − {8,9,13}	(BITSET)
a[i] + a[j]	(CARDINAL)
a[i + j] ∗ a[i − j]	(CARDINAL)
(0 <= k) & (k < 100)	(BOOLEAN)
t↑.key = 0	(BOOLEAN)
{13..15} <= s	(BOOLEAN)
i IN {0,5..8,15}	(BOOLEAN)

9.   Anweisungen

Anweisungen bezeichnen Aktionen. Es gibt elementare und strukturierte
Anweisungen. Elementare Anweisungen enthalten keine Teile, die selbst
wiederum Anweisungen sind. ElementarenAnweisungen sind die Zuweisung,
der Prozeduraufruf, die Return-Anweisung und die Exit-Anweisung. Strukturierte Anweisungen sind aus Teilen zusammengesetzt, die selbst wiederum
Anweisungen sind. Sie werden dazu verwendet, Folgen, Bedingungen, Selek-
tionen und Wiederholungen von Aktionen auszudrücken.

```
$   statement = [assignment | ProcedureCall |
$        IfStatement | CaseStatement | WhileStatement |
$        RepeatStatement | LoopStatement | ForStatement |
$        WithStatement | EXIT | RETURN [expression]].
```

Eine Anweisung kann auch leer sein. Sie bezeichnet dann keine Aktion.
Die leere Anweisung ist miteingeschlossen, um die Zeichensetzungsregeln in
Anweisungsfolgen abzuschwächen.

9.1   Zuweisungen

Die Zuweisung wird dazu verwendet, den augenblicklichen Wert einer Variablen durch einen neuen zu ersetzen. Der Wert wird in einem Ausdruck
angegeben. Den Zuweisungsoperator schreibt man " := " und spricht ihn
"wird zu" aus.

```
$   assignment = designator ":=" expression.
```

Der Bezeichner auf der linken Seite des Zuweisungsoperators bestimmt eine
Variable. Nach Ausführung der Zuweisung hat die Variable den Wert, der
durch Auswertung des Ausdrucks ermittelt wurde. Der alte Wert geht verloren (wird überschrieben). Der Variablen-Typ muß mit dem Typ des Ausdrucks zuweisungskompatibel sein. Man nennt Operandentypen *zuweisungskompatibel*, wenn sie entweder kompatibel, beide vom Typ INTEGER bzw.
CARDINAL, oder wenn sie Unterbereiche mit Basistyp INTEGER oder
CARDINAL sind.

Ein String der Länge n1 kann einer Stringvariablen der Länge n2 > n1
zugewiesen werden. Der Stringwert von n2 wird dann mit Nullzeichen (0C)
abgeschlossen. Ein String der Länge 1 ist mit dem Typ CHAR kompatibel.

Beispiele für Zuweisungen:

```
i := k
p := i = j
j := log2(i + j)
F := log2
```

```
s := {2,3,4,5,6,11,13}
a[i] := (i + j) * (i − j)
t↑.key := i
w[i + 1].ch := "A"
```

9.2   Prozeduraufrufe

Mit einem Prozeduraufruf wird eine Prozedur aktiviert. Der Prozeduraufruf
kann eine Liste aktueller Parameter enthalten. Sie werden an Stelle entsprechender formaler Parameter substituiert. Die formalen Parameter werden
in der Deklaration der Prozedur definiert (vgl Kap. 10). Den Zusammenhang zwischen aktuellen und formalen Parametern stellen die Positionen der
Parameter in den jeweiligen Parameterlisten her. Es gibt zwei Arten von
Parametern: *Variablen-Parameter* und *Wert-Parameter*.

Im Falle von Variablen-Parametern muß der aktuelle Parameter eine Variable bezeichnen. Verweist er auf die Komponente einer strukturierten
Variable, so wird der Selektor während der formal / aktuellen Parameter-
substitution ausgewertet, d.h. vor Ausführung der Prozedur. Im Falle eines
Wert-Parameters muß der entsprechende aktuelle Parameter ein Ausdruck
sein. Der Ausdruck wird vor Aktivierung der Prozedur ausgewertet und
der resultierende Wert dem formalen Parameter zugewiesen. Er stellt jetzt
eine lokale Variable dar. Die Typen entsprechender aktueller und formaler
Parameter müssen im Falle von Variablen-Parametern identisch und im Falle
von Wert-Parametern zuweisungskompatibel sein.

$ ProcedureCall = designator [ActualParameters].

Beispiele für Prozeduraufrufe (vgl. Kap. 10):

```
Read(i)
Write(j * 2 + 1,6)
INC(a[i])
```

9.3   Anweisungsfolgen

Anweisungsfolgen bezeichnen Aneinanderreihungen von Aktionen. Ihre Spezifikation erfolgt mit Hilfe zusammengesetzter Anweisungen, getrennt durch
Semikolons.

$ StatementSequence = statement { ";" statement }.

9.4   If-Anweisungen

```
$   IfStatement = IF expression THEN StatementSequence
$       {ELSIF expression THEN StatementSequence}
$       [ELSE StatementSequence] END.
```

Die auf IF und ELSIF folgenden Ausdrücke sind vom Typ BOOLEAN.
Sie werden der Reihe nach ausgewertet, bis einer den Wert TRUE ergibt,
wonach die zugehörige Anweisungsfolge ausgeführt wird. Ist eine ELSE-
Klausel vorhanden, wird ihre zugehörige Anweisungsfolge dann und nur dann
ausgeführt, wenn alle Ausdrücke den Wert FALSE ergaben.

Beispiel:

```
IF (ch >= "A") & (ch <= "Z") THEN ReadIdentifier
ELSIF (ch >= "0") & (ch <= "9") THEN ReadNumber
ELSIF ch = '"' THEN ReadString('"')
ELSIF ch = "'" THEN ReadString("'")
ELSE SpecialCharacater
END
```

9.5   Case-Anweisungen

Case-Anweisungen spezifizieren die Selektion und Ausführung einer Anweisungsfolge, entsprechend dem Wert eines Ausdrucks. Zunächst wird der
Case-Ausdruck ausgewertet. Danach wird diejenige Anweisungsfolge ausgeführt, deren Casemarken-Liste den zuvor berechneten Wert enthält. Der
Wert des Case-Ausdrucks muß einem elementaren Typ (außer REAL) oder
einem Aufzählungs- oder Unterbereichstyp angehören, und alle Marken
müssen mit diesem Typ kompatibel sein. Die Casemarken sind Konstanten.
Kein Wert darf mehr als einmal vorkommen. Ist der Wert des Ausdrucks
in keiner Marke zu finden, wird die auf das Symbol ELSE folgende Anweisungsfolge selektiert.

```
$   CaseStatement = CASE expression OF case {"|" case}
$       [ELSE StatementSequence] END.
$   case = [CaseLabelList ":" StatementSequence].
```

Beispiel:

```
CASE i OF
    0: p := p OR q; x := x + y |
    1: p := p OR q; x := x - y |
    2: p := p AND q; x := x * y
END
```

9.6   While-Anweisungen

While-Anweisungen spezifizieren die wiederholte Ausführung einer Anweisungsfolge in Abhängigkeit vom Wert eines booleschen Ausdrucks. Der Ausdruck wird erst ausgewertet und danach die Anweisungsfolge ausgeführt. Die
Wiederholung endet, sobald die Auswertung des booleschen Ausdrucks den
Wert FALSE ergibt.

$ WhileStatement = WHILE expression DO StatementSequence END.

Beispiele:

```
WHILE j > 0 DO
  j := j DIV 2; i := i + 1
END

WHILE i # j DO
  IF i > j THEN i := i − j
  ELSE j := j − i
  END
END

WHILE (t # NIL) & (t↑.key # i) DO
  t := t↑.left
END
```

9.7   Repeat-Anweisungen

Repeat-Anweisungen spezifizieren die wiederholte Ausführung einer Anweisungsfolge in Abhängigkeit vom Wert eines booleschen Ausdrucks. Der Ausdruck wird erst nach jeder Ausführung der Anweisungsfolge ausgewertet. Die
Wiederholung endet, sobald sie den Wert TRUE ergibt. Die Anweisungsfolge
wird also mindestens einmal ausgeführt.

$ RepeatStatement = REPEAT StatementSequence UNTIL expression.

Beispiel:

```
REPEAT k := i MOD j; i := j; j := k UNTIL j = 0
```

9.8   For-Anweisungen

Die For-Anweisung zeigt die wiederholte Ausführung einer Anweisungsfolge
an, kontrolliert durch eine Aufeinanderfolge von Werten, die nacheinander
– bei jeder Wiederholung – einer bestimmten Variablen zugewiesen werden.
Man nennt diese Variable *Kontrollvariable* der For-Anweisung. Sie darf weder
Komponente einer strukturierten Variable noch ein Parameter sein, noch

darf sie importiert werden. Ihr Wert sollte durch die Anweisungsfolge nicht geändert werden.

$ ForStatement = FOR ident ":=" expression TO expression
$ [BY ConstExpression] DO StatementSequence END.

Die For-Anweisung

```
FOR v := A  TO  B  BY  C   DO  AF  END;
```

drückt die wiederholte Ausführung der Anweisungsfolge AF aus. v nimmt dabei nacheinander die Werte A, A + C, A + 2C, ..., A + nC an, wobei A + nC der letzte, B nicht überschreitende Wert ist. v ist die Kontrollvariable, A der Anfangswert, B der Endwert und C der Zuwachs. A und B müssen kompatibel mit v sein. C muß eine Konstante des Typs INTEGER oder CARDINAL sein. Ist der Zuwachs nicht explizit angegeben, wird für ihn der Wert 1 angenommen.

Beispiele:

```
FOR i := 1 TO 80 DO j := j + a[i] END
FOR i := 80 TO 2 BY − 1 DO a[i] := a[i − 1] END
```

9.9 Loop-Anweisungen

Eine Loop-Anweisung spezifiziert die wiederholte Ausführung einer Anweisungsfolge. Sie wird durch Ausführung einer beliebigen Exit-Anweisung innerhalb der Folge beendet.

$ LoopStatement = LOOP StatementSequence END.

Beispiel:

```
LOOP
  IF t1↑.key > x THEN t2 := t1↑.left; p := TRUE
  ELSE t2 := t1↑.right; p := FALSE
  END;
  IF t2 = NIL THEN
    EXIT
  END;
  t1 := t2
END
```

While-, Repeat- und For-Anweisungen lassen sich durch Loop-Anweisungen mit einer Exit-Anweisung ausdrücken. Ihre Verwendung wird aber dennoch empfohlen, da sie besonders häufig vorkommende Situationen beschreiben, bei denen das Ende einer Wiederholung entweder von einer einzigen Bedingung am Anfang bzw. Ende der Anweisungsfolge abhängt oder vom Erreichen der Grenze einer arithmetischen Folge. Die Loop-Anweisung wird besonders dazu benötigt, die kontinuierliche Wiederholung zyklischer Prozesse ohne Angabe einer Endbedingung auszudrücken. Außerdem lassen sich mit der Loop-Anweisung Situationen wie im obigen Beispiel bequem ausdrücken. Exit-Anweisungen sind zwar nicht syntaktisch, aber doch vom Zusammenhang her an die Loop-Anweisung, in der sie vorkommen, gebunden.

9.10   With-Anweisungen

Die With-Anweisung spezifiert eine Rekordvariable und eine Anweisungsfolge. Innerhalb der Anweisungen kann die Qualifizierung der Feldnamen wegfallen, wenn sie sich auf die nach WITH angegebene Variable beziehen. Weist der Bezeichner auf die Komponente einer strukturierten Variable, wird der Selektor nur einmal ausgewertet (vor der Anweisungfolge). Die With-Anweisung eröffnet einen neuen Sichtbarkeitsbereich.

$ WithStatement = WITH designator DO StatementSequence END.

Beispiel:

```
WITH t↑ DO
   key := 0; left := NIL; right := NIL
END
```

9.11   Return- und Exit-Anweisungen

Die Return-Anweisung besteht aus dem Symbol RETURN, dem möglicherweise ein Ausdruck folgt. Sie zeigt an, daß die Ausführung einer Prozedur (oder eines Modulkörpers) beendet ist. Der Ausdruck spezifiert den von einer Funktionsprozedur als Resultat zurückgegebenen Wert. Der Typ des Ausdrucks muß mit dem im Prozedurkopf angegebenen Resultattyp zuweisungskompatibel sein (vgl. Kap. 10).

In Funktionsprozeduren müssen Return-Anweisungen mit einem Resultatwert vorkommen. Es können auch mehrere Return-Anweisungen auftreten, aber nur eine davon wird ausgeführt. In eigentlichen Prozeduren wird eine Return-Anweisung implizit am Ende des Prozedurkörpers ausgeführt. Eine explizite Return-Anweisung bezeichnet daher einen zusätzlichen, möglicherweise außergewöhnlichen Beendigungspunkt.

Die Exit-Anweisung besteht aus dem Symbol EXIT. Sie spezifiert die Beendigung der sie enthaltenden Loop-Anweisung. Die Ausführung fährt mit der auf die Loop-Anweisung folgenden Anweisung fort (vgl. 9.9).

10.   Prozedur-Deklarationen

Prozedur-Deklarationen bestehen aus einem *Prozedurkopf* und einem Block,
den man *Prozedurkörper* nennt. Der Kopf spezifiert den Prozedurnamen und
die *formalen Parameter*. Der Block enthält Deklarationen und Anweisungen.
Der Prozedurname wird am Ende der Prozedur-Deklaration wiederholt.

Es gibt zwei Arten von Prozeduren, nämlich *eigentliche Prozeduren* und
Funktionsprozeduren. Letztere werden durch Funktionsbezeichner innerhalb
von Ausdrücken aktiviert. Ihr Resultat stellt einen Operanden in einem
Ausdruck dar. Eigentliche Prozeduren werden durch einen Prozeduraufruf
aktiviert. Die Funktionsprozedur ist durch Angabe eines Resultattyps am
Ende der Parameterliste der Deklaration gekennzeichnet. Der Körper muß
eine RETURN-Anweisung enthalten, die das Resultat des Aufrufs der
Funktionsprozedur definiert.

Alle innerhalb des Prozedurblocks deklarierten Konstanten, Variablen, Typen, Module und Prozeduren existieren *lokal* zur Prozedur. Die Werte lokaler
Variabler, einschließlich der in lokalen Moduln deklarierten Variablen, sind
beim Eintritt in die Prozedur undefiniert. Da auch Prozeduren als lokale
Objekte deklariert werden dürfen, sind Prozedurdeklarationen schachtelbar.
Man sagt jedes Objekt ist auf einer bestimmten *Schachtelungsebene* deklariert. Ist es lokal zu einer Prozedur der Ebene k deklariert, so hat es selbst
die Ebene k + 1. Sind Objekte in einem Modul deklariert, der eine Compilationseinheit darstellt (vgl. Kap. 14), so liegen sie per Definition auf der
Ebene 0.

In einer Prozedur sind neben den formalen Parametern und lokalen Objekten
auch die in der Umgebung der Prozedur deklarierten Objekte bekannt
und zugreifbar (außer denen, die den gleichen Namen haben wie die lokal
deklarierten).

Der Aufruf einer Prozedur innerhalb ihrer Deklaration bedeutet die rekursive
Aktivierung der Prozedur.

```
$   ProcedureDeclaration = ProcedureHeading ";" block ident.
$   ProcedureHeading = PROCEDURE ident [FormalParameters].
$   block = {declaration} [BEGIN StatementSequence] END.
$   declaration = CONST {ConstantDeclaration ";"} |
$       TYPE {TypeDeclaration ";"} |
$       VAR {VariableDeclaration ";"} |
$       ProcedureDeclaration ";" | ModuleDeclaration ";".
```

10.1   Formale Parameter

Formale Parameter sind Namen. Sie benennen aktuelle Parameter, die erst
beim Prozeduraufruf spezifiziert werden. Die Übereinstimmung zwischen for-

malen und aktuellen Parametern wird beim Aufruf der Prozedur herge-
stellt. Es gibt zwei Arten von Parametern, *Wert-Parameter* und *Variable-
Parameter*. Welche Art vorliegt, ist in der formalen Parameterliste festgelegt.
Wert-Parameter stehen für lokale Variable. Als Anfangswert wird ihnen das
Resultat der Auswertung des entsprechenden aktuellen Parameters zugewiesen. Die zu Variablen-Parametern gehörenden aktuellen Parameter müssen
Variable sein. Die formalen Variablen-Parameter vertreten diese Variablen
innerhalb der Prozedur. Variable-Parameter werden durch das Symbol VAR
gekennzeichnet, Wert-Parameter durch Fehlen des Symbols VAR.

Formale Parameter sind lokal zur Prozedur definiert, d.h. ihre Sichtbarkeit
ist auf jenen Programmtext beschränkt, den die Prozedurdeklaration umfaßt.

```
$    FormalParameters =
$        "(" [FPSection {";" FPSection}]")" [":" qualident].
$    FPSection = [VAR] IdentList ":" FormalType.
$    FormalType = [ARRAY OF] qualident.
```

Der Typ jedes formalen Parameters ist in der Parameterliste spezifiziert.
Im Falle der Variablen-Parameter muß er identisch mit dem entsprechenden
aktuellen Parameter sein (vgl 9.2 und 12. für Ausnahmen). Im Falle von
Wert-Parametern muß der formale Typ zuweisungskompatibel mit dem
aktuellen Typ sein (vgl. 9.1). Ist der Parameter ein Array, so kann die Form

ARRAY OF T

verwendet werden. Die Spezifikation aktueller Indexgrenzen wird weggelassen. Solche Parameter nennt man *offene Array-Parameter*. T muß gleich
dem Elementtyp des aktuellen Arrays sein. Der Indexbereich wird auf die
ganzen Zahlen 0 bis $N-1$ abgebildet. N ist die Anzahl der Elemente. Auf
den formalen Parameter kann man nur elementweise zugreifen, oder er kann
selbst als aktueller Parameter in Prozeduren auftreten, deren formaler Parameter wiederum ohne Indexgrenzen spezifiert ist. Eine Funktionsprozedur
ohne Parameter besitzt eine leere Parameterliste. Sie wird von einem Funktionsbezeichner aufgerufen, dessen aktueller Parameter ebenfalls eine leere
Liste sein muß.

Einschränkung: Falls ein formaler Parameter einen Prozedurtyp spezifiziert, muß der
entsprechende aktuelle Parameter entweder eine auf Ebene 0 deklarierte Prozedur sein oder
eine Variable (Parameter) dieses Prozedurtyps. Eine Standardprozedur ist nicht erlaubt.

Beispiele von Prozedurdeklarationen:

```
PROCEDURE Read(VAR x: CARDINAL);
  VAR i: CARDINAL; ch: CHAR;
BEGIN
  REPEAT ReadChar(ch)
  UNTIL (ch >= "0") & (ch <= "9");
  REPEAT i := 10 * i + (ORD(ch) − ORD("0"));
    ReadChar(ch)
  UNTIL (ch < "0") OR (ch > "9");
  x := i
END Read

PROCEDURE Write(x,n: CARDINAL);
  VAR i: CARDINAL;
    buf: ARRAY [1 .. 10] OF CARDINAL;
BEGIN i := 0;
  REPEAT INC(i); buf[i] := x MOD 10; x := x DIV 10
  UNTIL x = 0;
  WHILE n > i DO
    WriteChar("␣"); DEC(n)
  END;
  REPEAT WriteChar(CHR(buf[i] + ORD("0")));
    DEC(i)
  UNTIL i = 0;
END Write

PROCEDURE log2(x: CARDINAL): CARDINAL;
  VAR y: CARDINAL; (* es gelte x > 0 *)
BEGIN x := x − 1; y := 0;
  WHILE x > 0 DO
    x := x DIV 2; y := y + 1
  END
  RETURN y
END log2
```

10.2   Standardprozeduren

Standardprozeduren sind vordefiniert. Einige davon sind *generische* Prozeduren, die nicht explizit deklariert werden können. Sie sind auf Klassen von
Operandentypen anwendbar bzw. haben verschiedene Formen von Parameterlisten. Die Standardprozeduren sind:

ABS(x)	Absolutwert; Typ des Resultats = Typ des Arguments.
CAP(ch)	wenn ch ein Kleinbuchstabe ist, der entsprechende Großbuchstabe; wenn ch ein Großbuchstabe ist, derselbe Buchstabe.
CHR(x)	das Zeichen mit der Ordnungszahl x. CHR(x) = VAL(CHAR,x)
FLOAT(x)	x vom Typ CARDINAL in einen Wert des Typs REAL konvertiert.
HIGH(a)	obere Indexgrenze von Array a.
MAX(T)	maximaler Wert des Typs T.
MIN(T)	minimaler Wert des Typs T.
ODD(x)	x MOD 2 # 0.
ORD(x)	Ordnungszahl (des Typs CARDINAL) von x. x ist in einer Menge von Werten enthalten, die durch den Typ T von x definiert ist. T ist ein beliebiger Aufzähltyp, CHAR, INTEGER oder CARDINAL.
SIZE(x)	Anzahl von Speicherelementen, die für eine Variable x benötigt werden.
TRUNC(x)	Ganzzahliger Anteil (des Typs CARDINAL) der reellen Zahl x.
VAL(T,x)	der Wert mit Ordnungszahl x und Typ T. T ist irgendein Aufzählungstyp, CHAR, INTEGER oder CARDINAL. VAL(T,ORD(x)) = x, wenn x vom Typ T ist.

DEC(x)	$x := x - 1$
DEC(x,n)	$x := x - n$
EXCL(s,i)	$s := s - \{i\}$
HALT	beendet die Programmausführung
INC(x)	$x := x + 1$
INC(x,n)	$x := x + n$
INCL(s,i)	$s := s + \{i\}$

Die Prozeduren INC und DEC sind auch auf Operanden eines Aufzählungstyps und auf den Typ CHAR anwendbar. Sie ersetzen dann x durch den (n-ten) Nachfolger bzw. Vorgänger.

11. Module

Ein Modul besteht aus einer Sammlung von Deklarationen und Anweisungen, eingeschlossen in die Klammern MODULE und END. Der Modulkopf enthält den Namen des Moduls und evtl. eine Reihe von *Importlisten* und eine *Exportliste*. Erstere spezifizieren alle Namen von Objekten, die außerhalb des Moduls deklariert, jedoch innerhalb des Moduls verwendet und daher importiert werden müssen. Die Exportliste enthält alle Namen von Moduln, die innerhalb des Moduls deklariert und außerhalb des Moduls benutzt werden. Der Modul stellt eine Mauer um seine lokalen Objekte dar, deren Durchlässigkeit streng unter der Kontrolle des Programmierers steht.

Lokalen Objekten eines Moduls weist man die gleiche Sichtbarkeitsebene zu, die auch der Modul hat. Man kann die lokalen Objekte als lokal zu der den Modul umschließenden Prozedur ansehen, jedoch in einem engeren Sichtbarkeitsbereich angesiedelt.

$ ModuleDeclaration =
$ MODULE ident [priority]";"{import} [export] block ident.
$ priority = "[" ConstExpression "]".
$ export = EXPORT [QUALIFIED] IdentList ";".
$ import = [FROM ident] IMPORT IdentList ";".

Der Modulname wird am Ende der Deklaration wiederholt.

Die den *Modulkörper* repräsentierende Anweisungsfolge wird ausgeführt, sobald die Prozedur aufgerufen wird, zu der der Modul lokal ist. Sind mehrere Module deklariert, so werden ihre Körper in der Reihenfolge ihres Auftretens ausgeführt. In den Modulkörpern werden lokale Variable initialisiert. Man sollte sie als Präfixe zum Anweisungsteil der umgebenden Prozedur ansehen.

Tritt ein Name in einer Importliste (Exportliste) auf, kann das damit bezeichnete Objekt innerhalb (außerhalb) des Moduls so verwendet werden, als ob die Modulklammern nicht existierten. Folgt dem Symbol EXPORT jedoch das Symbol QUALIFIED, dann müssen die aufgeführten Namen außerhalb des Moduls mit dem Präfix des Modulnamens verwendet werden. Man nennt diesen Fall *qualifizierten Export*. Er wird bei denjenigen Moduln benutzt, die zusammen mit anderen vorher nicht bekannten Moduln existieren. Qualifizierter Export vermeidet die Kollision identischer Namen, wenn diese von unterschiedlichen Moduln exportiert werden (und wahrscheinlich auch unterschiedliche Objekte bezeichnen).

Ein Modul kann mehrere Importlisten besitzen, die mit dem Symbol FROM und einem Modulnamen beginnen können. Die FROM-Klausel entqualifiziert die importierten Namen. Sie können innerhalb des Moduls benutzt werden, als ob sie im normalen, d.h. nicht-qualifizierten Modus exportiert wären.

Zusammen mit einem Rekordtyp werden auch alle seine Feldnamen exportiert. Dasselbe gilt für die Konstantennamen im Falle von Aufzählungstypen.

Beispiele für Moduldeklarationen:

Folgender Modul soll einen Text durchsuchen und ihn ausgeben. Die Eingabe erhält man zeichenweise durch eine Prozedur inchr; ausgegeben werden die Zeichen durch eine Prozedur outchr. Die Zeichen liegen im ASCII-Code vor; Kontrollzeichen werden mit Ausnahme von LF (Zeilenvorschub) und FS (File-Separator) übergangen. Sie werden beide in ein Leerzeichen übersetzt

und veranlassen das Setzen der booleschen Variable eoln (Zeilenende) bzw.
eof (Fileende). Es wird angenommen, daß dem Zeichen FS das Zeichen LF
vorangeht.

```
MODULE LineInput;
  IMPORT inchr,outchr;
  EXPORT read,NewLine,NewFile,eoln,eof,lno;
  CONST LF = 12C; CR = 15C; FS = 34C;

  VAR lno: CARDINAL; (*Zeilennummer*)
    ch: CHAR; (*letztes gelesenes Zeichen*)
    eof,eoln: BOOLEAN;

  PROCEDURE NewFile;
  BEGIN
    IF NOT eof THEN
      REPEAT inchr(ch) UNTIL ch = FS;
    END;
    eof := FALSE; eoln := FALSE; lno := 0
  END NewFile;

  PROCEDURE NewLine;
  BEGIN
    IF NOT eoln THEN
      REPEAT inchr(ch) UNTIL ch = LF;
      outchr(CR); outchr(LF)
    END;
    eoln := FALSE; INC(lno)
  END NewLine;

  PROCEDURE read(VAR x: CHAR);
  BEGIN (* es gelte: NOT eoln AND NOT eof *)
    LOOP inchr(ch); outchr(ch);
      IF ch >= "␣" THEN
        x := ch; EXIT
      ELSIF ch = LF THEN
        x := "␣"; eoln := TRUE; EXIT
      ELSIF ch = FS THEN
        x := "␣"; eoln := TRUE; eof := TRUE; EXIT
      END
    END
  END read;

BEGIN eof := TRUE; eoln := TRUE
END LineInput.
```

Der Modul des nächsten Beispiels verwaltet eine Reservierungstabelle für Plattenspuren und schützt sie gegen nicht autorisierten Zugriff. Eine Funktionsprozedur NewTrack reserviert eine freie Spur und gibt deren Nummer zurück. Durch Aufruf der Prozedur ReturnTrack können Spuren wieder freigegeben werden.

```
MODULE TrackReservation;
  EXPORT NewTrack,ReturnTrack;

  CONST ntr = 1024; (* Anzahl der Spuren (Tracks) *)
    w = 16; (*Wortlänge*)
    m = ntr DIV w;

  VAR i: CARDINAL;
    free: ARRAY [0 .. m − 1] OF BITSET;

  PROCEDURE NewTrack(): INTEGER;
    (* reserviert eine neue Spur und gibt, falls eine
    gefunden wurde, deren Index als Resultat zurück,
    sonst − 1 *)
    VAR i,j: CARDINAL; found: BOOLEAN;
  BEGIN found := FALSE; i := m;
    REPEAT DEC(i); j := w;
      REPEAT DEC(j);
        IF j IN free[i] THEN found := TRUE END
      UNTIL found OR (j = 0)
    UNTIL found OR (i = 0);
    IF found THEN EXCL(free[i],j); RETURN i * w + j
    ELSE RETURN − 1
    END
  END NewTrack;

  PROCEDURE ReturnTrack(k: CARDINAL);
  BEGIN (* es gelte 0 <= k < ntr *)
    INCL(free[k DIV w], k MOD w)
  END ReturnTrack;

BEGIN (* markiere alle Spuren als frei *)
  FOR i := 0 TO m − 1 DO free[i] := {0 .. w − 1} END
END TrackReservation.
```

12.   Systemabhängige Eigenschaften

Modula-2 bietet Möglichkeiten der *maschinennahen* Programmierung. Dies wird benötigt, um rechner- oder implementierungs-spezifische Objekte unmittelbar ansprechen zu können. Es handelt sich dabei um den Zugang zu rechnerkontrollierten Geräten bzw. die Möglichkeit, Kompatibilitätsregeln für Datentypen aufzubrechen, die ansonsten von der Sprachdefinition erzwungen werden. Solche Möglichkeiten sollte man mit größter Vorsicht verwenden. Es wird dringend empfohlen, ihre Benutzung auf spezielle (sog. maschinennahe) Module zu beschränken. Die meisten dieser Eigenschaften sind als besondere Datentypen und Prozeduren implementiert und werden aus einem Standardmodul SYSTEM importiert. Ein maschinennaher Modul ist daher durch das Vorhandensein des Namens SYSTEM in der Importliste explizit gekennzeichnet.

Hinweis: Da die aus SYSTEM importierten Objekte speziellen Regeln genügen, muß dieser Modul dem Compiler bekannt sein. Man nennt ihn daher einen Pseudo-Modul. Er muß nicht in einem gesonderten Definitionsmodul zur Verfügung gestellt werden (vgl. Kap. 14).

Die verschiedenen, vom Modul SYSTEM exportierten Möglichkeiten, werden in den jeweiligen Implementierungen festgelegt. Üblicherweise gehören die Typen WORD, ADDRESS und die Prozeduren ADR, TSIZE, NEWPROCESS, TRANSFER dazu (vgl. Kap. 13).

Der Typ WORD repräsentiert eine einzeln zugreifbare Speichereinheit. Für diesen Typ ist ausschließlich die Zuweisungsanweisung definiert. Ist der formale Parameter einer Prozedur vom Typ WORD, darf der entsprechende aktuelle Parameter jeden anderen Typ haben, wenn er in der gegebenen Implementierung ebenfalls ein Wort im Speicher belegt. Hat ein formaler Parameter den Typ ARRAY OF WORD, so kann der entsprechende aktuelle Parameter jeden Typ besitzen, insbesondere einen Rekord-Typ. Er wird dann als ein Array von Worten interpretiert.

Der Typ ADDRESS, definiert durch

ADDRESS = POINTER TO WORD,

ist mit allen Zeigertypen und mit dem Typ CARDINAL kompatibel. Alle Operatoren der Integer-Arithmetik sind daher auf Operanden dieses Typs anwendbar. Der Typ ADDRESS kann zur Berechnung von Adressen verwendet werden. Das Resultat wird über Zeiger exportiert. Folgendes Beispiel für einen einfachen Speicherzuteilungs-Algorithmus demonstriert eine typische Verwendung des Typs ADDRESS.

```
MODULE Storage;
  FROM SYSTEM IMPORT ADDRESS;
  EXPORT Allocate;

  VAR lastused: ADDRESS;

  PROCEDURE Allocate(VAR a: ADDRESS; n: CARDINAL);
  BEGIN a := lastused; lastused := lastused + n
  END Allocate;
```

```
BEGIN lastused := 0
END Storage.
```

Die Funktion ADR(x) bezeichnet die Speicheradresse der Variablen x und ist vom Typ ADDRESS. TSIZE(T) gibt die Anzahl von Speichereinheiten an, die einer Variablen des Typs T zugewiesen wird. Der Resultattyp von TSIZE ist ein arithmetischer Typ, abhängig von der Implementierung.

Beispiel:

```
ADR(lastused) TSIZE(Node)
```

Außer den vom Pseudo-Modul SYSTEM exportierten Möglichkeiten gibt es noch zwei weitere systemabhängige Hilfsmittel. Zum einen läßt sich ein Typ-Bezeichner T als Name für eine *Typtransfer-Funktion* verwenden. Sie transformiert den Typ des angegebenen Operanden in den Typ T. Offensichtlich hängen solche Funktionen von der speziellen Repräsentation der Daten ab. Sie erfordern keine expliziten Konversions-Instruktionen.

Das andere Hilfsmittel wird bei der Deklaration von Variablen verwendet. Man kann damit die absolute Adresse einer Variablen vorgeben und sich so über das Speicher-Zuteilungsverfahren des Compilers hinwegsetzen. Die Absicht ist, gewisse Speicherplätze, die einem besonderen Zweck dienen und die einer festen Adresse zugeordnet sind, zugreifbar zu machen. Beispiele sind Geräteregister in Rechnern. Sie dienen dazu, E / A mit Hilfe von Speicherabbildungen durchzuführen. Die Adresse wird als ein konstanter, ganzzahliger, in eckige Klammern eingeschlossener Ausdruck angegeben. Er folgt in der Deklaration unmittelbar auf den Namen der Variablen. Die Auswahl des richtigen Datentyps verbleibt beim Programmierer.

13. Prozesse

Modula-2 wurde hauptsächlich für die Implementierung auf konventionellen Einprozessor-Rechnern entworfen. Für die Multiprogrammierung sind daher nur einige grundlegende Möglichkeiten vorgesehen, wie die Spezifikation quasi-nebenläufiger Prozesse und echter Nebenläufigkeit für periphere Geräte. Das Wort *Prozeß* wird hier in der Bedeutung von *Coroutine* verwendet. Coroutinen sind Prozesse, die auf einem (einzigen) Prozessor, einer nach dem andern ausgeführt werden.

13.1 Erzeugung eines Prozesses und Übergabe der Kontrolle

Ein neuer Prozeß wird durch einen Aufruf von

```
PROCEDURE NEWPROCESS(P:PROC;
    A:ADDRESS; n:CARDINAL; VAR p1:ADDRESS)
```

erzeugt:

- P bezeichnet die den Prozeß repräsentierende Prozedur,
- A ist die Anfangsadresse des zum Prozeß gehörenden Arbeitsspeichers,
- n ist die Größe dieses Arbeitsspeichers,
- p1 ist ein Parameter für das Resultat.

Ein neuer Prozeß wird p1 zugewiesen, wobei P das zum Prozeß gehörende Programm und A ein Arbeitsspeicher der Größe n ist. Der Prozeß wird angelegt, aber noch nicht aktiviert. P muß eine parameterlose, auf Ebene 0 deklarierte Prozedur sein.

Die Übergabe der Kontrolle zwischen zwei Prozessen erfolgt durch Aufruf von

```
PROCEDURE TRANSFER(VAR p1,p2: ADDRESS)
```

Der Aufruf hält den gerade aktiven Prozeß an, weist ihn p1 zu und nimmt die Ausführung des mit p2 bezeichneten Prozesses wieder auf. Offensichtlich muß p2 bereits ein Prozeß zugewiesen worden sein, entweder durch einen früheren Aufruf von NEWPROCESS oder durch TRANSFER. Beide Prozeduren müssen aus dem Modul SYSTEM importiert werden. Ein Programm endet, wenn die Ausführungskontrolle das Ende eines Prozesses, d.h. das Ende der dem Prozeß zugeordneten Prozedur, erreicht hat.

Hinweis: Die Zuweisung zu p1 erfolgt erst nach Identifizierung des neuen Prozesses; damit können die aktuellen Parameter in TRANSFER identisch sein.

13.2 Geräteprozesse und Interrupts

Werden innerhalb eines Prozesses p1 Operationen auf ein peripheres Gerät ausgeführt, kann der Prozessor p1 – nach Initialisierung des Gerätes – auf einen anderen Prozeß p2 umgeschaltet werden. Dies führt zu einer gleichzeitigen Ausführung des Haupt-Prozesses mit dem *Geräteprozeß*. Gewöhnlich signalisiert das Gerät die Beendigung seiner Tätigkeit durch eine Unterbrechung (Interrupt) des Hauptprozessors. In den Begriffen von Modula-2 ist ein Interrupt eine Transferoperation. Nach Initialisierung des Gerätes ist der Interrupt-Transfer durch eine besondere Transfer-Anweisung vorprogrammiert bzw. mit dieser verbunden (in der PDP – 11 Implementierung von Modula-2). Man drückt dies durch den Aufruf der Prozedur

```
PROCEDURE IOTRANSFER(VAR p1,p2: ADDRESS; va: CARDINAL);
```

aus. Analog zu TRANSFER hält der Aufruf von IOTRANSFER den rufenden Prozeß an, weist ihn p1 zu und nimmt die Ausführung des zeitweilig ausgesetzten Prozesses p2 wieder auf. Zusätzlich wird folgendes veranlaßt: sobald das Gerät seine Tätigkeit beendet hat, erfolgt ein Interrupt-Transfer. Der unterbrochene Prozeß wird der Variablen p2 zugewiesen und der suspendierte Geräteprozeß p1 wieder aufgenommen. va ist die zum Gerät gehörende Adresse des Interrupt-Vektors. Die Prozedur IOTRANSFER muß aus dem Modul SYSTEM importiert werden. Man sollte sie als implementierungsabhängig (PDP-11) ansehen.

Das Auftreten von Interrupts muß zu gewissen Zeiten aufgeschoben (abge-schaltet) werden können, z.B. wenn auf gemeinsame Variable der koope-rierenden Prozesse zugegriffen wird oder wenn zeitkritische Operationen Vorrang haben. Deshalb teilt man jedem Modul eine Prioritätsebene zu, ebenso jedem Gerät, das einen Interrupt auslösen kann. Die Ausführung eines Programms kann dann und nur dann unterbrochen werden, wenn das unterbrechende Gerät eine höhere Priorität als der Modul hat, in dem sich die ausgeführte Anweisung gerade befindet. Die Priorität eines Gerätes ist durch die Hardware vorgegeben, die Prioritätsebene von Moduln wird in deren Kopf festgelegt. Fehlt eine explizite Angabe, ist die Priorität einer Prozedur gleich der des rufenden Programms. IOTRANSFER darf nur in Moduln mit einer spezifizierten Priorität verwendet werden.

14. Compilationseinheiten

Ein vom Compiler als Einheit akzeptierter Text heißt *Compilationseinheit*. Es gibt drei Arten von Compilationseinheiten: Hauptmodule, Definitions-module und Implementationsmodule. Ein Hauptmodul stellt ein Hauptpro-gramm dar und besteht aus einem *Programm-Modul*. Er besitzt keine Ex-portliste. Importierte Objekte sind in anderen (separat compilierten) Pro-grammteilen definiert. Diese wiederum sind in zwei Einheiten unterteilt, in Definitionsmodule und Implementationsmodule.

Ein *Definitionsmodul* spezifiziert Namen und Eigenschaften von Objekten, die für Kunden wichtig sind. Kunden sind andere Module, die diese Objekte importieren können. Ein *Implementationsmodul* enthält lokale Objekte und Anweisungen, die der Kunde nicht zu kennen braucht. Ein Definitionsmodul enthält insbesondere Konstanten-, Typ- und Variablen-Deklarationen und Spezifikationen der Prozedurköpfe. Der zugehörige Implementationsmodul enthält die vollständigen Prozedurdeklarationen und möglicherweise auch noch weitere nicht exportierte Objektdeklarationen. Definitions- und Imple-mentationsmodule existierten paarweise. Beide können Importlisten enthal-ten. Alle in einem Definitionsmodul deklarierten Objekte sind im entspre-chenden Implementationsmodul ohne weiteren Import verfügbar.

```
$   DefinitionModule = DEFINITION MODULE ident ";" {import}
$       {definition} END ident ".".
$   definition = CONST {ConstantDeclaration ";"} |
$       TYPE {ident ["=" type] ";"} |
$       VAR {VariableDeclaration ";"} |
$       ProcedureHeading ";".
$   ProgramModule = MODULE ident [priority] ";" {import} block ident ".".
$   CompilationUnit =
$       DefinitionModule |
$       [IMPLEMENTATION] ProgramModule.
```

Der Definitionsmodul repräsentiert offensichtlich die Schnittstelle zwischen dem Definitions- / Implementations-Modulpaar einerseits und seinen Kunden andererseits. Ein Definitionsmodul sollte nur diejenigen Deklarationen enthalten, die in den Klienten-Moduln relevant sind. Der Definitionsmodul hat die Bedeutung einer (erweiterten) Exportliste des Implementationsmoduls. Alle in ihm deklarierten Objekte werden automatisch exportiert.

Definitionsmodule implizieren einen qualifizierten Export. Typdefinitionen können aus vollständigen Spezifikationen bestehen (man nennt den Export in diesem Falle *transparent*) oder nur aus dem Typnamen. In diesem Falle muß die vollständige Spezifikation im entsprechenden Implementationsmodul erfolgen. Man nennt diesen Export *opak*. In einem importierenden Anwendermodul ist der Typ dann nur mit seinem Namen bekannt, während alle seine Eigenschaften verborgen bleiben. Prozeduren, die mit Operanden dieses Typs arbeiten, insbesondere mit seinen Komponenten, müssen daher in jenem Implementationsmodul definiert sein, der die Eigenschaften des Typs versteckt. Opaker Export ist hauptsächlich auf Zeiger beschränkt.

Der Körper eines Implementationsmoduls dient – ebenso wie in lokalen Moduln – der Initialisierung lokaler Objekte. Zu Beginn der Ausführung werden die importierten Module in der Reihenfolge ihres Auftretens initialisiert. Importieren sich Module gegenseitig, ist die Reihenfolge der Initialisierung nicht festgelegt.

Anhang 1: Die Syntax von Modula-2

1 ident = letter {letter | digit} .

2 number = integer | real .

3 integer = digit {digit} | octalDigit {octalDigit} ("B" | "C") |

4   digit {hexDigit} "H" .

5 real = digit {digit} "." {digit} [ScaleFactor] .

6 ScaleFactor = "E" ["+" | "-"] digit {digit} .

7 hexDigit = digit | "A" | "B" | "C" | "D" | "E" | "F" .

8 digit = octalDigit | "8" | "9" .

9 octalDigit = "0" | "1" | "2" | "3" | "4" | "5" | "6" | "7" .

10 string = """ {character} """ | '"' {character} '"' .

11 qualident = ident {"." ident} .

12 ConstantDeclaration = ident " = " ConstExpression .

13 ConstExpression = SimpleConstExpr [relation SimpleConstExpr] .

14 relation = " = " | " # " | " <> " | " < " | " <= " | " > " | " >= " | IN .

15 SimpleConstExpr = ["+" | "-"] ConstTerm {AddOperator ConstTerm} .

16 AddOperator = " + " | "-" | OR .

17 ConstTerm = ConstFactor {MulOperator ConstFactor} .

18 MulOperator = " * " | " / " | DIV | MOD | AND | "&" .

19 ConstFactor = qualident | number | string | ConstSet |

20   "(" ConstExpression ")" | NOT ConstFactor .

21 ConstSet = [qualident] "{" [ConstElement {"," ConstElement}] "}" .

22 ConstElement = ConstExpression [".." ConstExpression] .

23 TypeDeclaration = ident " = " type .

24   type = SimpleType | ArrayType | RecordType | SetType |

25   PointerType | ProcedureType .

26   SimpleType = qualident | enumeration | SubrangeType .

27   enumeration = "(" IdentList ")" .

28   IdentList = ident {"," ident} .

29   SubrangeType = [ident] "[" ConstExpression ".."ConstExpression "]" .

30   ArrayType = ARRAY SimpleType {"," SimpleType} OF type .

31   RecordType = RECORD FieldListSequence END .

32   FieldListSequence = FieldList {";" FieldList} .

33   FieldList = [IdentList ":" type |

34   CASE [ident] ":" qualident OF variant {"|" variant}

35   [ELSE FieldListSequence] END] .

36   variant = [CaseLabelList ":" FieldListSequence] .

37   CaseLabelList = CaseLabels {"," CaseLabels} .

38   CaseLabels = ConstExpression [".." ConstExpression] .

39   SetType = SET OF SimpleType .

40   PointerType = POINTER TO type .

41   ProcedureType = PROCEDURE [FormalTypeList] .

42   FormalTypeList = "(" [[VAR] FormalType

43   {"," [VAR] FormalType}] ")" [":" qualident] .

44   VariableDeclaration = IdentList ":" type .

45   designator = qualident {"." ident | "[" ExpList "]" | "↑"} .

46   ExpList = expression {"," expression} .

47   expression = SimpleExpression [relation SimpleExpression] .

48   SimpleExpression = [" + " | "-"] term {AddOperator term} .

49   term = factor {MulOperator factor} .

50   factor = number | string | set | designator [ActualParameters] |

51   "(" expression ")" | NOT factor .

52   set = [qualident] "{" [element {"," element}]"}" .

53   element = expression [".." expression] .

54   ActualParameters = "(" [ExpList] ")" .

55   statement = [assignment | ProcedureCall |

56   IfStatement | CaseStatement | WhileStatement |

57   RepeatStatement | LoopStatement | ForStatement |

58   WithStatement | EXIT | RETURN [expression]] .

59   assignment = designator " := " expression .

60   ProcedureCall = designator [ActualParameters] .

61   StatementSequence = statement {";" statement} .

62   IfStatement = IF expression THEN StatementSequence

63   {ELSIF expression THEN StatementSequence}

64   [ELSE StatementSequence] END .

65   CaseStatement = CASE expression OF case {" | " case}

66   [ELSE StatementSequence] END .

67   case = [CaseLabelList ":" StatementSequence] .

68   WhileStatement = WHILE expression DO StatementSequence END .

69   RepeatStatement = REPEAT StatementSequence UNTIL expression .

70   ForStatement = FOR ident " := " expression TO expression

71   [BY ConstExpression] DO StatementSequence END .

72   LoopStatement = LOOP StatementSequence END .

73   WithStatement = WITH designator DO StatementSequence END .

74   ProcedureDeclaration = ProcedureHeading ";" block ident .

75   ProcedureHeading = PROCEDURE ident [FormalParameters] .

76   block = {declaration} [BEGIN StatementSequence] END .

77   declaration = CONST {ConstantDeclaration ";"} |

78   TYPE {TypeDeclaration ";"} |

79   VAR {VariableDeclaration ";"} |

80   ProcedureDeclaration ";" | ModuleDeclaration ";" .

81   FormalParameters =

82   "(" [FPSection {";" FPSection}] ")" [":" qualident] .

83   FPSection = [VAR] IdentList ":" FormalType .

84   FormalType = [ARRAY OF] qualident .

85   ModuleDeclaration =

86   MODULE ident [priority] ";" {import} [export]block ident .

87   priority = "[" ConstExpression "]" .

88   export = EXPORT [QUALIFIED] IdentList ";" .

89   import = [FROM ident] IMPORT IdentList ";" .

90   DefinitionModule = DEFINITION MODULE ident ";"

91   {import} {definition} END ident "." .

92   definition = CONST {ConstantDeclaration ";"} |

93   TYPE {ident [" = " type] ";"} |

94   VAR {VariableDeclaration ";"} |

95   ProcedureHeading ";" .

96   ProgramModule =

97   MODULE ident [priority] ";" {import} block ident "." .

98   CompilationUnit =

99   DefinitionModule | [IMPLEMENTATION] ProgramModule .

Kreuz-Referenzen

ActualParameters	60	-54	50
AddOperator	48	-16	15
ArrayType	-30	24	
assignment	-59	55	
block	97	86	-76	74

case			-67	65	65			
CaseLabelList			67	-37	36			
CaseLabels			-38	37	37			
CaseStatement			-65	56				
character			10	10				
CompilationUnit			-98					
ConstantDeclaration			92	77	-12			
ConstElement			-22	21	21			
ConstExpression			87	71	38	38	29	29	22
			22	20	-13	12		
ConstFactor			20	-19	17	17		
ConstSet			-21	19				
ConstTerm			-17	15	15			
declaration			-77	76				
definition			-92	91				
DefinitionModule			99	-90				
designator			73	60	59	50	-45	
digit			-8	7	6	6	5	5	5
			4	3	3	1		
element			-53	52	52			
enumeration			-27	26				
ExpList			54	-46	45			
export			-88	86				
expression			70	70	69	68	65	63	62
			59	58	53	53	51	-47	46
			46					
factor			51	-50	49	49		
FieldList			-33	32	32			
FieldListSequence			36	35	-32	31		
FormalParameters			-81	75				
FormalType			-84	83	43	42		
FormalTypeList			-42	41				
ForStatement			-70	57				
FPSection			-83	82	82			
hexDigit			-7	4				
ident	96	96	93	91	90	89	86	86	75
	74	70	45	34	29	28	28	23	12
	11	11	-1					

	28	28	23	12	11	11	-1
IdentList	89	88	83	44	33	-28	27
IfStatement	-62	56					
import	97	91	-89	86			
integer	-3	2					
letter	1	1					
LoopStatement	-72	57					
ModuleDeclaration	-85	80					
MulOperator	49	-18	17				
number	50	19	-2				
octalDigit	-9	8	3	3			
PointerType	-40	25					
priority	96	-87	86				
ProcedureCall	-60	55					
ProcedureDeclaration	80	-74					
ProcedureHeading	95	-75	74				
ProcedureType	-41	25					
ProgramModule	99	-96					
qualident	84	82	52	45	43	34	26
	21	19	-11				
real	-5	2					
RecordType	-31	24					
relation	47	-14	13				
RepeatStatement	-69	57					
ScaleFactor	-6	5					
set	-52	50					
SetType	-39	24					
SimpleConstExpr	-15	13	13				
SimpleExpression	-48	47	47				
SimpleType	39	30	30	-26	24		
statement	61	61	-55				
StatementSequence	76	73	72	71	69	68	67
	66	64	63	62	-61		

string	50	19	-10				
SubrangeType	-29	26					
term	-49	48	48				
type	93	44	40	33	30	-24	23
TypeDeclaration	78	-23					
VariableDeclaration	94	79	-44				
variant	-36	34	34				
WhileStatement	-68	56					
WithStatement	-73	58					
"	10	10					
#	14						
&	18						
'	10	10					
(	82	54	51	42	27	20	
)	82	54	51	43	27	20	
*	18						
+	48	16	15	6			
,	52	46	43	37	30	28	21
-	48	16	15	6			
.	96	91	45	11	5		
..	53	38	29	22			
/	18						
0	9						
1	9						
2	9						
3	9						
4	9						
5	9						
6	9						
7	9						
8	8						
9	8						
:	83	82	67	44	43	36	34	33
:=	70	59					
;	96	95	94	93	92	90	89	88
	86	82	80	80	79	78	77	74
	61	32						

MOD	18				
MODULE	96	90	86		
NOT	51	20			
OF	84	65	39	34	30
OR	16				
POINTER	40				
PROCEDURE	75	41			
QUALIFIED	88				
RECORD	31				
REPEAT	69				
RETURN	58				
SET	39				
THEN	63	62			
TO	70	40			
TYPE	93	78			
UNTIL	69				
VAR	94	83	79	43	42
WHILE	68				
WITH	73				

Anhang 2: Standard Hilfs-Module

Die unten aufgeführten Module – im wesentlichen für Eingabe und Ausgabe – haben sich in einem größeren Anwendungsbereich als nützlich erwiesen. Der Modul *Terminal* beschreibt ein alphanumerisches Standard-Terminal für Ein / Ausgabe. Der Modul *FileSystem* enthält Operationen zum Erzeugen, Lesen, Schreiben und Löschen von Files, die als *Streams* von Zeichen und Worten organisiert sind.

Die Module *Windows*, *Textwindows* und *GraphicWindows* enthalten eine Hierarchie von Dienstleistungen zur Behandlung von Fenstern. Sie werden in Verbindung mit einem hochauflösenden Sichtgerät verwendet. Die letzteren beiden Module verwenden den Basismodul *Windows*. Eng verbunden mit diesen *WindowHandlern* sind die Module *CursorMouse* und *Menu*. Ersterer setzt das Vorhandensein eines zeigenden Geräts (Lokalisierer) – einer soge- nannten Maus – zur Eingabe von Koordinaten voraus. Die augenblickliche Position der Maus wird auf dem Sichtgerät durch einen Cursor wiedergege- ben. Der Modul *Menu* verbindet die Maus mit dem Sichtgerät. Er stellt eine allgemeine Möglichkeit zur Eingabe von Kommandos in Form sog. Pop-Up- Menus zur Verfügung.

Die oben genannten Module werden als Definitionsmodule präsentiert. Wir betonen, daß sie *nicht* Teil der *Sprachdefinition* von Modula-2 sind. Unterschiedliche Implementierungen können sich von den hier vorgestellten Moduln sowohl in Details als auch in der Auswahl unterscheiden.

```
DEFINITION MODULE Terminal; (*S.E. Knudsen*)

   PROCEDURE Read(VAR ch: CHAR);
   PROCEDURE BusyRead(VAR ch: CHAR);
      (* gibt 0C zurück, falls kein Zeichen eingegeben wurde *)
   PROCEDURE ReadAgain;
      (* das letzte gelesene Zeichen wird beim nächsten
      Aufruf von Read wieder zurückgegeben *)
   PROCEDURE Write(ch: CHAR);
   PROCEDURE WriteLn; (* beendet die Zeile *)
   PROCEDURE WriteString(s: ARRAY OF CHAR);
END Terminal.
```

```
DEFINITION MODULE FileSystem; (*S.E. Knudsen*)
FROM SYSTEM IMPORT ADDRESS,WORD;

TYPE
  Response = (done,notdone,notsupported,callerror,
    unknownmedium,unknownfile,paramerror,
    toomanyfiles,eom,deviceoff,
    softparityerror,softprotected,softerror,
    hardparityerror,hardprotected,timeout,harderror);
  Command = (create,open,close,lookup,rename,
    setread,setwrite,setmodify,setopen,
    doio,setpos,getpos,length,
    setprotect,getprotect,setpermanent,getpermanent,
    getinternal);

  Flag = (er,ef,rd,wr,ag,bytemode);
  FlagSet = SET OF Flag;

  File = RECORD res: Response;
    bufa,ela,ina,topa: ADDRESS;
    elodd,inodd,eof: BOOLEAN;
    flags: FlagSet;
    CASE com: Command OF
    create,open,getinternal: fileno,versionno: CARDINAL |
    lookup: new: BOOLEAN |
    setpos,getpos,length: highpos,lowpos: CARDINAL |
    setprotect,getprotect: wrprotect: BOOLEAN |
    setpermanent,getpermanent: on: BOOLEAN
  END;
END;

(* die im Filesystem definierten Routinen können eingeteilt werden in:
  1. Öffnen, Schließen und Umbenennen von Files.
    (Create, Close, Lookup, Rename)
  2. Lesen und Schreiben von Files.
    (SetRead, SetWrite, SetModify, SetOpen, Doio)
  3. Positionieren von Files.
    (SetPos, GetPos, Length)
  4. Streamähnliche Filebehandlung.
    (Reset, Again, ReadWord, WriteWord, ReadChar, WriteChar) *)

PROCEDURE Create(VAR f: File; mediumname: ARRAY OF CHAR);
  (* erzeugt ein neues temporäres (namenloses) File
  auf dem angegebenen Gerät *)
```

PROCEDURE Close(VAR f: File);
(* beendet die Operationen auf File f, d.h. löst
die Verbindung zwischen der Variablen f und dem Filesystem.
Ein temporäres File wird dadurch zerstört, wogegen ein
mit Namen versehenes File zum späteren Gebrauch in
der Directory verbleibt. *)

PROCEDURE Lookup(VAR f: File; filename: ARRAY OF CHAR;
new: BOOLEAN);
(* sucht das File 'filename'. Falls das File nicht
existiert und 'new' gleich TRUE ist, wird ein neues File
mit dem angegebenen Namen erzeugt. *)

PROCEDURE Rename(VAR f: File; filename: ARRAY OF CHAR);
(* ändert den Namen des Files in 'filename' um. Falls
der neue Name leer ist, wird f in ein temporäres File
umgewandelt. *)

PROCEDURE SetRead(VAR f: File);
(* initialisiert das File zum Lesen. *)

PROCEDURE SetWrite(VAR f: File);
(* initialisiert das File zum Schreiben. *)

PROCEDURE SetModify(VAR f: File);
(* initialisiert das File zum Verändern. *)

PROCEDURE SetOpen(VAR f: File);
(* beendet alle Eingabe- Ausgabeoperationen auf das File. *)

PROCEDURE Doio(VAR f: File);
(* wird in Verbindung mit SetRead, SetWrite und SetModify
verwendet, um ein File sequentiell zu schreiben, zu lesen
oder zu ändern. *)

PROCEDURE SetPos(VAR f: File; highpos,lowpos: CARDINAL);
(* setzt die aktuelle Position des Files f auf Byte
highpos * 2 ** 16 + lowpos. *)

PROCEDURE GetPos(VAR f: File; VAR highpos,lowpos: CARDINAL);
(* gibt die aktuelle Byte-Position des Files f zurück. *)

PROCEDURE Length(VAR f: File; VAR highpos,lowpos: CARDINAL);
(* gibt die Länge des Files f in highpos und lowpos zurück. *)

PROCEDURE Reset(VAR f: File);
(* versetzt das File f in den Zustand 'offen' und die
Position auf den Anfang des Files. *)

```
PROCEDURE Again(VAR f: File);
    (* verhindert für einen nachfolgenden Aufruf von ReadWord
    (oder ReadChar) das Lesen des nächsten Wertes vom File.
    Stattdessen wird der unmittelbar vor Aufruf von Again
    gelesene Wert noch einmal zurückgegeben. *)

PROCEDURE ReadWord(VAR f: File; VAR w: WORD);
    (* liest das nächste Wort vom File. *)

PROCEDURE WriteWord(VAR f: File; w: WORD);
    (* fügt das Wort w dem File zu. *)

PROCEDURE ReadChar(VAR f: File; VAR ch: CHAR);
    (* liest das nächste Zeichen vom File. *)

PROCEDURE WriteChar(VAR f: File; ch: CHAR);
    (* fügt das Zeichen ch dem File zu. *)

END FileSystem.
```

DEFINITION MODULE InOut; (*N. Wirth*)

CONST EOL = 36C;
VAR Done: BOOLEAN;
  termCH: CHAR;

PROCEDURE OpenInput(defext: ARRAY OF CHAR);
  (* verlange einen Filenamen und eröffne Eingabefile "in".
  Done := 'File wurde erfolgreich eröffnet'.
  Falls offen, wird die nachfolgende Eingabe von diesem File gelesen.
  Falls der Name mit "." endet, hänge die Extension defext an *)

PROCEDURE OpenOutput(defext: ARRAY OF CHAR);
  (* verlange einen Filenamen und eröffne Ausgabefile "out".
  Done := "File wurde erfolgreich eröffnet".
  Falls offen, wird die nachfolgende Ausgabe auf dieses File geschrieben.
  Falls der Name mit "." endet, hänge die Extension defext an *)

PROCEDURE CloseInput;
  (* Schließe Eingabefile; schalte Eingabe auf die Konsole um *)

PROCEDURE CloseOutput;
  (* Schließe Ausgabefile; schalte Ausgabe auf die Konsole um *)

PROCEDURE Read(VAR ch: CHAR);
  (* Done := NOT in.eof *)

PROCEDURE ReadString(VAR s: ARRAY OF CHAR);
  (* Lese einen String ein, d.h. eine Folge von Zeichen, ohne
  Leer- oder Kontrollzeichen; führende Leerzeichen werden
  nicht beachtet.
  Die Eingabe wird durch ein beliebiges Zeichen < = " " beendet;
  dieses Zeichen wird termCH zugewiesen.
  DEL ist das Zeichen für die Rücktaste, falls die
  Eingabe von der Konsole erfolgt. *)

PROCEDURE ReadInt(VAR x: INTEGER);
  (* Lese einen String und wandle ihn gemäß der
  Syntax von Integer um:
  integer = [" + " | "-"] digit {digit}.
  Führende Leerzeichen werden nicht beachtet.
  Done := "ein Integer wurde gelesen". *)

PROCEDURE ReadCard(VAR x: CARDINAL);
  (* Lese einen String und wandle ihn gemäß der
  Syntax von Cardinal um:

cardinal = digit {digit}.
Führende Leerzeichen werden nicht beachtet.
Done := "ein Cardinal wurde gelesen". *)

PROCEDURE Write(ch: CHAR);

PROCEDURE WriteLn; (* beende die Zeile *)

PROCEDURE WriteString(s: ARRAY OF CHAR);

PROCEDURE WriteInt(x: INTEGER; n: CARDINAL);
    (* schreibe Integer x mit (mindestens) n Zeichen Länge auf
    File "out". Falls n größer als die benötigte
    Zahl von Stellen ist, werden entsprechene Leerzeichen
    vorangestellt. *)

PROCEDURE WriteCard(x,n: CARDINAL);
PROCEDURE WriteOct(x,n: CARDINAL);
PROCEDURE WriteHex(x,n: CARDINAL);

END InOut.

DEFINITION MODULE ReallnOut; (*N. Wirth*)

VAR Done: BOOLEAN;

PROCEDURE ReadReal(VAR x: REAL);
   (* Lese eine reelle Zahl, entsprechend der Syntax:

   [" + " | "-"] digit{digit} ["." digit {digit}]
   ["E" [" + " | "-"] digit [digit]]

   Done := "eine Zahl wurde gelesen".
   Die Genauigkeit beträgt 7 Stellen, ohne
   führende Nullen. Größter Exponent ist 38.
   Die Eingabe endet mit einem Leerzeichen oder
   einem beliebigen Kontrollzeichen. DEL ist
   das Zeichen für die Rücktaste. *)

PROCEDURE WriteReal(x: REAL; n: CARDINAL);
   (* Schreibe x mit n Zeichen. Werden weniger als
   n Zeichen benötigt, so sind entsprechende Leerzeichen
   voranzustellen. *)

PROCEDURE WriteRealOct(x: REAL);
   (* Schreibe x in oktaler Form für Exponent und Mantisse. *)

END ReallnOut.

DEFINITION MODULE Windows; (*J. Gutknecht*)

CONST Background = 0; FirstWindow = 1; LastWindow = 8;

TYPE Window = [Background..LastWindow];
  RestoreProc = PROCEDURE(Window);

PROCEDURE OpenWindow(VAR u: Window; x,y,w,h: CARDINAL;
  Repaint: RestoreProc; VAR done: BOOLEAN);
  (* Öffne ein neues Fenster. Repaint wird zum
  Restaurieren aufgerufen. *)

PROCEDURE DrawTitle(u: Window; title: ARRAY OF CHAR);

PROCEDURE RedefineWindow(u: Window; x,y,w,h: CARDINAL;
  VAR done: BOOLEAN);
  (* Definiere das Fenster-Rechteck um *)

PROCEDURE CloseWindow(u: Window);

PROCEDURE PlaceOnTop(u: Window);

PROCEDURE PlaceOnBottom(u: Window);

PROCEDURE OnTop(u: Window): BOOLEAN;

PROCEDURE UpWindow(x,y: CARDINAL): Window;
  (* gebe Fenster oder Hintergrund entsprechend der
  Schirmkoordinaten (x,y) zurück *)

END Windows.

DEFINITION MODULE TextWindows; (*J. Gutknecht*)

IMPORT Windows;

TYPE Window = Windows.Window;
  RestoreProc = Windows.RestoreProc;

VAR Done: BOOLEAN;
  (* Done = "vorige Operation wurde erfolgreich ausgeführt *)
termCH: CHAR; (* Ende-Zeichen *)

PROCEDURE OpenTextWindow(VAR u: Window; x,y,w,h: CARDINAL;
  name: ARRAY OF CHAR);

PROCEDURE RedefTextWindow(u: Window; x,y,w,h: CARDINAL);
PROCEDURE CloseTextWindow(u: Window);

```
PROCEDURE AssignFont(u: Window; frame,charW,lineH: CARDINAL);
PROCEDURE AssignRestoreProc(u: Window; r: RestoreProc);
PROCEDURE AssignEOWAction(u: Window; r: RestoreProc);
(* Weise eine Antwort zu nach Eintreffen der Bedingung
   "Ende des Fensters" *)

PROCEDURE ScrollUp(u: Window); (* schiebe eine Zeile rauf *)

PROCEDURE DrawTitle(u: Window; name: ARRAY OF CHAR);
PROCEDURE DrawLine(u: Window; line,col: CARDINAL);
    (* col = 0: ziehe eine waagrechte Linie an der Position line;
    line = 0: ziehe eine vertikale Linie an der Position col *)
PROCEDURE SetCaret(u: Window; on: BOOLEAN);
PROCEDURE Invert(u: Window; on: BOOLEAN);

PROCEDURE IdentifyPos(u: Window; x,y: CARDINAL;
      VAR line,col: CARDINAL);
    (* Identifiziere window, line und col entsprechend der
    Schirmkoordinaten (x,y) *)
PROCEDURE GetPos(u: Window; VAR line,col: CARDINAL);
    (* Bestimme die augenblickliche Position *)
PROCEDURE SetPos(u: Window; line,col: CARDINAL);

PROCEDURE ReadString(u: Window; VAR a: ARRAY OF CHAR);
PROCEDURE ReadCard(u: Window; VAR x: CARDINAL);
PROCEDURE ReadInt(u: Window; VAR x: INTEGER);

PROCEDURE Write(u: Window; ch: CHAR);
    (* Schreibe Zeichen ch an die augenblickliche Stelle.
    BS,LF,FF,CR,CAN,EOL und DEL werden interpretiert. *)
PROCEDURE WriteLn(u: Window);
PROCEDURE WriteString(u: Window; a: ARRAY OF CHAR);
PROCEDURE WriteCard(u: Window; x,n: CARDINAL);
    (* Schreibe ganze Zahl x mit (mindestens) n Zeichen.
    Falls n größer als die benötigte Stellenzahl ist,
    werden vor der Zahl Leerzeichen eingefügt. *)
PROCEDURE WriteInt(u: Window; x: INTEGER; n: CARDINAL);
PROCEDURE WriteOct(u: Window; x,n: CARDINAL);

END TextWindows.
```

```
DEFINITION MODULE GraphicWindows; (* E. Kohen *)
IMPORT Windows;

TYPE Window = Windows.Window;
    RestoreProc = Windows.RestoreProc;
    Mode = (replace,paint,invert,erase);

VAR Done: BOOLEAN;
(* Done = "Operation wurde erfolgreich ausgeführt" *)

PROCEDURE OpenGraphic(VAR u: Window; x,y,w,h: CARDINAL;
        name: ARRAY OF CHAR; Repaint: RestoreProc);
    (* Öffne eine neues graphisches Fenster. Falls "name" nicht leer ist,
    ziehe eine Strich als Titel *)

PROCEDURE RedefGraphicWindow(u: Window; x,y,w,h: CARDINAL);
    (* Ändere Rechteck und initialisiere graphisches Fenster neu *)

PROCEDURE Clear(u: Window);

PROCEDURE CloseGraphic(u: Window);

PROCEDURE SetMode(u: Window; m: Mode);

PROCEDURE Dot(u: Window; x,y: CARDINAL);

PROCEDURE SetPen(u: Window; x,y: CARDINAL);

PROCEDURE TurnTo(u: Window; angle: INTEGER);

PROCEDURE Turn(u: Window; angle: INTEGER);

PROCEDURE Move(u: Window; distance: CARDINAL);

PROCEDURE MoveTo(u: Window; x,y: CARDINAL);

PROCEDURE Circle(u: Window; x,y,r: CARDINAL);

PROCEDURE Area(u: Window; c: CARDINAL; x,y,w,h: CARDINAL);
(* Zeichen rechteckige Fläche der Breite w und Höhe h an der
    Stelle (x,y) *)

PROCEDURE CopyArea(u: Window; sx,sy,dx,dy,dw,dh: CARDINAL);
    (* Kopiere rechteckige Fläche an der Stelle (sx,sy) in ein
    Rechteck an der Stelle (dx,dy) der Breite dw und Höhe dh *)

PROCEDURE Write(u: Window; ch: CHAR);

PROCEDURE WriteString(u: Window; s: ARRAY OF CHAR);
```

```
PROCEDURE IdentifyPos(VAR u: Window; VAR x,y: CARDINAL);

END GraphicWindows.


DEFINITION MODULE CursorMouse; (* J. Gutknecht, 17.11.83 *)

CONST ML = 15; MM = 14; MR = 13;

TYPE
  Pattern = RECORD
    height: CARDINAL;
    raster: ARRAY [0..15] OF BITSET
  END;

  ReadProc =
    PROCEDURE(VAR BITSET, VAR CARDINAL, VAR CARDINAL);

PROCEDURE SetMouse(VAR s: BITSET; VAR x,y: CARDINAL);
  (* Bestimme den augenblicklichen Zustand der Maus
  ML IN s = "Linke Maus-Funktionstaste gedrückt";
  MM IN s = "Mittlere Maus-Funktionstaste gedrückt";
  MR IN s = "Rechte Maus-Funktionstaste gedrückt"; *)

PROCEDURE ReadMouse(VAR s: BITSET; VAR x,y: CARDINAL);
  (* Lese Maus aus. Umschaltbar *)

PROCEDURE Assign(p: ReadProc);
  (* Schalte ReadMouse auf Prozedur p um *)

PROCEDURE MoveCursor(x,y: CARDINAL);
  (* Bewege Cursor an die angegebene Position *)

PROCEDURE EraseCursor;

PROCEDURE SetPattern(VAR p: Pattern);
  (* Aktiviere privates Cursor-Muster *)

PROCEDURE ResetPattern;
  (* Reaktiviere Standard-Pfeil-Muster *)

END CursorMouse.
```

DEFINITION MODULE Menu; (∗ J. Gutknecht, 6.9.83 ∗)

PROCEDURE ShowMenu(X,Y: CARDINAL;
VAR menu: ARRAY OF CHAR; VAR cmd: CARDINAL);

(∗menu = title {" | " item}.
item = name ["(" menu ")"].
name = {char}.
char = 'jedes Zeichen außer 0C, " | ", "(", ")" '.
title = name.

Nicht druckbare Zeichen und Zeichen, die die maximale
Länge von Namen überschreiten, werden nicht beachtet.
Der Eingabewert von "cmd" gibt das Kommando an, das zu
Beginn selektiert wird.

Die Reihenfolge selektierter items wird über die
Ziffern von "cmd" (von rechts nach links) zurückgegeben.
Der Wert von "cmd" wird als eine Oktalzahl interpretiert. ∗)

END Menu.

DEFINITION MODULE Storage; (*SEK 5.10.80*)

FROM SYSTEM IMPORT ADDRESS;

PROCEDURE ALLOCATE(VAR a: ADDRESS; size: CARDINAL);
   (* ALLOCATE stellt einen Bereich der angegebenen Größe zur
   Verfügung und gibt die Adresse des Bereichs in a zurück.
   Ist kein Platz vorhanden, wird das rufende Programm
   beendet. *)

PROCEDURE DEALLOCATE(VAR a: ADDRESS; size: CARDINAL);
   (* DEALLOCATE gibt einen Bereich, beginnend an der
   Adresse a mit gegebene Größe, frei. *)

PROCEDURE Available(size: CARDINAL): BOOLEAN;
   (* Available gibt den Wert TRUE zurück, falls
   size Worte frei sind. *)

END Storage.

DEFINITION MODULE MathLib0;
   (* Standardfunktionen; J.Waldvogel / N.Wirth, 10.12.80 *)

   PROCEDURE sqrt(x: REAL): REAL;
   PROCEDURE exp(x: REAL): REAL;
   PROCEDURE ln(x: REAL): REAL;
   PROCEDURE sin(x: REAL): REAL;
   PROCEDURE cos(x: REAL): REAL;
   PROCEDURE arctan(x: REAL): REAL;
   PROCEDURE real(x: INTEGER): REAL;
   PROCEDURE entier(x: REAL): INTEGER;
END MathLib0.

Anhang 3: Der ASCII-Zeichensatz

Tabelle des ASCII-Zeichensatzes

	0	20	20	60	100	120	140	160
0	nul	dle		0	@	P	`	p
1	soh	dc1	!	1	A	Q	a	q
2	stx	dc2	"	2	B	R	b	r
3	etx	dc3	#	3	C	S	c	s
4	eot	dc4	$	4	D	T	d	t
5	enq	nak	%	5	E	U	e	u
6	ack	syn	&	6	F	V	f	v
7	bel	etb	'	7	G	W	g	w
10	bs	can	(	8	H	X	h	x
11	ht	em	)	9	I	Y	i	y
12	lf	sub	*	:	J	Z	j	z
13	vt	esc	+	;	K	[	k	{
14	ff	fs	,	<	L	\	l		
15	cr	gs	–	=	M	]	m	}
16	so	rs	.	>	N	↑	n	~
17	si	us	/	?	O	←	0	del

Layout-Zeichen

bs   backspace (ein Zeichen zurücksetzen)
ht   horizontal tabulator
lf   line feed (Zeilenvorschub)
vt   vertical tabulator
ff   form feed (Seitenvorschub)
cr   carriage return (Wagenrücklauf)

Trennungs-Zeichen

fs   file separator
gs   group separator
rs   record separator
us   unit separator

Sachverzeichnis

Studienreihe Informatik

Herausgeber:
W. Brauer, G. Goos

H. Stoyan, G. Görz

LISP

Eine Einführung in die Programmierung

1984. Korrigierter Nachdruck 1986.
29 Abbildungen. XI, 358 Seiten
Broschiert DM 49,–
ISBN 3-540-16914-8

Inhaltsübersicht: Einleitung. – Einfache Terme und der Umgang mit Objekten. – Primitive Datenobjekte – zugeordnete Grundfunktionen und externe Repräsentation. – Das LISP-System im einfachen Dialog. – Funktionsdefinition als Abstraktion über Termen. – Komplexe Datenstrukturen und ihre Verarbeitung – Rekursion and Iteration. – Kontrollstrukturen, Spezialformen und Macros. – Ein-und Ausgabe. – Funktionsobjekte. – Generische Funktionen und datengesteuerte Programmierung. – Regel-orientierte Programmierung. – Verarbeitung von LISP in LISP. – Anhänge. – Literaturverzeichnis. – Namen-und Sachverzeichnis.

Springer-Verlag
Berlin Heidelberg New York
London Paris Tokyo

Springer
Books on
Professional
Computing

Editor: H. Ledgard

R. Gleaves

Modula-2 for Pascal Programmers

1984. 18 figures. X, 145 pages
Soft cover DM 52,–
ISBN 3-540-96051-1

Contents: New Concepts. – Differences from Pascal. – Utility Modules. – Appendix A: Glossary. – Appendix B: Syntax Diagrams. – Appendix C: Reserved Words and Symbols. – Appendix D: Standard Identifiers. – Appendix E: ASCII Character Set. – Index.

Modula-2 is a modern systems programming language which offers significant improvements over its predecessor Pascal. *Modula-2 for Pascal Programmers* builds upon the Pascal programmer's knowledge by focusing on differences from Pascal, and by introducing concepts unique to Modula-2. A major strength of the book lies in its practical approach: Numerous example programs are provided, many of which emphasize basic Modula-2-programming facilities. The book also includes syntax diagrams and a glossary of Modula-2 terminology.

Springer-Verlag
Berlin Heidelberg New York
London Paris Tokyo

Springer